この 1 冊ですべてわかる

グローバル・マーケティングの基本

The Basics of Global Marketing

森辺一樹 [著]

Moribe Kazuki

日本実業出版社

はじめに

　皆さんは「グローバル・マーケティング」と聞くと、何を思い浮かべるでしょうか。グローバルに展開するマーケティング活動？　グローバル市場で通用するマーケティングでしょうか？

　私が考えるグローバル・マーケティングとは、「地球規模で市場を捉え、世界のニーズに応えて利益を上げること」です。かつての自国市場を中心として海外市場を捉えたマーケティングとは、市場を見る時の"視点"が大きく異なります。

　本書ではこのグローバル・マーケティングを実現するにあたり、日本企業が特に不得意としている参入戦略や販売チャネル戦略に関して、詳しく解説していきます。どうすれば、アジア新興国市場でもっと効率的に売上を上げ、シェアを伸ばせるのか。この問いに答えるのが本書です。

　現地シェアが高い先進的なグローバル企業や成長著しいアジアのローカル企業の共通項とは何か？　逆に海外展開に失敗する企業の法則とは何か。そして、強固な販売チャネルを構築するポイントなどを実践的に解説します。
　海外事業担当者や駐在員の皆様、また海外展開を検討している企業の経営者の皆様にとって、今、まさに直面する課題を解決する内容となっております。

　私は幼少期をシンガポールで育ち、アジアとかかわってかれこれ30年、自分の事業として日本企業の海外展開支援を始めてかれこれ20年近くになります。
　専門はアジア新興国市場におけるグローバル・マーケティングです。参入戦略の立案や、販売チャネルの構築を得意としています。これまで1,000社以上の海外展開をサポートしてまいりました。
　本書では、私の長年の経験から、世界で成功を収めている欧米の先進グ

ローバル企業に照らして、アジア新興国市場で成功するための参入戦略と
販売チャネル構築の具体的方法を解説します。

　特に食品、飲料、菓子、日用品などのFMCG（Fast Moving Consumer
Goods：日用消費財）の分野では、日本企業のアジア新興国展開は欧米強
豪から15年は遅れをとっており、このまま放っておけば、すでに惨敗した
家電分野の二の舞になります。
　本書は、これら消費財メーカーに向けて書かれた内容が中心にはなりま
す。しかし、家電メーカーや、その他の消費財メーカー、またB2Bのメ
ーカーにとっても、基本的考え方や、やり方は十分参考になると思います。
本書の内容をご自身の事業に置き換えて読み進めていただければ、幸いで
す。

　昨今、アジア企業の成長も著しく、日本のメーカーに残された時間は限
られています。微力ながら本書が、皆さんの海外展開における足掛かりと
なれば光栄です。

　2020年12月吉日

　　　　　　　　　　　　　　　　　　　　　　　　森辺　一樹

第2章　先進グローバル消費財メーカーに学ぶ アジア新興国のチャネル戦略

第4章 日本企業のためのアジア新興国における新チャネル戦略

第5章 中堅中小企業のための グローバル戦略

第6章 ケーススタディQ＆A

おわりに

装丁／志岐デザイン事務所　秋元真菜美
組版／一企画

第1章

なぜ今、
グローバル・マーケティングが
必要なのか

1-1

グローバル市場における
日本企業の立ち位置

■ 日本の消費財メーカーは世界では存在感が薄い

　右ページの図は現在、食品、飲料、菓子、日用品等の消費財分野（FMCG）で世界を牛耳っている10大消費財メーカーと、それらが保有するブランドです。

　米P＆G、英蘭ユニリーバ、米マース、米ペプシコ、瑞ネスレ、米ジョンソン＆ジョンソン、米ケロッグ、米コカ・コーラ、米クラフト、米ジェネラルミルズと、日本でもお馴染みのメーカーばかりですが、世界の消費財のほとんどは欧米の先進グローバル企業といわれるこれらメーカーの商品なのです。

　これは決してアメリカやヨーロッパ市場に限った勢力図ではなく、ASEANや中国、インドでも似たような構図が出来上がっています。

　残念ながら、日本の大手消費財メーカーである花王やライオン。食品大手の明治やロッテ。そして、海外展開といえばメディアでよく耳にするユニ・チャームや味の素、キッコーマン。また、日本を代表するビール・飲料メーカーであるサントリーやアサヒ、キリン、サッポロといった日本企業は、この勢力図の中に1社も登場していません。

　日本では知らない人はいない一流の大企業であり、私たち日本人にとっては世界に浸透しているようなイメージがあっても、世界ではまだまだ存在感が薄いというのがグローバル市場の厳しい現実なのです。

■「良いモノ」ありきの1P戦略の日本企業

　グローバル展開で出遅れている最も大きな要因は、国内市場が大きすぎ、海外市場に目が行かなかったことが大きく影響しています。特に、アジア新興国を市場として捉えた時期が遅かったのです。

　いざ、市場として捉えてからも、その捉え方には欧米企業とは大きな差がありました。

　品質に定評のある日本企業は、「自分たちの商品は、良い原材料を使っ

●世界の10大消費財メーカー

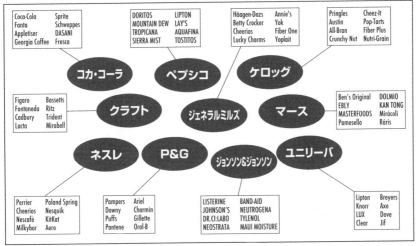

Coca-Cola / Fanta / Appletiser / Georgia Coffee	Sprite / Schweppes / DASANI / Fresca

コカ・コーラ

DORITOS / MOUNTAIN DEW / TROPICANA / SIERRA MIST	LIPTON / LAY'S / AQUAFINA / TOSTITOS

ペプシコ

Häagen-Dazs / Betty Crocker / Cheerios / Lucky Charms	Annie's / Yok / Fiber One / Yoplait

ケロッグ

Pringles / Austin / All-Bran / Crunchy Nut	Cheez-It / Pop-Tarts / Fiber Plus / Nutri-Grain

Figaro / Fontaneda / Cadbury / Lacta	Bassetts / Ritz / Trident / Mirabell

クラフト

ジェネラルミルズ

マース

Ben's Original / EBLY / MASTERFOODS / Pamesello	DOLMIO / KAN TONG / Mirácoli / Ráris

ネスレ　**P&G**

ジョンソン&ジョンソン

ユニリーバ

Perrier / Cheerios / Nescafé / Milkybar	Poland Spring / Nesquik / KitKat / Aero

Pampers / Downy / Puffs / Pantene	Ariel / Charmin / Gillette / Oral-B

LISTERINE / JOHNSON'S / DR.CI:LABO / NEOSTRATA	BAND-AID / NEUTROGENA / TYLENOL / MAUI MOISTURE

Lipton / Knorr / LUX / Clear	Breyers / Axe / Dove / Jif

て、高い技術力を駆使して作っているのだから、少々高くても当たり前。日本の高度な消費者に鍛えられて育ったプレミアム商品だから、少々価格が高くても売れるだろう」と、アジア新興国の中間層市場を軽視して展開をしていきました。

　日本との所得格差が小さく、比較的、日本文化に親しみのある香港やシンガポール、台湾、韓国に展開する分には、ある程度通用する戦略ですが、インドネシアやベトナム、フィリピンなど、アジア新興国においては、その大半を占める中間層の消費者をいかに取り込むかが大切になります。

　日本国内で実績をあげた戦略を若干いじった程度の手法で進出しても、アジアでは少数を占める富裕層だけにしか響かないのです。

　世界中の著名なマーケティングの権威は、一人の例外もなく、「モノを売る上で大事なのは4Pである」と言っています。

　つまりは、ターゲットに合わせた、Product（プロダクト）、Price（プライス）、Place（プレイス）、Promotion（プロモーション）を最適化することです。

　しかし、多くの日本企業の場合、あまりにも日本での実績をベースとした、高い品質や高い技術力に固執しすぎて、**4Pではなく、Productのみの「1P戦略」**になってしまっているのです。この戦略の失敗が販売チャネル戦略やプロモーション戦略に悪い影響を及ぼしているのです。

　もし「品質が良ければ世界で売れる」という方程式が成り立つのであれ

●プロダクトのみでは成果が上がらない

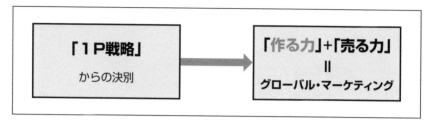

ば、例えば、家電業界の例でいえばシャープや三洋電機が買収されたり吸収されたようなことは起きていないでしょう。

　中国のハイアールが世界最大の大物白物家電メーカーになったという事実も起こり得ないし、世界中で躍進する中国メーカーや、サムスンやLGといった韓国企業の存在も否定しなければなりません。

　また、これだけ日本の家電メーカーが安価な中国製や韓国製に苦しんでいる最中に、英ダイソンが、10万円の掃除機や5万円の扇風機を売り、挙げ句の果てには5万円のヘアードライヤーまで発売しています。

　日本の家電メーカーが苦しむ中、設立約30年の英ダイソンは、グローバルで6,000億円以上の売上を叩き出し、約1,500億円の利益を残しています（2018年）。日本企業の製品はダイソンよりも品質が悪いのでしょうか。決してそんなことはありません。品質がすべてなら、このことをどう説明できるでしょうか。

　家電・エレクトロニクスの分野では完全に勝敗がついてしまいました。今、アジアでは、20年前には存在しなかった、巨大な時価総額や売上が数千億円を超えるようなアジアの消費財メーカーが育ってきています。すでに欧米の先進グローバル企業だけが競合ではないのです。

　この期に及んでもまだ、日本の消費財メーカーは家電メーカーの失敗を「対岸の火事」としか思っていないのではないでしょうか。これは決して対岸の火事ではなく、このままでは、日本の食品、飲料、菓子、日用品等、その他ほとんどの分野でも同じことが起こり得るのです。

　少子高齢化、人口減少で、日本国内の市場が低迷の一途をたどる中、海外への販路は日本の消費財メーカーにとっては外すことのできない成長の柱です。日本の消費財メーカーは、まずは、海外展開において大きく後れを取ったことを認め、「モノ」ありきの1P戦略を改めることから始めなくてはならないのです。

1-2

なぜ「良いモノを作って売る」では ダメなのか

> 日本人の考える「良いモノ」は、必ずしも世界の「良いモノ」ではない

■「欲しい」＝「買う」には結びつかないアジア中間層の実情

前項で、「品質が良ければ世界で売れる」という方程式は成り立たないというお話をしました。ではなぜ、「良いモノを作って売る」という考え方ではダメなのでしょうか。

日本の消費財メーカーは総じて、世界最高品質の商品を製造し、それを過去何十年、企業によっては100年以上、日本の国内市場で販売し、素晴らしい成果を出してきました。しかし残念ながら、この国内市場で磨いた高い技術力や、品質に対する考え方、さらには「ジャパン・ブランド」を引っ提げてアジア新興国に展開していくのは、失敗のもとなのです。

「日本製だからアジアの人は欲しがるはず」という考えはもはや大きな間違いです。

もちろん、「欲しい」と思う人は数多くいるでしょう。しかし、決して生活に余裕があるわけではないアジア新興国の中間層の消費者にとっては、「欲しい」が、そのまま「買おう」には繋がりません。いくら品質が良くても、価格が高ければ買うのをやめますし、日本製ではないアジア企業の安い商品を買うという選択肢を選ぶのです。

■「もの作り」以上に「チャネル作り」が重要な時代へ

一般論として、アジア新興国の中間層に「高いものは売れない」というのは事実です。しかし、何も「高いものを作ってもしょうがない」と言っているわけではありません。

先進国とはまったく所得の違う**新興国市場では、高いものを売りたいなら、それが売れるチャネル（流通経路）を作り、それが賄える人にターゲットを絞る**ことが大切なのです。「賄える」と「買える」は少々意味が違います。賄える＝繰り返し買えるということです（60、138ページ）。

ただし、「新興国で高いものが買える人＝富裕層」は、中間層に比べて非常に小さなボリュームになるという点を考慮する必要があることは言う

●「高い」と別のモノが選ばれる

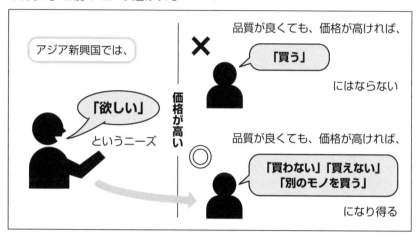

までもありません。

　アジア最大の魅力は、現在の15億人から2030年には30億人にまで拡大すると言われている中間層です。そこを狙わなければ、そもそもアジア新興国でビジネスをする意味がありません。

　そして、この最大のボリュームゾーンである中間層に商品をしっかり届けるには、**富裕層を狙う時とは異なる、幅広い販売チャネルが必要になる**のです。

　中国やASEANが急激に経済成長を遂げた今、求められているのは、いかにして中国やASEAN市場で商品を売るかです。

　「作る力」がものをいう「技術力の時代」から、「売る力」が問われる「マーケティングの時代」へと、大きく変貌を遂げたのです。

　なぜここまで変わったのかというと、多くの商品がコモディティ化（日用品化）し、アジアの企業でも近い商品を安い価格で作れるようになったからにほかなりません。

　かつてのように、日本企業しかモノを作れなかった時代ではなく、アジアの企業でも多くのモノを作れるようになった。つまり、競争環境が劇的に変わったのです。

　そして、日欧米の先進国のみが消費市場としてのターゲットであった時代から、アジア新興国までもがターゲットになったのです。これは、「もの作り」以上に、「チャネル作り」が重要な時代へ突入したということです。日本企業以外の選択肢があるということを理解する必要があるのです。

1-3

失敗する企業の法則

> 失敗する企業がおかす3つの過ち

■ 戦略ではない何かに依存して販売している

　私は過去20年近くにわたり1,000社以上の海外展開の支援を行ってきました。その中で感じたのが、大手企業ですら、非常に根本的な過ちをおかしているということです。

　海外展開に失敗している企業は、現在、実行しているプロセスの中で、売ることを「モノ」か、「パートナー」か「ヒト」のいずれか、またはそれらの複数に依存しているという事実があるのです。

　この「依存」が、海外で売上やシェアを上げるための大きな妨げになる、大変危険な存在だということを知っておかなければなりません。

■〈依存1〉モノありきの海外展開

● 日本と似たような売り方は受け入れられない

　まず、最初は、「モノありきの海外展開」です。

　前項でお話ししたように、2000年以降は多くのアジア企業が競合となり、今では、性能的にはそれほど変わらない製品が安価に出回る時代になりました。それにもかかわらず、高い技術力や品質が最大の武器になると信じて疑わない日本企業が少なくありません。

　「日本の厳しい消費者に鍛えられて、勝ち残ってきた商品なんだ」「他国の消費財メーカーには真似できない技術なんだ」「うちの商品は品質が良いので、若干高くても当たり前だ」……このような考え方は、「いいモノさえ作れば売れる」と、売ることのすべてがモノありきで、モノに依存している海外展開のパターンです。

　日本で作っている商品をそのままアジアでも売ることができれば苦労はしません。しかし、アジア新興国という中間層や貧困層が最も重要なターゲットである地域に進出しながら、日本国内市場の感覚のままで売ったのでは、結果として富裕層しか狙えません。まるで「買えない人は買わなく

●失敗する企業の共通点

依存 1	依存 2	依存 3
モノありきの 海外展開	現地パートナー 頼りの 海外展開	ヒト頼りの 海外展開
┊	┊	┊
良い商品が あれば売れる 高くても当たり前	現地との 合弁会社を作って、 お任せ	現地に駐在して いる社員が一番 よくわかっている

ていいんです」と言っているかのようです。

「買えない人は買わなくていい」というスタンスがふさわしい企業は確かにあります。その究極が、例えば、フェラーリやロールス・ロイスなどの超高級車や、パテック・フィリップやオーデマ・ピゲなどの超高級時計、そして、エルメスやブリオーニなどの超高級ブランドです。

彼らは、歴史と伝統を重んじ、そこにストーリーを作り出します。自分たちのスタンスを消費者の顔色などで絶対に変えません。

「これが私たちです。求めている人はどうぞ。そうでない人は買わなくて結構です」というスタンスを貫く。それに対して消費者が酔いしれて、熱狂的なファンになっていく。一部の富裕層は実際にそれを手に入れ、手に入れられない中間層も、買えないにもかかわらず憧れを抱く。

しかし、食品、飲料、菓子、日用品といった一般消費財の業界では、こうしたスタンスはなかなか通用しません。なぜならば、これら食品、飲料、菓子、日用品といった消費財のビジネスの真髄は、「いかに多くの人に、いかにたくさんの量を、いかに早い頻度で、いかに繰り返し買ってもらうか」だからです。

近いカテゴリーで、「買えない人は買わなくていい」というスタンスが通用するのは、高級チョコレートや高級化粧品を売る一部のメーカーといったところでしょう。

◉依存1　日本製の良いものがあれば売れる

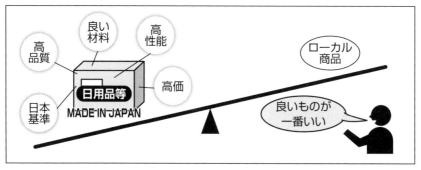

　こうした一部のブランドを除き、一般消費財メーカーが「買えない人は買わなくていい」というスタンスを取り続けるとしたら、現地の市場がその商品を買えるだけの所得に上がってくるのを待ちながらアジア新興国に展開しているに過ぎません。

　もし本当に高所得者だけを狙うのであれば、アジアではシンガポール、香港、台湾、韓国くらいに止めておくべきです。アジア新興国の最大の魅力は拡大し続けている中間層にあるので、中間層を狙えないなら、そもそもアジア新興国に出る意味はまったくありません。

　「良いモノさえ作れば売れる」という考え方は、完全にリセットすることが重要です。私たち日本人が「良い」と思うモノと、アジア新興国の人たちが「良い」と思うモノはまったく違うのです。

　例えばチョコレートでいうと、日本では100円前後が相場でしょう。しかしアジア新興国では、その辺の屋台でなら、満腹になるような食事が数百円で食べられるわけです。

　そんな世界でチョコレートを100円で買う人はおらず、必然的に数十円くらいまでが適切な価格になります。日本の100円のチョコレートをそのまま輸出したら、関税やら、流通マージンやらがかかって売値は数百円に膨れ上がります。これでは中間層という最も重要なマーケットに入っていかないのは当たり前です。

●現地には現地の売り方がある

　であれば原材料を変えてはどうだろうか。消費財メーカーが原材料の変更をすることにはリスクが伴い、社内調整も難しいものです。海外事業部

の社員が現地に合った商品を作るために、原材料から変えて価格を下げようとしても、なかなか社内で合意が取れないでしょう。

「原材料を変えて何か起きたら、誰が責任を取るんだ」などという話が出る中で大きな変革を起こすことは、ものすごく大変だということは私も十分理解しています。

しかし、そこを変えないと、現地でシェアを取ることはおろか、いつまで経っても細々と輸出を行うだけの導入期の状態から抜け出すことはできません。

また、梱包形態を変えるのも重要な手法の1つです。

アジア新興国で重要なのは、今、欲しい分だけを小分けにする方法です。この方法だと、グラム当たりは当然値段が高くなるのですが、個人のキャッシュフローが何よりも重要なアジア新興国の消費者にとっては、仮にグラム当たりは高くても、将来欲しくなる分を今買うよりも、今欲しい分だけを買える買いやすさを提供することが重要なのです。

■〈依存2〉現地パートナー頼りの海外展開

●現地企業と合弁会社を作って終わりのケースも多い

2つ目は、「現地パートナー頼りの海外展開」です。よくありがちなのが、現地のことは不案内なため、「とにかく現地の強力なパートナーと組もう」という発想です。

現地の財閥系企業や同業種メーカーと合弁会社を設立し、現地での販売のすべてを現地のパートナーに依存する展開パターンが多く見られます。パートナーというのは確かに重要ですが、大手のパートナーを見つけ、自分たちは作る人で、売るのはパートナーと考えて丸投げしてしまうようでは、なかなかうまくいきません。

例えば、インドネシアやタイの有名な財閥と組んで、「現地の○○財閥と合弁企業を設立しました」「事業提携をしました」と発表すれば、日本のステークホルダーは確かに安心できそうなイメージを持つでしょう。

しかし、アジアの財閥は、資源、不動産、通信、金融、ホテル、製造業、小売りなど、様々な事業を手がけています。

その各事業において世界中の企業と事業提携をしているわけです。つま

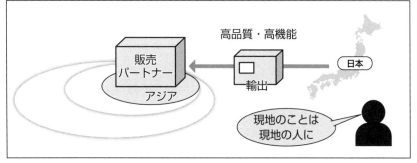

●依存２　現地に丸投げ

り、皆さんの会社との事業にプライオリティを高く置いて、本気で取り組んでくれるかどうかは未知数だということ。

　強いパートナーと組んだはずなのに、何年経っても現地におけるマーケットシェアが伸びず、最終的には提携解消の結末に陥った事例など数多く存在します。グーグルで、「合弁解消　アジア　販売」と検索してみてください。

　また、現地の同業種企業と合弁会社を設立するのは、日本企業の場合よくあることです。ただ日本企業は、パートナー企業の製品や技術にはまったく関心がなく、彼らへの生産委託と、彼らが持つ販路に期待をします。「この会社の販路を使って自社商品を売ろう」と。しかし、同業種の彼らにすれば、日本のオーバースペック品よりも、自分たちが単独で作っている商品を売ったほうがよっぽど売れるし、利益率が高いわけです。

　むしろ彼らが求めているのは、日本企業が持つ高度な技術力です。こうして同業種との合弁会社は、お互いの企業の利害関係が合致せず、失敗に終わることも少なくありません。

●パートナーへの販売丸投げがよくない

　こうした失敗の原因は、決して「パートナーと組んだこと」ではなく、「パートナーに丸投げしたこと」です。

　そもそもマーケティングとは「商品を売る」だけではなく、市場調査から始まり、商品を開発、生産、販売し、資金を回収するまでの一連のプロセスのことを指します。

　その前半だけを「私たち、作る人」とやって、後半をパートナーに「あ

なたたち、売る人」とやらせても、なかなか市場に受け入れられるもので
はありません。

　それでうまくいったとすれば、ただ単にラッキーだっただけでしょう。
確かに、合弁パートナーがよくて成功をした事例がインドネシアにはいく
つか出ています。しかし、それらの企業は、インドネシアでは高いシェア
を築けたものの、ベトナムやフィリピンでは築けませんでした。「たまた
まインドネシアには良いパートナーがいたが、ベトナムやフィリピンはい
なかった」ということになるわけです。

　こうした事例からも、「売る」ことを完全にパートナーに委ねた事業提
携や合弁会社では成功できないことがわかります。日本の会社側が「売る」
ことを深く理解した上で、パートナーに任せられるかが大変重要なのです。
　「売る」ための戦略を理解した上で任せるのと、「よくわからないからお
願いね」と丸投げするのとでは、得られる結果はまったく異なります。不
測の事態に陥った際に、売るための戦略を理解していないので、まったく
対策が打てないどころか、パートナーの説明にうなずくことしかできない
のです。
　これでは完全にパワーバランスが崩れます。日本なら、そんな状態であ
っても、露骨にパワーバランスをはかってくる企業は稀かもしれませんが、
アジア新興国の企業のオーナー経営者の大半は華僑です。どんなに信頼し
ても、常に優位なパワーバランスは維持しなくてはなりません。
　アジア新興国では、せっかく良いパートナーと出会っても、こちらが優
位なパワーバランスを維持することを放棄したら、友好的な関係を継続さ
せることは難しいのです。任せていれば大丈夫、わかってくれているはず
が通用するのは、日本国内だけであることを今一度理解してください。

■〈依存３〉ヒト（駐在員）頼りの海外展開

●「属人的」ではなく「戦略的」に
　そして、最後が、「ヒト（駐在員）頼りの海外展開」です。よくビジネ
ス誌に、『グローバルな勝ち組日本企業』などという特集記事が出ています。
それを見ると、「インドネシアに○年駐在している○○さんが成功の立役者」
といった見出しが躍っているため、駐在員の質が海外展開の決め手になる

●依存3 ヒト（駐在員）頼り

ような印象を持っている方も多いでしょう。

　確かに駐在員の質は高いに越したことはありません。しかし実際には、多くの日本企業は現地の駐在員の質の高さに依存し過ぎる、もしくは質の低さに翻弄される、という状況になっています。

　重要なのは、駐在員の質に頼らず、1カ国での戦略ベースの成功パターンを方程式として他のアジア新興国においても水平展開できるかどうかです。これができている日本のメーカーは、私の知る限りほとんどありません。

　日本の企業でよくあるパターンは、特に戦略を持たずに「とにかく行ってから学べ」「走りながら習得しろ」「重要なのは、気合と根性だ」と、駐在員を現地法人に送り込むパターンです。

　経済成長が著しいASEAN市場で欧米だけではなくアジアの消費財メーカーも脅威となっている今、日本国内のマーケットに慣れ親しんだ社員が海外の地ですぐに活躍できるわけがありません。

　現地の生活に慣れるのに3年、仕事がそこそこできるようになるのに5年、現地市場を熟知するのに10年という月日が必要になるでしょう。

　一方、日本企業のアジア新興国の駐在期間の多くは5年以下です。一人前になる前に帰国です。また、10年以上のキャリアを積み、質が上がった駐在員がいる国ではそこそこ成功を収めていても、この成功体験は会社の戦略ではないため、そのノウハウは会社に蓄積されておらず個人に蓄積されます。他の国ではまた、他の駐在員がイチからキャリアをスタートし、一人前になるには10年かかるのです。従って、他国への展開ノウハウが掛け算になっていかないのです。

また、駐在員のレベルが低いうちは、現地採用の社員についても優秀な人材ではなく、マネジメントしやすい人材ばかりが集まる傾向にあります。

　ひどい企業では、日本人と会話ができなければ仕事にならないので、現地人幹部は日本語が必須で、日本語ができなければ偉くなれません。優秀な現地人と、日本語ができる優秀な現地人では、母数がまったく異なります。これは、日系企業の現地スタッフのレベルが先進グローバル企業と比較して著しく低い大きな要因の1つになっています。

　他にも、本社に戦略がないことは駐在員のみならず、現地法人と本社の間に距離を生み出しています。その代表的なものが、「ＯＫＹ」です。ＯＫＹとは、「お前が、来て、やってみろ」の略です。

　戦略がない、もしくは、現地市場にそぐわない戦略を作り、それを駐在員にやらせ、結果が出ないことに不満を言う本社に対しての駐在員の気持ちです。もちろん、彼らも本社に真っ向からそんなことは言えませんので、現地で親しくなった他社の日系企業駐在員同士で、夜な夜な酒を飲みながら口にする愚痴の代表例です。

●重要なのは本社の確固たる戦略

　これまでお話ししてきた「モノ」「パートナー」「ヒト」のいずれか、または複数へ依存してしまうパターンはすべて、日本の本社が戦略を持っていないことに端を発しています。

　「いいモノを作っているから売れるはず」「現地のことは現地の人が一番知っているんだから、パートナーに任せれば売れるはず」「駐在員が気合と根性を入れれば売れるはず」と、戦略以外の何かに依存することをまず変えていかなければ、現地でシェアを取ることなどできません。

　一般消費財メーカーに限らず、耐久消費財や、B2B（企業と企業の取引。部品や機器、設備など）の企業でも、企業が依存してよいのは、自社の確固たる戦略だけなのです。本社が確固たる戦略を持ち、その戦略に応じて、もの作りや現地法人、駐在員のマネジメントを行うことが肝心なのです。

1-4

財閥系や同業種との提携、合弁の落とし穴

> 販路の本当の鍵を握っているのはディストリビューター

■ 日本企業の期待と現地パートナー企業の実情

　前項で述べた「現地パートナーありきの海外展開」について、もう少し深く掘り下げてみましょう。

　日本企業は、販路を求めて地元の財閥系企業などと業務提携を結びますが、先にも説明した通り、その財閥系企業は様々な事業を手掛けているため、日本企業を受け持つのは担当子会社です。

　この子会社においても、実際にそこの子会社社員が売っているのではなく、外部の**ディストリビューター（販売店）**を使っているケースが大半です。

　財閥系企業に任せることは目に見えない安心感がありますが、必ずしも皆さんの会社の商品に高いプライオリティ（優先順位）を置いてくれるかどうかはわかりません。

　財閥系が動かなければ現地ディストリビューターも動かないので、せっかく大手と組んだのにマーケットシェアが伸びないという結果になりかねないわけです。

　パートナーである財閥系企業を年に1回や2回訪問しても、そもそも丸投げで現地事情を理解していないので、目標を達成できなかった時は言い訳を聞くだけで、それが事実なのか否かの判断もできないのが実際です。

　言われることにただうなずくしか術がなく、問題に対して何の対策も打てないどころか、議論にもなりません。このような定期訪問は、出張費の無駄以外の何ものでもありません。

　また、日本企業が同業種企業と合弁会社を設立する場合にも、求めるものは生産設備はもちろんですが、売るノウハウです。

　現地の同業者はすでに販路を持っているので、その販路を自分たちも使えることに期待します。しかし、パートナーである同業種企業も製造をやっている会社と、それを売っている販社を抱えていて、販社では当然、利

益率が高く、中間層以下の人に求められる安価な自社商品の販売に力を入れます。

またその販社が使っているのもディストリビューターです。同業種企業にとって日本企業と合弁することは、自分たちの敷居や、ブランド力の向上。さらには、日本企業から学べる技術など、基本的には彼らにとって有利なことしかありません。

最悪、日本企業との合弁会社で生産したものが売れなくても、合弁会社がうまくいかなくても、会社は日本に持って帰れませんから安値で買い叩くだけです。彼らにとってのリスクは、日本企業にとってのリスクより格段に小さいのです。

■ 日本企業が組むべきはディストリビューター

財閥系企業にしても同業種企業にしても、結局、実際に現場で売ってくれるのはディストリビューターなのです。

海外では代理店と販売店の認識が日本国内とは異なり、仲介をしてコミッションを得るのがエージェント（代理店）、製品を買って顧客に再販売するのがディストリビューター（販売店）。

消費財メーカーが活用するのは、ディストリビューターになります。そのディストリビューターとの間に財閥系企業や同業種企業が入ることは、日本企業にとってあまりメリットは存在しません。

こうした流通の構造をしっかりと調べて知っていたら、販路欲しさの財閥系や同業種との合弁などという選択はしないはずです。仮に合弁したとしても、販売構造をしっかり理解していれば、失敗事例はもっと少なくなっているはずです。

参考までに、アジア新興国で成功している先進グローバル消費財メーカーで、財閥系や同業種と組んで販路を築いている例はほとんどありません。

彼らは自分たちでディストリビューターを選び、ディストリビューション・ネットワークを築き、販売チャネルを管理しています。自社商品が売れ続けるためには、たとえ時間がかかったとしても、自社に適したディストリビューターをパートナーとして発掘選定し、契約交渉し、管理育成する。そして、模倣困難性の高い独自の販売チャネルを着実に構築することが最善策なのです。

1-5

「輸出型チャネルビジネス」への大転換

シェアを上げられるのはチャネルビジネス

■「輸出型輸出ビジネス」は初期段階の形態

私が定義する「輸出型輸出ビジネス」とは、自社商品を日本の輸出商社や問屋、もしくは、現地の輸入商社に任せて、もしくは自社で輸出する日本の港から海外の港までのビジネスを指しています。

皆さんが海外展開を始める時に取っかかりとなるのはこうしたビジネス形態になるでしょう。初期段階には必要なビジネス形態であり、私自身も否定するものではありません。

ただし、輸出した後の工程、つまりは、現地の中間流通や小売、消費者を一切無視した売り切りの輸出型輸出ビジネスには限界があり、ある一定の売上までいくと、それ以上には伸びません。

仮に海外売上比率が3割あったとしても、その3割のほとんどが輸出型輸出ビジネスだとしたら、将来性には問題があります。それは単に港から港のビジネスをしているだけで、本当の意味でのグローバル・ビジネスとは言えないからです。

多くの日本企業はまだ輸出部門や海外輸出担当者を抱えていますが、食品や飲料、菓子、日用品分野の輸出型輸出ビジネスでは、1カ国当たりの売上は、例えばASEANで数十億円程度が関の山です。

輸出だけでは決して現地シェアの戦いには参入できません。成功している先進グローバル消費財メーカーは、もう15年も前に**「輸出型輸出ビジネス」とサヨナラし、「輸出型チャネルビジネス」、もしくは、「現産現販型チャネルビジネス」に完全に移行**しています。

皆さんが目指すグローバル・ビジネスとは、現地の企業、もしくは欧米の先進グローバル消費財メーカーとマーケットシェアの争いをして勝ち抜いていくことです。そのためにはまず、この輸出型輸出ビジネスから脱却する必要があるのです。

■ 目指すべきは「輸出型チャネルビジネス」

「輸出型チャネルビジネス」というのは、ビジネスモデルは輸出でも、自社の商品が、相手国の港から、どのようなディストリビューター（販売店）を通じ、どのような小売店に、どのように並べられ、どのような消費者がそれを手に取り、買って、使って、食して、何を感じ、リピートしているのか、いないのかを把握できている状態と定義しています。

最終的には、消費財メーカーは後述する「現産現販型のチャネルビジネス」を展開しなければ、究極的にシェアを高めることはできませんが、いきなり何十億円もの投資がかかる現地生産ができるかというと、経営としては、ある程度のシェアが取れなければ現地生産など始められないという判断になるでしょう。

やはりステップを踏んでいく必要があるので、「輸出型輸出ビジネス」の次に目指すべきは、「輸出型チャネルビジネス」ということになります。

考えてみてください。日本の消費財メーカーが国内でビジネスをする上で、自分たちの商品がどの中間流通を通じて、どの小売店に、どう並べられて、消費者が何を思ってそれを買って、リピートしているのか、いないのかを理解していないなどということは、絶対にあり得ないはずです。

日本では当たり前に行っているチャネル（販売経路）を把握したビジネスを、海外になると「とにかく輸出を増やさなきゃ」と、ひたすら輸出を増やすことに執着して、本来最も重要である消費者を置き去りにしてしまいます。

そうならないためにも、まずは相手国の港から消費者までのチャネル構造を理解し、「輸出型輸出ビジネス」から、「輸出型チャネルビジネス」への移行を短期的な戦略に定めるべきでしょう。

■ 最終的には「現産現販型チャネルビジネス」を目指す

「現産現販型チャネルビジネス」とは、その国に工場投資をして、現地で生産から販売までを行うビジネスモデルを定義しています。

輸出を行うのは、近隣諸国へ戦略的な展開を行う場合のみです。消費財メーカーにとってはこのビジネスモデルが、海外展開をする上で、最終的には最も理想的な形態だといえます。

アジアで成功を収めている日本の企業、ユニ・チャームや味の素はもち

●輸出型輸出ビジネス

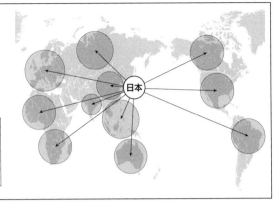

日本の輸出商社か、現地の輸入商社に商品を輸出し、その後のことは関知しないのが基本スタンス

⬇

このような港から港のビジネスは、グローバルビジネスとは言えない

●輸出型チャネルビジネス

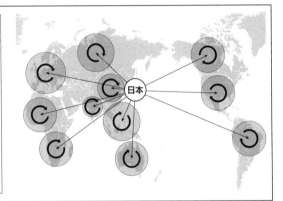

自社の商品が、相手国の港から、どのようなディストリビューターを通じ、どのような小売に、どのように並べられ、どのような消費者がそれを買って、使って、食して、何を感じ、リピートしているのか、リピートしていないのかを理解しているビジネス

●現産現販型チャネルビジネス

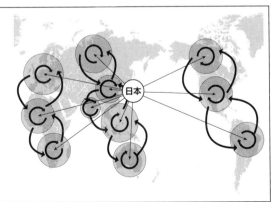

海外に投資して工場を建て、生産から販売までを現地で行うビジネス

ろん、ベトナムのエースコックやインドネシアのマンダムなども、すでに
その国においてはチャネルビジネスへの移行を果たしています。

　チャネルビジネスへ移行を果たすと、最もボリュームの多い中間層を真
っ正面から狙うことが可能になります。そして、消費財メーカーにとって、
最も重要な４Ｐ（マーケティング・ミックス）が、高いレベルで最適化さ
れます。

　現地で生産できるため、現地の中間層が求める商品を（Product）、現
地の中間層が賄える価格で（Price）で販売することが可能になります。
また、そもそも現地市場をターゲットにした工場投資のため、現地法人で
のマーケティング活動のレベルも上がり、現地の中間層が買いやすい売り
場に並べ（Place）、現地の中間層が選びたくなる仕掛けへの投資
（Promotion）も向上していきます。

　段階を経て、最終的にはこのステージにこなければ、狙うべき市場は最
大化しないのです。

■ 今こそチャネルビジネスへの転換をはかる時

　先進グローバルメーカーと日本のメーカーの違いは、初期段階ではそれ
ほどありませんでした。最初はどの企業も「輸出型輸出ビジネス」からス
タートしています。

　しかしその後、「輸出型チャネルビジネス」へ、「現産現販型チャネルビ
ジネス」へと転換し、売上を伸ばしていくのが先進グローバル企業です。
いつまでも導入期の輸出型輸出ビジネスからから抜け出せないまま時間ば
かりが過ぎているのが大半の日本企業です。

　輸出型輸出ビジネスの場合、売上目標未達の言い訳は、「円高が進んだ
から」と、「現地の経済成長が鈍化したから」の２つです。つまりは、「為
替」と「景気」です。また、目標を達成した要因も、為替と景気です。為
替や景気といったアンコントローラブルな要素に左右され過ぎるのは賢明
とはいえません。それでは、戦略的にその国のシェアを上げることはでき
ないのです。

　輸出型輸出ビジネスでは、円安とアジア景気で毎年数％の輸出増の成長
に甘んじているうちに、チャネルビジネスに投資を行っている欧米メーカ
ーや、現地メーカーにシェアを取られてしまい、もう入り込む余地がない

●輸出だけのステージからチャネルビジネスへ

といった状態になりかねません。すでにそうなりつつあります。今の日本の消費財メーカーに求められているのは、いかに「輸出型輸出ビジネス」から脱却して「輸出型チャネルビジネス」に移行するか。そして、そこから本格的な「現産現販型チャネルビジネス」に移行できるかどうかです。

　実際に弊社の顧客である大手消費財メーカーにも、現産現販を行っている国と、現地に法人を持たずに日本からの輸出で行っている国との両方があります。

　しかし、以前は、チャネルビジネスなどといった発想はなく、流通のことも、小売のことも、消費者のことも、そして競合のことも具体的には理解していないといった状態でした。

　しかし、一緒になって実態の可視化からはじめて、戦略やチャネルの再構築、そしてオペレーションの最適化を行っていき、徐々にチャネルビジネスへと転換させてきています。

　結果、過去105％程度の成長だった売上が、110％、120％と上がり、数値的な成果も出ています。今までの積み上げ思考から逆算思考に変わり、何よりもシェアをより具体的に意識するようになりました。ここまで来るとあとは良いスパイラルに突入し、売上はどんどん上がっていきます。

1-6

チャネルの時代に必要なマーケティング

> グローバル・マーケティングを実践してこそチャネルビジネスは成功する

■ グローバル・マーケティングへの正しい理解を

　前項でお話しした通り、今や世界はチャネルの時代です。だからこそ、グローバル・マーケティングに対する正しい理解が求められています。

　もし、日本国内の輸出商社か海外の輸入商社を使って商品を出すだけのビジネスをするのならば、メーカーから国内の輸出商社や問屋へ、もしくはメーカーから海外の輸入商社や問屋へ商品を売るだけのことであり、国内から国内、もしくは国内の港から海外の港までの商売です。

　それはグローバルでも何でもなく、グローバル・マーケティングという概念はまったく必要がありません。これは、ただ単に「出荷」しているだけだからです。「出荷」することにマーケティングなど必要はありません。

　この輸出型輸出ビジネスを脱却して、自分たちの商品が相手国の港からディストリビューターへ、小売店へ、消費者へと続くチャネルをしっかり把握し、輸出型チャネルビジネス、もしくは、現産現販型チャネルビジネスへと転換していくために必要となるのが、グローバル・マーケティングなのです。

■ グローバル・マーケティングなしに高いシェアは望めない

　本書の「はじめに」で、グローバル・マーケティングとは、「地球規模で市場を捉え、世界のニーズに応えて利益を上げること」だと述べました。

　日本において一般的に考えられているマーケティングは、消費者に対して、どうしたら買ってもらえるのかという販売促進に関する狭義で捉えられがちです。

　しかし本来のマーケティングとは販売促進に特化したものではなく、市場調査から始まり、商品を開発、生産し、販売して代金を回収し、必要に応じてアフターケアを実施すること、の一連のプロセスを指す広義で捉えるのが正しい解釈です。これを世界中で実践することこそ、グローバル・マーケティングなのです。

　アジア新興国では、このグローバル・マーケティングを正しく理解、実践し、チャネルビジネスを行うことによって、さらに大きなマーケットシェアを獲得し、利益を出していくことが可能になるのです。

　欧米の先進グローバル消費財メーカーは例外なく、グローバル・マーケティングの概念に基づいてチャネルビジネスを展開しています。

　大きなマーケットシェアを獲得する上で、最も重要な現地の消費者や小売、そして、そこへ通ずるディストリビューション・チャネルを理解しようとせず、見ることすらせず、ただひたすら、国内外の卸や問屋に商品を売っている＝出荷しているだけでは、リアルな市場は決して見えません。

　そして、リアルな市場を見ないのであれば、チャネルも不要であり、チャネルが不要であるならマーケティングも不要であり、マーケティングが不要な会社が高いマーケットシェアは取れないということにつながるわけです。

　グローバル競争がますます激しさを増す現代において、もはやグローバル・マーケティングなしでは太刀打ちできません。だからこそ、グローバル・マーケティングに対する正しい理解が必要なのです。

●グローバル・マーケティングを行って初めて成功する

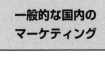　　販売促進が中心で狭義で捉えられがち

　その国に合った商品開発から始まり、ゼロからの消費者獲得、チャネル作りと広義に捉える必要がある

etc.

1-7

海外事業の立ち上げは第二創業と同じ

> 日本での経験を捨ててゼロから考える

■ 0を1にする能力が求められる

海外展開を考えている企業は、日本国内でのビジネスにおいてある程度の成功を得ていることでしょう。日本国内では、高い知名度があり、消費者の強い支持を受け、小売店の厚い信頼や強固な販売チャネルを有していて、ノウハウもあり、オペレーションもしっかり回っているに違いありません。

それは皆さんの会社が設立されてから現在まで、創業者を筆頭に諸先輩方が市場調査や商品の企画・開発、試作を繰り返し行い、ようやく完成した商品を生産し、営業し、販売チャネルを作り、それを徐々に強固なものに作り上げてきたからこそです。

現在ではその土台の上で事業が成り立っており、新製品を開発、生産し、販売促進にどう取り組むかという狭義のマーケティングができているのです。つまり、すでに出来上がった土台の上でビジネスをしているため、アカデミックな知識としてのマーケティングや、プロモーション的な意味合いでのマーケティングの経験はあっても、広い意味でイチから実践的なマーケティング活動を一気通貫で行い、それを進化発展させていくというケースはほとんどありません。

一方、アジア新興国でのビジネスは、日本国内とはまったく異なり、知名度や消費者の支持、小売店の信頼、販売チャネル、ノウハウ、オペレーションなどあらゆることがない状態です。

つまり、事業をゼロから立ち上げる意味でのマーケティングが必要になるため、海外で起業するようなものなのです。

今日会社を作ったら、今日からどんな商品を売るのか、どんなサービスを提供するのかを考えるところから始まって、誰に売るのか、いくらで売るのか、どのような販売網を作って売るのかといった課題をクリアしていかなければなりません。

●海外事業は「第二創業」に近い

　こうした起業家に必要な作業が、海外で事業をする上では必要になるわけです。なぜなら、日本国内である程度の成功をつかんでいても、海外では無名に等しい、もしくは社名や商品程度は知っていても、日本国内ほど理解されていないからです。

　スキルとしても、日本でやっていることとはまったく種類の異なる能力が必要になります。日本国内では現状を維持する、もしくは現状の1を2に、2を3にする能力が求められるのに対して、アジア新興国で事業をするということは、いかに0から1を作り出すか、つまり、起業するために必要なすべての能力が求められるのです。

■新しいマインドセットが必要

　0から1を生み出すためには、とにかく今までの経験値を捨てることが重要です。人間というのは自分が今までやってきたことで作られているため、過去の成功体験を捨てることはまるで自分を否定するように感じられ、とても難しいものです。

　頭では理解していても、なかなか過去の成功体験は捨てられません。しかし、文化も習慣も何もかも異なる新興国では、その先進国での成功体験が時として事業の邪魔をします。

　だからこそ、重要なのは、完全に捨てるのではなく、一旦どこかに置いておいて、ゼロベースで考えるということです。自分が今まで育ち、学び、

仕事をしてきた先進国の環境とはまったく異なるアジア新興国でビジネスを展開するためには、これまでの常識や考え方を一旦忘れてしまうことが大切なのです。

そしてある程度ビジネスが走り始めたら、日本での経験をそこに上乗せしていけばいいのです。ビジネスが走り出す前は、日本での成功体験が邪魔をしますが、ある程度ビジネスが走り始めると、日本での体験が今度は逆に活きてきます。その時まで、どこかに置いておくことが重要なのです。日本の常識は非常識、日本の良いは必ずしも現地の良いではないという感覚が本当に重要です。

■ 現地ベースでの思考が大事

新進気鋭の経済学者であり、また自身でもインクルーシブ・ビジネスを行う会社の社長でもあるタシュミア・イスマル氏は、著書『ニューマーケッツ・ニューマインドセット』の中で、新興国のような新しいマーケットと向き合うためには、新たなマインドセットが必要だと言っています。

つまり、今までの経験からなる思い込みや誤解を解くことが必要不可欠だと書いています。イスマル氏はアフリカのインクルーシブ・ビジネス研究の第一人者であり、南アフリカのプレトリア大学のビジネススクール（GIBS）の教壇にも立っていました。

インクルーシブ・ビジネスとは、BOP（Base of Pyramid）、つまり新興国の貧困層を対象にしたビジネスです。一時期、インクルーシブ・ビジネス（BOPビジネス）の名のもとに、いくつかの日本企業もアフリカやアジアなどで展開を試みましたが、未だいずれの企業も高い成果は出せていません。

なぜかというと、どの企業も今まで日本でやってきたビジネスの延長線上で、そこからそぎ落としていく発想でビジネスを行っているからです。いかにゼロベースで考え、そこに現地ベースで肉付けしていくかということがアジア新興国でもアフリカでも重要で、「日本ではこうだったから」や、「自分たちの会社はこうだから」という今までの常識や経験、成果をすべてリセットして考えないと、絶対に成功は望めないのです。

0から1を生み出す時は、現状からの削ぎ落としでは決して何も生まれません。現地ベースで考え、そこに肉付けしていくことが重要なのです。

1-**8**

戦略のベースは「マーケティングの基本プロセス」

> マーケティングの基本プロセスは、戦略策定の早道

■「マーケティングの基本プロセス」とは

　ここまでお話ししてきたように、アジア新興国でマーケットシェアを獲得するにはチャネルビジネスを行う必要があり、チャネルビジネスを行うということは、まさにグローバル・マーケティングを実践することであり、マーケティングに対する知識が必要です。

　しかし、マーケティングは、日本語に訳すことはおろか、アルファベットやカタカナが多く、頭では理解していても、それをうまく戦略づくりに活かせる人がどのぐらいいるでしょうか。

　そんな人のために、ここでは、「マーケティングの基本プロセス」をわかりやすく解説します。また、マーケティングの基本プロセスが、いかに戦略づくりに有効かをお話しします。

　マーケティングの基本プロセスは、戦略づくりの早道であり、このことだけを忠実に突き詰めていくことが、強固な戦略策定につながります。マーケティングの基本プロセスを突き詰めることで、自社は何に長けていて、何を弱みとしているかも認識でき、どこをどう強化して、戦略をさらに強固なものへと変えていけばよいのかもわかります。

　まず、マーケティングの基本プロセスは、「現代マーケティングの父」といわれるフィリップ・コトラー氏が提唱したフレームワーク『R－STP－MM』です。

　「R」はResearch（調査・分析）で、マクロ環境分析やミクロ環境分析、SWOT分析の3つで構成されています。

　「STP」は、セグメンテーション（市場の細分化）、ターゲティング（顧客の絞り込み）、ポジショニング（市場上における位置を知る）です。

　「MM」は、マーケティング・ミックスの略で、別名、4Pとも言われています。Product（商品）、Price（価格）、Place（販売チャネル）、Promotion（販売促進）の4つを指します。

この『Ｒ－ＳＴＰ－ＭＭ』の３つを順番に組み立てていくことが、「マーケティングの基本プロセス」です。

■ アジア新興国におけるマーケティングの基本プロセス

ただ、マクロ環境や、ミクロ環境、SWOT、そしてSTPや4Pと言われてもいまいちピンとこない方も多いと思います。

なんとなく理解できるが、なんとなく理解できない。これを海外事業、特にアジア新興国における事業に当てはめたら、ますますわからなくなります。

●「R」は、どんな市場で敵は誰か、勝てそうか？

そこで、こんな風に考えてください。

まず「R」ではマクロ環境分析は、「どんな市場なのか」、を可視化する手段だと。新たな市場に進出する際には、当然、その市場がどんな市場なのか、儲かるのか儲からないのかをある程度調べると思います。それがマクロ環境分析です。

そして、ミクロ環境分析は、その市場に「どんな敵がいるのか」を可視化する手段です。儲かる市場だからといって武器も持たずに出たら、そこに強い敵がいたとなれば、一撃でやられてしまいます。

だからこそ、儲かる市場なのか否かと同じぐらいに、どの程度の強い敵がいるのかを調べておく必要があるのです。

SWOT分析（45ページ）は、では、「そこに自社が参入したら何が起こりそうなのか」を探るための手段です。要は、勝てそうか、負けそうか、儲かりそうか、儲からなさそうかです。こう考えると非常にわかりやすくないでしょうか。

●「STP」は、ターゲットは誰か？

次に「ＳＴＰ」は、セグメンテーション（Segmentation）、ターゲティング（Targeting）、ポジショニング（Positioning）の頭文字を取ったマーケティング用語ですが、セグメンテーションは「どのような層に売ったらいいのか」というざっくりしたセグメントの分類を指しています。

例えば、男性に売るのか、女性に売るのか、年齢層はどうなのか、どんな職業なのかなどです。B2B企業だと、例えば、大手企業のセグメントな

●マーケティングの基本プロセス

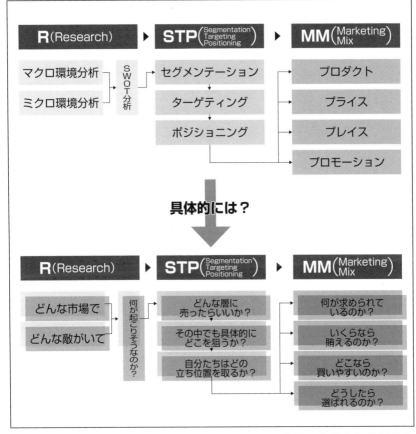

のか、中堅中小のセグメントなのか、もしくは、業種は自動車部品製造なのか、家電部品製造なのかなどです。

　ターゲティングは、「その層の中でも具体的にどこをターゲットにするのか」です。ここは細かく可視化できればできるほど有効です。30代の女性がターゲットであるならば、具体的にどこに住んでいる、もしくは勤めている、はたまた、どこの店を利用する30代の女性なのか等です。

　究極はバイネーム（個人情報レベル）でターゲットリストが手に入れられれば、それだけ売れる確度は高くなります。

　そして、最後が、ポジショニングです。これは「自分たちはどの立ち位置を狙うのか」です。競合他社と比較した場合に、どのような立ち位置でいるべきなのかです。

例えば、女性というセグメントで、さらに、20代の外資系に勤める女性をターゲットにした場合、自分たちのポジショニングは、あくまで高級品だが、ちょっと手を伸ばせば手が届く値段で、外資のキャリアウーマンが好んで使うようなイメージのポジショニングを取る、などです。

●「MM」は、ターゲットにどう売るか

　そして、3つめの「MM」では、4つのPを考えます。

　Productは「何を売るのか」、Priceは「いくらで売るのか」、Placeは「どこで売るのか」、Promotionは「どう知ってもらうのか」を戦略立てていくのです。

　特に、本書で事例として上げている消費財メーカーの場合、アジア新興国市場におけるターゲットは絶対に最もボリュームの多い中間層でなければなりませんから、Productは、「中間層が求めている商品を（日本で売れたではなく、現地が求める商品）」、Priceは、「中間層が賄える価格で（賄える価格＝繰り返し買える価格）」、Placeは、「中間層が買いやすい売り場で（近代小売はもちろん、伝統小売という小さな店舗の売り場でも）」、Promotionは、「中間層が選びたくなるような仕掛け（競合よりも多く選ばれる仕掛け）」はなんなのかをベースに組み立てていかなければなりません。この4Pについては、大変重要ですので、後で別途、さらに解説いたします（59ページ）。

■ 特に重要な2つのプロセス

　このプロセスの中でも特に重要なのが、**ミクロ環境分析である、敵を徹底的に知ること**と、MMのプレイスにあたる**販売チャネルを作り上げること**です。特に日本企業はこの2つが弱いです。

　「敵を徹底的に知る」とは、自分たちが出ようとしている市場の敵がどれぐらい強いのかを見極めることです。多くの日本企業は、国内では競合を意識するものの、なぜかアジア新興国へ行くと、現地企業に対しては「品質が悪いから競合ではない」と高をくくり、逆に欧米の先進グローバル企業に対しては「巨大過ぎるから、そもそも敵じゃない」と線引きしてしまいます。

　そして「我々は高品質のプレミアム路線だから、差別化できており、な

●「ミクロ環境分析」と「プレイス」が大事

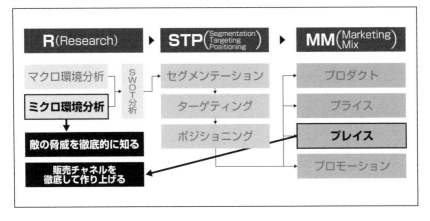

んとかなるんじゃないか」と、楽観的な考えで出て行き失敗するケースが多く見られます。

実際には、現地企業の安価な商品や、欧米企業のブランド力のある商品と戦うわけで、彼らを徹底的に分析して、彼らが過去20年、その国で何をやってきて、その結果、今、どのような戦略を取っているのかを知らなければ、自社の戦略を立てようがありません。

敵の戦略を知らなければ自社の戦略は作れないし、敵の戦略の中から参考にするべき事項もたくさんあるのです。戦略は、独りよがりのものであってはなりません。競争相手あってのものです。にもかかわらず、敵の脅威をぼんやりとしかわかっていなければ、当然、自社の戦略もぼんやりしてしまいます。

もう1つの「販売チャネルを作り上げる」とは、取りも直さず「ディストリビューション・チャネルを構築する」ことです。

ディストリビューション（流通）のチャネル（経路）がなければ商品は店頭に並びませんし、並ばなければ消費者が手に取ることもありません。競合のディストリビューション・チャネルより、自社のチャネルが弱ければ、いつまでたってもストア・カバレッジ（配荷店の数）は伸びません。

その差は、日々開いていくばかりです。

特に無数に広がる伝統小売（小さな店舗の小売店）が重要なアジア新興国では、このディストリビューション・チャネルが日本以上に重要です。

多くの日本の消費財メーカーは、ただ管理が楽だから、共食いになったらよくないからという理由だけで、１つの国に１つのディストリビューターだけを置く、１カ国１ディストリビューター制を採用していることが多いですが、これでは不十分です。

ディストリビューターについては後で詳しくお話ししますが（177ページ）、いかにエリアごとにディストリビューターを分け、広範囲のネットワークを作り上げられるかが大変重要になります。

■ わからないことを可視化して、課題を整理し、対策を考える

マーケティングの基本プロセスの目的は、わからないことを可視化することです。私が海外事業を組み立てたり戦略を考えたりする時にも、わからないことすべてをマーケティングの基本プロセスに当てはめて、Ｒ－ＳＴＰ－ＭＭの順に深掘って可視化し分析していきます。これにより課題が見えてきて、その課題を整理していくと、その課題に対して対策を考えることができるようになります。それこそが、「戦略」を作るということなのです。

Ｒ－ＳＴＰ－ＭＭを突き詰めるということは、新しい知識や情報というインプットを増やすことであり、効果的な戦略というアウトプットを生み出すために絶対に必要なものなのです。

インプットが少なければ、当然、アウトプットとなる戦略も薄っぺらく実態に合わないものになってしまいます。なぜ私が、この分野において、多少なりとも皆さんより長けているかと言えば、それは単に、アジア新興国市場のＲ－ＳＴＰ－ＭＭに関する膨大なインプットがあり、そのナレッジを、自身のアジア新興国市場における様々な経験と重ね合わせ、効果的に戦略がアウトプットできるからなのです。

最後にまとめると、革新的な戦略を生み出すのに絶対に必要なのは、多くの質の高いインプットです。

そのインプットは、マーケティングの基本プロセスというフレームワークに沿って突き詰めていくことが効果的です。マーケティングの基本プロセスを突き詰めていくと、自社の課題が明確に可視化されます。その課題を整理し、対策を考えることこそが戦略作りなのです。

1-9

「R」（Research）で
勝てるかどうかを見極める

リスクを最小限に抑えるための便利なツール

■マクロとミクロの環境分析で市場と競合を知る

　前項ではマーケティングの基本プロセスの全体像をお話ししましたが、ここでR‐STP‐MMのうちの「R」（Research）について詳しく見ていきましょう。

　「R」とは、マクロ環境分析、ミクロ環境分析、SWOT分析の3つを指します。

　マクロ環境分析と言われても、今ひとつピンとこない読者も多いでしょう。

　簡単に言うと、マクロ環境分析とは、「攻めようとしている市場が一体どんな市場なのか」「その市場は儲かるのか、それとも儲からないのか」「儲かるなら具体的にいくら儲かるのか。儲からないなら具体的にどのくらいしか儲からないのか」を見極める分析ツールです。

　儲かるか儲からないかわからないまま、その市場に進出する人はいないと思いますが、それをさらに具体的にどのぐらい儲かるのか、なぜ儲かるのかということを商習慣的、文化的、法律的、ファンダメンタルズ的な観点を含めて突き詰めていくのが**マクロ環境分析**です。

　そして、それが儲かる市場だとすれば、そこには強い敵がいる可能性が高くなります。それを調べるのが**ミクロ環境分析**です。「その市場には、どんな敵がいるのか」「その敵の戦闘能力は具体的にどの程度なのか」を分析します。

　こう考えれば、マクロ環境分析もミクロ環境分析も、ずっと身近に感じられるのではないでしょうか。

　実は、日本企業は、マクロの環境分析は比較的できています。

　情報に粒度（細かさ）の差はあれ、最近ではデスクリサーチレベルでも十分有益な情報は収集できますし、日本人ならではの細かな分析で、質の

●「R」（リサーチ）では３つの分析を行う

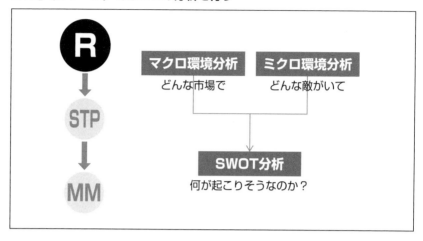

高いマクロ環境分析を行っています。

　問題は、ミクロの環境分析です。アジアの地場系消費財メーカーが高いマーケットシェアを獲得しているとしても、「彼らの品質なんか、私たちには及ばないから競合ではない」と安易に考えてしまいます。

　しかし実際には、その国の消費者はそれほど高い品質を求めておらず、価格が安いことが品質以上に重要だったということは往々にしてあります。

　また、一応、競合とは認識していても、「自分たちは高品質のプレミアム路線だから、直接的な競合はしない」と考えていたら、実際は真っ向から競合するケースも少なくありません。

　だからこそ、ミクロ環境分析をしっかりやらなければならないのです。ただし、ミクロ環境分析は、マクロ環境分析のように、自社でデスクリサーチを駆使してできるような類の分析ではありません。

　正確には、分析自体は自社でも可能です。しかし、分析をするための競合の情報は、そう簡単には手に入りません。自社の営業マンが持っている競合情報のレベルでは、戦略を立てられる情報とは言えません。

　ミクロ環境分析をするための競合情報の取得は、専門のコンサル会社に依頼をするしかないのが事実です。

　国内外のシンクタンクや、外資のコンサルティング・ファーム、消費者調査ではなく、産業調査を専門としたリサーチ会社でも構いません。ただ

●SWOT分析とは

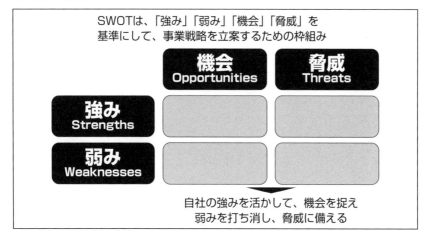

SWOTは、「強み」「弱み」「機会」「脅威」を
基準にして、事業戦略を立案するための枠組み

機会
Opportunities

脅威
Threats

強み
Strengths

弱み
Weaknesses

自社の強みを活かして、機会を捉え
弱みを打ち消し、脅威に備える

し、依頼する相手の当該分野や、当該市場における経験値を事前にしっかりとはかりましょう。

この手のものは、依頼する会社によってクオリティはピンキリです。情報はその粒度（細かさ）と鮮度が命です。特に競合情報に関しては、専門家に依頼することをお勧めします。

■ SWOT分析で戦略を立てる

そして、3つめのSWOT分析は、マクロ環境分析とミクロ環境分析の結果を受け、「強み」「弱み」「機会」「脅威」を基準にして、事業戦略を立案するためのツールです。

その市場に参入した時に、「何が起こりそうなのか」「勝てそうなのか、負けそうなのか」「苦戦を強いられそうなのか、どうなのか」を導き出すことで、自社の強みを生かす機会を捉え、弱みを改善し、脅威に備えることができるのです。

これ以上先に行かないという判断もできるし、進出した場合にどのくらいの儲けが見込めるのかを予想することもできます。このように、「R」に予算を割くことで、リスクを最小限に抑えることができるのです。

Column

●欧米と日本の調査分析に対する考え方の違い

先進的なグローバル企業と大手日系企業とでは、調査分析に対する大きな違いがあります。

日系企業は、これらの重要な経営判断をするための調査分析にかかる予算を「費用＝コスト」と考えます。

費用なので、できる限り安く済ませたい。できれば使いたくないと考えているので、当然、情報の量は少なく、鮮度は悪く、粒度（細かさ）も荒く、それをベースに分析した戦略は甘くなり、経営判断が鈍くなります。

最後は、とりあえずやってみろ、走りながら考えろ、気合いと根性でなんとかできる、我々には良い商品があるのだから、となってしまいます。

一方で、欧米系企業は、これらの予算は、高い確度の仮説を立てるための必要不可欠な費用であり、「費用＝コスト」ではなく、「費用＝投資」であると捉えます。

従って、情報の量は多く、鮮度も良く、粒度も細かくなります。こうなると何が変わるかというと、仮説が変わります。仮説の精度が高くなるのです。仮説は実行し、検証されて、さらに磨きがかかります。

この仮説検証のプロセスの精度が高ければ高いほど、仮説検証を繰り返すごとに多くの学びが生まれ、戦略の質が高まります。しかし、仮説がなかったり、甘かったりすると、無駄な検証が繰り返され、非効率で、戦略の質も高まりません。

日本企業も、この戦略を作るためのRを投資と捉えなければ、かっての違うグローバル市場ではなかなか効率よく戦うことができないのです。

1-10

「R」で負け戦に出ていかずにすむ

しっかり調査すれば問題は把握できる

■ インプットが足りない

「R」（Research）は最も基礎的な分析を行う手順なので、チャンスを見逃してしまうことを防げることはもちろん、「そもそも今、その国に出たほうがいいのか、出ないほうがいいのか」を見定めることもできます。

日本企業の場合は、経済成長が高くなってきた、政治が安定した、競合が進出している、現地の財閥系企業と業務提携ができる、といった理由で海外進出を決めるパターンが多いのです。

経営企画室などが中心になって、トップですでに決まった意思決定を補足するための事業計画は作っても、それが実態に合っていないケースが往々にしてあり、失敗の憂き目を見ています。

多くの日本企業の撤退に関する事例を分析すると、この程度のことはしっかりと「R」をやっておけば、出る前に気づけたはずなのに、というものが少なくありません。

私は、過去20年程で3,000件程度のご相談を受けており、そのうち1,000件以上のご支援をさせていただきました。ご相談してくださる企業の99%は、これから新規で始める企業ではなく、すでに現地でビジネスをしているが苦戦しているという企業です。

彼らの現状を可視化していくと、この「R」におけるインプットの量と質、そして分析がまったく足りていません。

「この程度の問題は、出る前から容易に想定できたのになぜ？」と言わざるを得ないレベルでつまずいているケースがほとんどです。

例えば、FMCG（日用品）の場合だと、「ディストリビューター」（販売店）が想定通り動かない」であったり、「中間層になかなか商品が浸透しない」であったり、「伝統小売（トラディショナル・トレード、Traditional Trade：TT）への配荷が進まない」「セルイン（店舗に置くこと）はしたがセルアウト（消費者に売れること）しない」「ディストリビューターや小売のマージンが高すぎる」、はたまた「競争環境がこんなに激しいとは

想定していなかった」などです。

　その他のB2C（企業と消費者の取引。文具や化粧品、アパレル、家電など）の業態でも、B2B（企業と企業の取引。部品や機器、設備など）の製造業でもおおよその課題は共通しています。いずれの企業もディストリビューション・チャネルに関する問題を必ず持っています。

　ではなぜ、こんなことが起きてしまうのでしょうか？

　それは、優れた戦略をアウトプットするためには、最低限のインプットが必要ですが、そのインプットを持ち合わせていないからなのです。

　多くのインプットを知識と経験でアウトプットに変えなければならないのに、そのインプットがないのですからレベルの低い問題で苦戦して当たり前です。このような問題の背景には、やはり日本での成功体験や、「モノが良ければなんとかなる」といった商品ありきの考え方があります。マーケティングや戦略は二の次になっているのです。

■ 国別の優先順位が明確になる

　「なぜ、他の国ではなく、その国への進出を選んだのか？」

　この問いに明確な回答ができない企業は少なくありません。

　例えば、ベトナムに進出した企業の海外担当役員に、「なぜインドネシアではなく、フィリピンでもなく、ベトナムを選んだのか」と聞いても、「ベトナムには昔からうちの日本向けに生産している工場があるから」や、「ベトナムは、街に活気があってこれから伸びると思うから」など、どれもふわっとした理由が返ってくることが多いのです。

　ASEANなど、どこに行っても活気はあるし、活気で言えば、タイやインドネシアのほうが上な気もします。また、生産拠点などの話と、マーケットとしての市場の話では、「作る」と「売る」なので真逆の話です。「なるほど、それで御社はベトナムが先なのですね」と納得できる理由を聞いたことは、今まで多くはありません。

　しかし、「R」をしっかり行えば、その理由が明確になります。他の国を差し置いてでもベトナムに力を入れるべきだ、もしくは出るべきではない、ということを導き出せるのです。

■ アジアで消費市場が形成されるプロセス

　ここでアジア新興国で、消費市場が形成されるまでのプロセスについて

●アジアで消費市場が形成されるプロセス

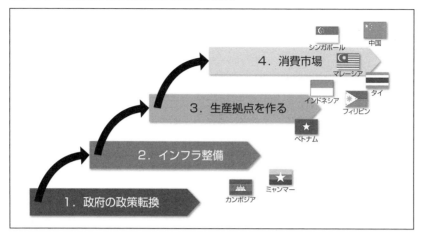

簡単に説明します。日本のような先進国に比べてあらゆることが遅れているアジア新興国では、市場がどのように形成されていくのか、そのプロセスを知っておくことは有益です。

　一般的に、市場形成までに4つのプロセスがあります。

　一番最初に起こるのは国の政策転換です。外資系企業の優遇施策などにより、安価な労働力を使って安くていいものを作り、輸出するという構図を作るために、国が海外から企業を誘致するのです。

　実際にこのような政策が、中国やASEANなどでは取られてきました。これにより日本をはじめとする外資系企業はこぞって中国やASEANに生産拠点を設けてきたのです。

　この政府の政策転換が示されると、次はインフラ整備の段階に入ります。メーカーが工場を作る前に、インフラ関連メーカーが先に進出し、電気や下水道はもちろん、工場用地や道路など、生産拠点の運営に必要なインフラの整備が始まるわけです。

　そしてインフラが整うと、3つ目のプロセスとして、いよいよメーカーが生産拠点を作りに進出します。生産拠点ができると労働力が必要になるため、現地に雇用が生まれ、その国で作ったものが世界中に輸出されていくことで、その国には外貨が入り豊かになっていくわけです。

　こうして初めて、4つ目のプロセスである豊かになった消費市場が生まれてくるのです。

Column

●アジア諸国が消費市場になっていくまで

　私が幼少期を過ごした国の１つであるシンガポールは、今では世界の中でも非常に裕福な金融、貿易、最先端技術開発の拠点的都市になりましたが、私が住んでいた当時の1980年代から90年代は金融貿易都市であることに加えて、政府が世界中の企業を誘致し、生産拠点としても躍進している最中でした。

　当時の中国や、他のASEAN諸国などは、完全に生産拠点の位置付けで、消費市場としての地位はまだまだ小さかったのです。現在の中国や、ASEAN諸国はこうした課程を経て、４つ目のプロセスである消費市場に成長していき、今なお成長を続けている段階です。

　シンガポールは、完全に消費市場に成長しましたが、中国やマレーシア、タイは、すでに大きな消費市場でありながら、引き続き生産拠点としても重要な位置付けを保っています。

　近年では、インドネシアが、消費市場として大きな注目を集めており、これからも成長が期待できるでしょう。補足ですが、フィリピンは外資系企業の生産拠点としての誘致政策が遅れ、あまり工場は設けられていません。シンガポールは土地の面積が小さいので、生産拠点としてより金融や、最先端技術の開発や企業のR＆D（Research and Development）拠点として伸びていき、その分、マレーシアにどんどん工場が移転していったという経緯があります。

　大国である中国は、元々は沿岸部に工場がありましたが、沿岸部が消費市場として成長していき、工場が内陸に移っていきました。今では内陸部の２級都市、３級都市も、消費市場として大きくなりました。

　現在、生産拠点から徐々に消費市場に移っている最中なのがベトナムです。もちろん、ベトナムはまだまだ市場としては小さく、生産拠点のほうが優位ですが、今後は消費市場として十分期待できる国の１つです。

　そして今、インフラ整備が進んでいるような国といえば、アジアの中ではミャンマーや、カンボジア、ラオスがこれに当たります。

1-11

本当にグローバルで戦うべきかを考える

「今は海外に出ない」という決断も立派な経営判断

■ 海外展開は事業を拡大する手段の1つでしかない

前項で、「R」（Research）をしっかり行うことで、負け戦とわかっている戦場に行くことが防げるというお話をしました。海外展開は企業の成長には欠かせないという思い込みや、他社が出ているから自分たちも…といった安易な海外進出が見受けられますが、そもそも海外進出や海外展開は事業を拡大する手段であって、目的ではありません。

「本当に今、グローバル市場に出ていくべきなのか否か」を企業はしっかりと考える必要があるのです。

負けるとわかっていて戦に臨む企業はありません。多くの企業は勝てると思って出て行って負けるのです。自社の商品は品質が良いから大丈夫だろうと、技術力と日本での実績だけを武器に出て行くのです。

ボクシングにたとえると、自分がライト級にもかかわらず、そのことに気づかずヘビー級のボクシングの試合に出るようなものです。

実際のボクシングでは体重制限があるので、ライト級の選手がヘビー級の選手と戦うことはありませんが、ビジネスの世界では制限はありません。ライト級の会社がヘビー級の市場へ上がれば、一撃で倒されてしまいます。

このように、競合他社のほうが圧倒的にグローバルで戦う力があるということすら知らずに出て行き、負けてしまう日本企業が非常に多いのです。

そういう状態では海外に出るべきではありません。「今は出ない、やらない」というのも、立派な経営判断です。戦える準備を十分に整えてから、ベストなタイミングで進出すればいいのです。

■ 勝てる戦略を構築してから進出すべき

ベストなタイミングを知るとは、つまり、自社の現状の力が海外展開した時に現地の競合他社に比べて勝っているのか、劣っているのかを知る手段が、「R」の中の「SWOT分析」（45ページ）です。

自分たちには何が足りていて、何が足りていないのかをしっかり整理することにより、今、出て行くべきか否かが判断でき、まだ出るべきではないなら、どこを強化すればよいかがわかるのです。

　誤解なきように付け加えると、「負けるぐらいなら出るな」と申し上げていますが、では、出ないでただボーッと待っていたほうがいいのかというと、そうではありません。

　アジア新興国市場は先駆者メリットの多い国であり、早く出れば出るだけ有利です。しかし、勝つための戦略を持たずに出ても意味がないということです。勝つための戦略が整うまでは出ずに、一刻も早く出陣できるように早期に戦略を固めることが重要なのです。

　これだけグローバル化が急速に進んでいる以上、出て戦わなくとも、必ず攻め入られます。アジア新興国で力をつけた強豪がかならず近い将来、日本国内市場に攻め入ってくるのです。攻撃こそ最大の防御であり、アジア新興国市場で勝てれば、インドやアフリカでも十分にチャンスはあり、日本の国内市場も守り抜けるグローバル企業に成長することでしょう。

■ グローバルで戦うための準備＝経営資源を整えること

　戦うための準備とは、経営資源を整えることです。

　競合他社と比較して、自社にはまだ経営資源が足りないという判断があるならば、足りない部分を強化しなければ海外に出てはいけません。

　一般的に経営学用語で使われる経営資源とは、「ヒト」「モノ」「カネ」「情報」の4つを指しますが、グローバルで戦うためにはこれらに加えて、海外での戦い方の知識である「ナレッジ」や経験を通じて蓄積される「ノウハウ」が必要になります。

　こうしたナレッジやノウハウが自社の社員であるヒトに備わっていればよいですが、高いレベルで備えた人材はそう簡単には見つかりません。また、仮にお金でグローバル人材を引っ張ってきても、社内にそのグローバル人材を管理育成できる人材がいなければ、引っ張って来たグローバル人材は定着しません。

　その意味でも、専門家やコンサルタントの活用は有効です。まず第一に、戦う体制を短期間で整えるための武器になります。彼らのナレッジやノウハウにお金を払うことは、時間とスピードを買うことになるわけで、それによる社内のナレッジとノウハウの向上は大きなメリットと言えます。

●自社の資源を競合と比較する

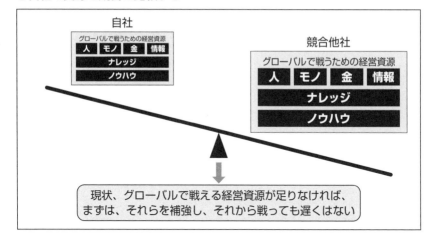

自社

グローバルで戦うための経営資源
| 人 | モノ | 金 | 情報 |
ナレッジ
ノウハウ

競合他社

グローバルで戦うための経営資源
| 人 | モノ | 金 | 情報 |
ナレッジ
ノウハウ

現状、グローバルで戦える経営資源が足りなければ、まずは、それらを補強し、それから戦っても遅くはない

また、彼らに丸投げで頼るのではなくて、彼らからナレッジやノウハウを学び取っていくことが大切です。こうした観点で海外展開の準備を整えてこそ、ナレッジやノウハウが自社の財産として蓄積されていくのです。コンサルタント選びは大変重要ですが、その選んだ専門家をどう活用するか、利用するかも同じように重要なのです。

コンサルタントを使って得られる効果は2つあります。

1つは、これまでできなかった、もしくは長期間かかっていたことを、早期に実施することができるようになることです。例えば、社内の経営資源だけでは難しかった革新的な戦略の策定であったり、抱えている難題への解決策です。

もう1つは、コンサルタントの持つナレッジやノウハウが資産として社内に蓄積されることです。ノウハウが社内に蓄積されればされるほど、事業をより大きな次元で成功させられる可能性が上がっていきます。

日本には、コンサルタントに頼むことを好まない会社もありますが、経営資源を高め、グローバル競争のスピードに勝つには、自社だけでは到底世界の競合にはかないません。特に、欧米を中心とした先進的なグローバル企業は、コンサルタントを積極的に使っていますし、使い慣れています。

日本企業もグローバルで戦う以上、自社の限られた経営資源だけでなく、積極的に外部の資源を使う必要があるのです。

1-12

「STP」で現実的な売上予測ができる

どれだけ儲かるのかを明確にできるツール

■深く掘り下げるほど具体的な売上が見えてくる

　1-9（43ページ）と1-10（47ページ）で、「R-STP-MM」の「R」（Research）では負け戦の見極めができ、国別優先順位が明確になるとお伝えしました。

　例えば、「R」でベトナムに出ると決めたとすれば、次の「STP」（セグメンテーション、ターゲティング、ポジショニング）では、具体的に誰に売るかを明確にしていきます。

　ベトナムの市場の中でも、セグメンテーションで「どんな層に売ったらいいのか」、ターゲティングで「その層の中でも具体的にどこを狙うべきなのか」、そしてポジショニングで「その時に自分たちの立ち位置はどうあるべきなのか」を考えていきます。

　1つひとつ見ていきましょう。

　まず、「セグメンテーション」では同じような欲求や行動を持つ集団をグループに分類していきます。消費財を売る場合、富裕層、中間層、低所得者層のグループに分け、中間層を狙うとすれば、さらに具体的に、居住している都市や地区などに分類していきます。

　そして、「ターゲティング」では市場の魅力と自社の能力を考慮し、セグメンテーションした市場から自社にふさわしい市場を決定します。これにより、その地区に住んでいる人たちの数や、どういう生活をしていて何を欲しているのかという消費者像を浮かび上がらせることができます。

　そうすると、その人たちに商品を売った時に、いくら自分たちに返ってくるのか、いくら儲かるのかということがより具体的に導き出せるのです。

　セグメンテーションは、ざっくりどの分類を狙うのかを大枠で捉えるツールです。そして、とにかく具体的に深く掘っていくほど、売上をより現実的な数字に近付けていくことができるのがターゲティングです。

　同じ中間層の中でも、所得別、年齢別、性別、職業別、ライフスタイル

● STPで狙いを定める

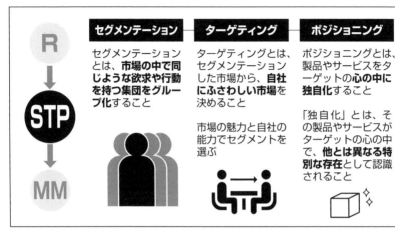

セグメンテーション

セグメンテーションとは、**市場の中で同じような欲求や行動を持つ集団をグループ化**すること

ターゲティング

ターゲティングとは、セグメンテーションした市場から、**自社にふさわしい市場を決める**こと

市場の魅力と自社の能力でセグメントを選ぶ

ポジショニング

ポジショニングとは、製品やサービスをターゲットの心の中に**独自化**すること

「独自化」とは、その製品やサービスがターゲットの心の中で、**他とは異なる特別な存在として認識**されること

別……と掘れば掘るほど、より売上予測が具体的になっていくのです。

　最後の「ポジショニング」では、自社の商品やサービスがターゲットの心の中でどのように特別な存在として認識されることを目指すのかを組み立てていきます。日本の消費財メーカーが勘違いしやすいのは、このポジショニングです。

　これは消費財メーカーに限ったことではありませんが、いずれのメーカーも、アジア新興国がターゲットだというのに、口を揃えて、「我が社は、プレミアム戦略で行く！」と言います。そして、中間層が買える値段で商品を作れないので（正確には本気になれば作れるが、なんとか現状のままで売ろうと考える）、「上位中間層」という都合のよいワードを使い、アジア新興国は中間層が大切だと言いながら、いつしかターゲットが上振れてくるのです。ターゲットが上振れすると、戦略そのものがズレてきます。これでは本末転倒です。

　私は、プレミアム戦略自体は否定しませんが、日本企業の言うプレミアムの定義は、必ずしも世界の定義とは一緒ではないということは理解しなければなりません。

　日本企業は、高品質、高機能こそがプレミアムだと考えていますが、世界は必ずしもそうではありません。

　日本の家電メーカーや、携帯電話メーカーの過去の失敗も、このポジショニングの間違いが一因です。高品質・高機能こそがプレミアムなんだと、

品質と機能を追求し過ぎたあまり、世界が求めるプレミアムから遠のいた製品を作ってしまったのです。

日本のプレミアム＝「品質」と「機能」ですが、世界のプレミアムは機能や品質よりも、「デザイン」や「ブランド・アイデンティティ」、またハードの中で動く「ソフト」が優先されます。

そんなことをしている隙に中国や韓国のメーカーに中間層を取られ、かといって富裕層も取れず、富裕層は、ダイソンや、欧米のデザイナーズ家電メーカー、また携帯はアップルやサムスンや中国メーカーに取られてしまいました。

これは、FMCGなどの食品、飲料、菓子、日用品等の消費財メーカーや、その他の業界業種の企業にとっても決して対岸の火事ではありません。消費財においてはなおのこと、自社のポジショニングをしっかり見極めるべきなのです。

数十円のチョコレートをアジア新興国で売りたいなら、戦う相手はキットカットを売る瑞ネスレや、スニッカーズ、M＆M's を販売する米マース。そして、キンダージョイや、キンダーチョコレートを販売する伊フェレロです。さらには、シンガポールのデルフィーなどのアジアのチョコレートメーカーです。

シャンプーを売るなら、敵は米P＆Gや蘭英ユニリーバ、さらにはアジアのシャンプーメーカーです。そういった状況を踏まえ、いかに中間層をターゲットにした枠の中で、どうポジショニングを作るかということが重要です。ただ単に、「良い原材料と高い技術力で作ったジャパン・ブランドの商品だからプレミアムです！」では、もはや現代のアジア新興国には通用しないのです。

■ ターゲティングの5つのフレームワーク

先に述べたようにセグメンテーションしてからターゲティングしていく時に、より深くターゲティングを掘り進めていく方法として、大きく分けて5つのフレームワークがあります。

縦軸がプロダクト（P：製品）で、P1〜P3の3種類の製品があり、横軸がマーケット（M：市場）で、M1〜M3の層があるとした時のフレームワークを表したものが次ページの図です。

●ターゲティングの５つのフレームワーク

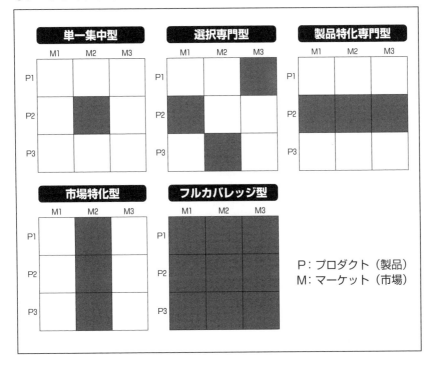

P：プロダクト（製品）
M：マーケット（市場）

　「**単一集中型**」は、例えばプロダクトＰ１やＰ３は売らずに、とにかく
Ｐ２だけを売ります。マーケットも、M1の層やM３の層は狙わずに、M
２の層だけを狙うという一点突破型の方法です。次の「**選択専門型**」は、
Ｐ１の製品はM３のマーケットが一番適している、Ｐ２の製品はM１のマー
ケットが、Ｐ３の製品はM２のマーケットが適しているというように、
３種類の製品すべてを売るものの、それぞれに適したマーケットに分けて
選択をするという方法です。そして、「**製品特化専門型**」は、Ｐ２の製品
だけしか売らず、マーケットはM１〜M３すべての層にアプローチします。
「**市場特化型**」はＰ１〜Ｐ３すべての製品を売るものの、M２のマーケッ
トしか狙わない。そして、最後の「**フルカバレッジ型**」は、すべての製品
をすべてのマーケットに売っていく方法です。

　この５つのターゲティングの中で、自社がどの方法を取るのがふさわし
いかを判断することが大変重要です。

これは自社の経営資源や、ナレッジやノウハウにも大きく左右されます。私が日本の消費財メーカーにお勧めするのは、最もコストが抑えられる単一集中型から始める方法です。ただし、SKU = Stock Keeping Unit、最小管理単位は３から５は必要です。これは、「味違いでも、サイズ違いでも、商品違いでもいいので３〜５種類の商品が必要」ということです。

　なぜかというと、もし市場特化型でＭ２の層に３つの製品をすべて投入した場合、それぞれの製品で最低でも3SKUは必要になるとすると、３×３で9SKU分のリスティング・フィー（商品棚の場所貸し代）が必要となるため費用がかさむことになります。

　１商品で、味の違いなどを考慮すると最低でも3SKUくらいが並びます。Ｐ１の商品を3SKU分だけ近代小売（MT）の棚に並べると、３倍のお金がかかるわけです。Ｐ２、Ｐ３でも3SKUずつ並べた場合、当然、９倍のお金がかかるということです。製品が増えれば増えるほど、導入費用はかさんでいくため、最初は単一集中型から始めて徐々に市場特化型、選択専門型、製品特化専門型へ移行し、最終的にはフルカバレッジ型に拡大していく方法が日本企業には現実的だと思っています。

　１つの商品を１つの市場へ、一点突破で実績がしっかり出れば、他の市場からも声がかかり、小売との交渉力、つまりはリスティング・フィーや、半強制プロモーションの費用なども抑えることが可能になります。

　最初からすべてがうまくいくことなど、アジア新興国では絶対にありませんので、最小のコストで、着実に仮説検証のプロセスを繰り返せる一点突破が最適だと思います。そこでしっかりと勝利の方程式が確立できたら、一気にフルカバレッジへとスピードのギアを上げればよいのです。もちろん、最低限必要なSKUはありますが、商品カテゴリーは１種類に絞った立ち上げで、とにかく早期に成功体験を確立し、その実績をベースに小売との次の段階の交渉をしていきます。実績があるとないでは小売交渉力も大きく変わります。

　現在、先進グローバル消費財メーカーが取っているのはフルカバレッジ型。ナレッジもノウハウもその他の経営資源もふんだんにあるからこそできる戦略です。しかし彼らとて最初からフルカバレッジ型のターゲティングができたわけではありません。50年前にやっていたのは単一集中型。そこから攻めていき、現在では、フルカバレッジ型でどんどん新興国に展開を広げているわけです。

1-13

マーケティング・ミックス（MM）は
4項目のバランス

> 自己都合ではなく、ゼロベースで考えることが大切

■日本企業は誤ったMMに陥りがち

マーケティングの基本プロセス最後の「MM（マーケティング・ミックス）」は、別名「4P」とも言われ、4つの項目で実行段階までの戦略を導き出します。「MM」や「4P」と略字が並んでややこしいですが、1つずつ突き詰めていけばそれほど難しい話ではなくて、ここをクリアすれば半分は成功したのと同じです。

多くの日本企業は、ここの詰め方が甘いために良い結果が出ていないのです。戦略を立てる上でマーケティング・ミックスは非常に肝心なプロセスだといえます。

●現地の人が求めているプロダクトを

Product（プロダクト）では、日本企業の場合、例えば自社商品の中で、ベトナムでは「どれを売りたいか、どれなら売れそうか」を考えがちですが、日本で売っているものをそのまま売りに行くという発想は一旦捨てたほうがよいでしょう。

結果としてそうなるとしても、日本で実績のある商品のことは一旦置いておいて、**どれを売りたいか、どれなら売れそうかではなく、「現地の中間層が求めているものはなんなのか」**を考えなければなりません。

1-7（34ページ）でお話しした通り、アジア新興国展開は第二創業と同じ。ゼロベースで考えることが大切なのです。この国の菓子売り場には、何が満たされていて、何が満たされていないのかを知った上で、どのような潜在的ニーズが存在しているのかを考える必要があります。

その方法の1つとして、現地の消費者や流通事業者、小売から意見を吸い上げる、言わばマーケットイン的なニーズの吸い上げが考えられますが、注意も必要です。

アジアの消費者、流通、小売りに意見を求めると、好き放題に勝手なことを言い出すので、それを全部鵜呑みにしてしまうと振り回される結果に

●マーケティング・ミックス（MM）の基本項目

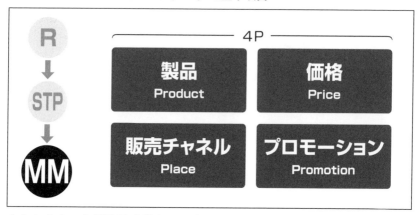

もなります。中間流通事業者や小売は現地人ですし、日本人からしたらよっぽど現地のことを熟知しているはずと思いがちです。事実、熟知はしていますが、それだからといって消費者の声をすべて把握しているかどうかは別の話です。

　彼らの意見を参考にしながらも、そこからどうやって本質を見抜いていくかが重要になるのです。そして、本質を見抜くには、兎にも角にも消費者を深く理解する以外にはありません。

●現地で賄える価格で

　Price（プライス）でも同様で、「いくらで売りたいか、いくらまでなら下げられるか」ではなくて、「現地の中間層は、いくらだったら賄える（繰り返し買える）のか」を考える必要があります。現地の中間層にとって、「いくらなら賄えるのか」、この「賄える」ということが、一回売り切りでないビジネスでは大変重要です。

　消費財の場合、一回だけ買えてもまったく意味がないのです。繰り返し買える価格、つまりは生活の中で賄える価格がいくらなのかが重要になるのです。普通なら原材料がいくらで、販管費や流通マージンがいくらで…と価格を決めるところですが、それを一旦忘れて、現地の消費者はいくらなら賄えるのか、競合は同じような商品をいくらで売っているのか、ということを考えます。

　そして、その値段で売るためには何をどう変えなくてはならないかを逆算で考えていくことが重要になるのです。

●ターゲットが求める商品へと最適化する

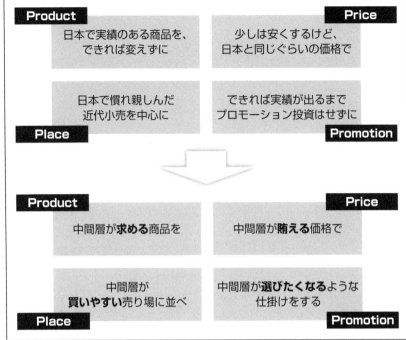

Product
日本で実績のある商品を、
できれば変えずに

Price
少しは安くするけど、
日本と同じぐらいの価格で

Place
日本で慣れ親しんだ
近代小売を中心に

Promotion
できれば実績が出るまで
プロモーション投資はせずに

Product
中間層が**求める**商品を

Price
中間層が**賄える**価格で

Place
中間層が
買いやすい売り場に並べ

Promotion
中間層が**選びたくなる**ような
仕掛けをする

　日本企業の多くはこれができずに現地の中間層市場をなかなか攻略できずにいるのです。基本、「プロダクトはこうあるべきだ」というのがだいぶ凝り固まって存在しており、「こうあるべきプロダクトの価格は頑張ってもここまで下げるのが限界だ」となり、「その価格で売るためには、アジア新興国市場でもまずは富裕層だ」という負の連鎖につながっています。

　この最初のプロダクトの「こうあるべき」が「高品質であるべき」的なことが多く、例えば、日本の市場ではなくアジア新興国の市場で売るにもかかわらず、「品質はJIS規格（JIS = Japanese Industrial Standardsの略）に準拠しているべきだ」となってしまうのです。

●人々が買いやすいところに置いて

　Place（プレイス）は、自分たちが売りやすい売り場ではなく、「中間層が買いやすい売り場」で売ること。これが最も重要な、まさにチャネルの部分になります。後で詳しくお話ししますが、簡単に言うと、「現地の中間層にとって買いやすい売り場はどこなのか」ということです。

自分たちが売りやすい慣れ親しんだ、スーパーやコンビニなどの近代小売だけでなく、現地の中間層が買いやすいパパママストアなどの伝統小売が大変重要なプレイスになり、そのプレイスに通ずる販売チャネルの構築こそがプレイスでやるべきことです。

　先進的なグローバル企業はこのPlace＝チャネル力が非常に長けています。日本企業は、製品の品質では先行したものの、それ以外のこと、特にこのチャネル力に関しては、まだまだ大きな課題を抱えています。

●商品を知らない人に届ける

　そして最後のPromotion（プロモーション）では、「店頭に置くこと」と、「店頭で選ばれること」は、まったく次元が異なることであると理解しなければなりません。皆さんの商品を幅広く店頭に置くのはチャネル力ですが、置かれた商品が競合商品よりも選ばれるのはプロモーション力です。

　日本では、すでに知名度があり、消費者からも信頼されている商品は少々プロモーションをさぼっても売れるかもしれませんが、アジア新興国では知名度がない上に価格の高い商品を、ジャパン・プレミアムだけで売れるほど甘くありません。アジアの人にとって、今まさに使おうとしている1ドルの価値は、我々日本人より高く、失敗はできないのです。このような真剣な消費者に手にとってもらうためには、最低限の仕掛け＝プロモーションは必要なのです。

■４つが最適化されて初めて商品は売れる

　マーケティングの父であるフィリップ・コトラーは、「マーケティング・ミックスの４つのPが最適化されなければモノは売れない」という旨を述べています。いくら良い商品があっても価格が高ければ誰も買わないし、それを売るための販売チャネルがなければそもそも消費者に届きません。

　そして、その商品の良さを知らせるプロモーションをやらなければ、物理的に商品が小売店に並んでも、見たこともない聞いたこともない商品は、結局、売れずに終わってしまいます。このように、マーケティング・ミックスの４つが最適化されることにより、初めて商品は売れるのです。

　弊社の顧客の大半もこの4Pの問題を抱えています。それを１つひとつクリアし、4Pを最適化していくのですが、この最適化がしっかりできたクライアントは皆、停滞していた売上を順調に伸ばしています。

1-14

新興国における
マーケティング・ミックスの順序

何よりもまずはチャネル・ファースト

■ アジアではプレイスの選定が最優先

前項で、マーケティング・ミックスの4つが最適化されなければならないと述べましたが、最適化するまでには、取り組むべき順序があります。

通常はプロダクト→プライス→プレイス→プロモーションの順ですが、アジア新興国では何を置いてもプレイス、つまりは販売チャネルが最優先です。その後に、プライス→プロダクト→プロモーションと続きます。

このことは、日本におけるグローバル・マーケティング研究の第一人者である明治大学経営学部の大石芳裕教授も言っています。

この最優先にすべき販売チャネルこそ、日本企業にとって最もネックになっているところなのです。日本のメーカーの商品が優れていることはもうわかっていて、問題なのは、その品質や機能が本当に現地の消費者に望まれているかどうかということ。

結局、2番目のプライスを下げようと努力しても、プロダクトの品質にこだわりすぎるあまり高額になってしまいます。そんな状態でアジアに出て、3番目のプレイス（販売チャネル）を広げようとしても、そんなに高額な商品は日系スーパー、もしくは限られた人しか行かない高級スーパーの輸入品棚にしか並びません。

アジアに出てまでイオンや伊勢丹、日本食材専門スーパーにしか商品が並ばないのなら、30億人の中間層が最大の魅力であるアジア新興国に出る意味はありません。であれば、日本で地方都市を集中的に狙ったほうが苦労も少なくROI（return of investment ＝投資対効果）も高いのです。

■ 日本企業が最も劣っているのは販売チャネル

販売チャネルがいかに大事かをもう少し詳しくお話ししましょう。アジア新興国の小売店は、スーパー、コンビニ、ドラッグストアなどの近代的な小売業態、いわゆる**近代小売（MT）**と、小さなパパママショップなどの伝統的な小売業態、いわゆる**伝統小売(TT)**に分けることができます。

●何よりもまず「チャネル・ファースト」

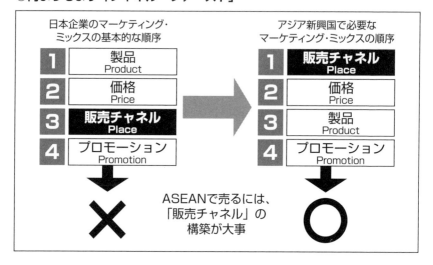

　この2つの業態は概ねPOSレジが置いてあるかないかで判断します。私は伝統小売（TT）の中でも大きな店舗については伝統小売1（TT1）と呼んで分けています。POSレジは入っていなくても間口や奥行きが通常の伝統小売の数倍あるような「地域一番店」と呼ばれるような店です（105ページ）。

　このTT1が大量に商品を仕入れて、一般的な伝統小売へ商品を卸すような問屋業務も行っているケースがあります。アジア新興国においてはまだまだ伝統小売が主流なので、マーケットシェアを獲得するには近代小売はもちろん、TT1や一般的な伝統小売にまでつながるメインストリームに自社商品を流せるか否かがキーとなります。

　チャネルがあれば店頭までは届くわけで、商品、価格、プロモーションについては、チャネルから、つまり小売店、ディストリビューター（販売店）、消費者それぞれからヒントが返ってきます。

　先進グローバル消費財メーカーの最大の強みはチャネルです。日本メーカーの商品は決して彼らに負けてはいません。商品ではむしろ優っています。商品で勝って、チャネルで負けているのです。

　日本企業のこれからの課題は、いかにして強固な模倣困難性の高いチャネルを築いていくかに尽きます。本書でも後半に、強い販売チャネルを作るための具体的方法論に触れていきます。

1-15

必要なのは「営業力」より「マーケティング力」

> 「営業力」は1対1、「マーケティング力」は1対100以上

■「営業力」と「マーケティング力」は似て非なるもの

　1－6（32ページ）でお話ししたように、本来のマーケティングとは市場調査から始まり、商品を開発、生産、販売し、資金を回収し、アフターサービスまでの一連のプロセスのことです。

　「マーケティング力」とはその能力の高さを指しています。

　そして営業とは、顧客アプローチ、顧客提案、クロージングと、マーケティングの後半の一部のプロセスしか担っていません。

　「営業力」とはその限られたプロセスを行う能力の高さを示しています。日本の企業やそこで働く人は、営業力は優れているものの、マーケティング力に欠けているというのが実際です。「木を見て森を見ない」という言葉がありますが、営業は木、マーケティングは森です。先進グローバル企業と世界で戦うためには、木ばかりを見ずに森を見なければならないのです。

　営業力とマーケティング力の一番の違いは、営業力はいくらその能力が高くても所詮は1対1の戦いですが、マーケティング力は優れていれば、それは1対100、もしくはそれ以上で戦えるという点です。要は、ROI（投資対効果）を百倍にも、千倍にも、1万倍にもすることが可能なのがマーケティング力だと私は考えています。

■世界ではマーケティング力がどれだけ重視されているかを知る

　「マーケティング」という言葉は、うまく日本語に訳すことができません。そもそもマーケティングというのは米国で120年ほど前に生まれた概念です。私たち日本人はマーケティングという言葉をさんざん耳にはしているものの、その実態がきちんと把握できないために、現在のビジネスに、特にグローバル・ビジネスにおいては活かしきれていないのが現状です。

　日本には独特の商習慣や人間関係があり、マーケティング力よりも営業力が非常に重要視される中でビジネスを行ってきた背景があります。1－

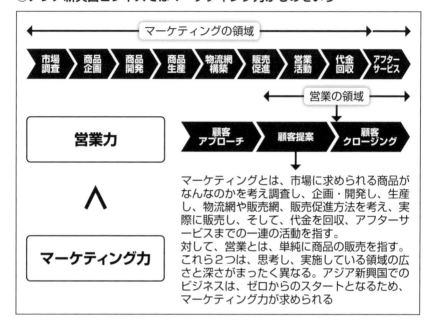

●アジア新興国ビジネスではマーケティング力がものをいう

マーケティングの領域

市場調査 ▶ 商品企画 ▶ 商品開発 ▶ 商品生産 ▶ 物流網構築 ▶ 販売促進 ▶ 営業活動 ▶ 代金回収 ▶ アフターサービス

営業の領域

顧客アプローチ ▶ 顧客提案 ▶ 顧客クロージング

営業力

∧

マーケティング力

マーケティングとは、市場に求められる商品がなんなのかを考え調査し、企画・開発し、生産し、物流網や販売網、販売促進方法を考え、実際に販売し、そして、代金を回収、アフターサービスまでの一連の活動を指す。
対して、営業とは、単純に商品の販売を指す。これら2つは、思考し、実施している領域の広さと深さがまったく異なる。アジア新興国でのビジネスは、ゼロからのスタートとなるため、マーケティング力が求められる

7 (34ページ) で述べたように、ゼロからのマーケティングは創業者をはじめとする先輩方がはるか昔に実施済みで、戦後70年以上経った現在ではその土台の上で営業力さえあればビジネスが成り立つのです。

一方で、グローバル市場では、その土台がないので、営業力の前に必ずマーケティング力が問われます。

営業力はマーケティング力があってはじめてその効果を発揮します。先進グローバル消費財メーカーではCMO、いわゆるチーフ・マーケティング・オフィサーという役職がしっかり確立しているほど、マーケティングを1つの大きな武器として戦ってきている現実があります。

そんな企業とグローバルで戦うためには、営業力以上にマーケティング力が大切です。マーケティング力を駆使しないと、世界で勝つことはできません。気合いと根性で世界と戦っても、勝てるわけがないのです。これは決して営業力を否定しているわけではなく、営業力はマーケティングでより高い効果を生むという話です。そして、そうしなければグローバルでは勝てないのです。

1-16

重要なのは市場を見る時の"視点"

"視点"を誤るとグローバル・マーケティングはうまくいかない

■「自国を中心とした他国」視点からの脱却

第1章では「なぜ、今、グローバル・マーケティングが必要なのか」をご説明してきました。皆さんの状況に当てはめた時に、その答えは出たでしょうか?

本章の最後に、グローバル・マーケティングの"視点"について少しお話ししたいと思います。

グローバル・マーケティングに似た言葉に「国際マーケティング」があります。これらの違いはどのようなものなのでしょうか。

一つには企業の進出先の国との関与のあり方や、規模的な発展から見た違いがあります。国際マーケティングという言葉が生まれたのは1960年代だと言われています。当時は自国と外国との間で行われるマーケティングとして「国際マーケティング」というワードが用いられていました。

その後、取引に関与する国の数が増え、また取引先国での現地適合化が進むなど関与の度合いもより深まっていったことから、これら国際化の進展に伴い多国籍でのマーケティングを表す「グローバル・マーケティング」へと進化していきました。

「国際マーケティング」は、英語にすると「インターナショナル・マーケティング」が適当です。その昔、「インターナショナル」という言葉がよく聞かれたと思います。いつの頃からか、この「インターナショナル」という言葉が聞かれなくなり、代わりに「グローバル」という言葉に置き換わりました。

これが正に、マーケティングの領域でも、国際マーケティング(インターナショナル・マーケティング)からグローバル・マーケティングに進化したということなのです。

ここでもう少し、この「インターナショナル」と「グローバル」の違い

を掘り下げていきましょう。

「インターナショナル」とは、日本語にすると、「国際的」とか、「国際間の」と訳されます。英語の「Inter」や「National」の意味から考えても、この「インターナショナル」は、あくまで自国を中心として考えた時の他国との関わり合いを表しています。

一方で、「グローバル」はどうでしょうか。

「グローバル」は、「地球全体の」、「世界的な」と訳されています。つまりは、地球全体を一つとして捉えて物事を考えることです。つまり、国際マーケティングとグローバル・マーケティングでは、市場を見る時の視点が異なるということです。

国際マーケティングでは自国と外国との間のマーケティングですから、市場の区別も「国内市場」と「海外市場」という見方になります。

しかし、グローバル・マーケティングにおいては、自国の市場である国内市場は、基本的には中心には置かれず、グローバルで地球全体を市場として見た際の一市場でしかありません。それがたまたま日本であるというだけの話なのです。

この違いを理解できないと、自分たちはグローバル・マーケティングを行っているつもりが実はそうではなかった……となってしまい、結果として成果が遠のいてしまいます。

グローバル・マーケティングにおいては、常にこの市場を見る際の視点を意識することが大変重要なのです。

第1章では、現代におけるグローバル・マーケティングの必要性をお伝えしました。

グローバル・マーケティングの肝となるのは「チャネル戦略」です。第2章では、「先進グローバル消費財メーカーに学ぶアジア新興国のチャネル戦略」と題して、先進グローバル消費財メーカーが実際にアジア新興国でシェアを獲得するまでに至った経緯を分析し、彼らの戦略に照らし合わせて、具体的なチャネル戦略の立て方を紹介いたします。

第**2**章

先進グローバル消費財メーカーに学ぶアジア新興国のチャネル戦略

重要なのは
「海外売上比率」ではなく「現地シェア」

海外売上比率が高くても現地シェアが低ければ意味がない

■アジア新興国でシェアを伸ばすグローバル消費財メーカー

　私はシンガポール・マレーシア・タイというASEANの中でも先進的な3カ国を頭文字をとって「SMT」と呼び、ベトナム・インドネシア・フィリピンの新興3カ国を「VIP」と呼んでいます。

　日本の市場とそうかけ離れていない先進ASEANであるSMTにおけるビジネスでは、日系企業もそんなに深刻な状況ではありません。すでに利益が出ている企業も多いはずです。

　問題なのは、新興ASEANのVIPです。どう攻略していいかわからず、現地法人を抱えている企業であれば赤字が長期にわたって続いているのは、恐らく新興ASEANであるVIPにおける事業展開です。

　まずは、1-1（12ページ）でお話しした世界を牛耳っている先進グローバル消費財メーカーが、VIPでどれだけマーケットシェアを獲得しているのかを見てみましょう。

　ヘアケア商品では、世界に浸透している蘭英ユニリーバと米P＆Gです。ベトナムではこの2社で半分近くを占めています。日系企業はホーユーが第8位で健闘していますが、日本でシェア第1位を誇る花王は残念ながら圏外という状態です。

　インドネシアではマンダムが4位、ライオンが6位に食い込んでいますが、やはり圧倒的シェアを獲得しているのは蘭英ユニリーバと米P＆Gです。フィリピンではマンダムが6位に入ってはいますが、シェアは1％以下と、蘭英ユニリーバや米P＆Gの足元にも及びません。

■アジアの企業も日本企業の躍進を阻む脅威に

　次にチョコレートで見てみると、アジアの企業の活躍が目立ちます。ベトナムでは1位が米マース、2位が瑞ネスレ、3位が韓ロッテに買収されたベルギーのギリアン、4位が地場のBien Hoaで、日系の姿はありません。

◉ヘアケア商品とチョコレートのマーケットシェア

国名	順位	企業名	%
ヘアケア商品			
・ベトナム	1	Unilever	35.2
	2	P & G	11.9
	3	Unza	4.6
	4	International Consumer Products	4.3
	5	L'Oréal	2.3
	6	Sao Thai Duong	1.7
	7	LG Vina	1.0
	8	ホーユー	1.0
・インドネシア	1	Unilever	27.1
	2	P & G	22.0
	3	L'Oréal	10.6
	4	マンダム	5.5
	5	Kinocare	3.9
	6	ライオン	2.2
	7	Abbott	1.5
	8	Paragon	1.3
・フィリピン	1	Unilever	42.4
	2	P & G	21.7
	3	Colgate-Palmolive	14.4
	4	L'Oréal	2.3
	5	Splash	2.0
	6	マンダム	0.9
	7	Nutramedica	0.8
	8	LF Philippines	0.6
チョコレート			
・ベトナム	1	Mars	12.7
	2	Nestlé	8.5
	3	Chocolaterie Guylian	7.2
	4	Bien Hoa	3.4
	5	Belcholat	4.2
	6	Maestrani Schweizer	3.2
	7	August Storck	2.4
	8	Mondelez	1.7
・インドネシア	1	Delfi（Ceres）	45.0
	2	Mayora	24.7
	3	Mondelez	8.8
	4	Ferrero	8.6
	5	Garudafood	4.2
	6	Nestlé	1.9
	7	URC	1.5
	8	Ultra Prima	0.7
・フィリピン	1	Universal Robina	38.6
	2	Mondelez	11.3
	3	Mars	9.4
	4	Delfi	8.6
	5	Hershey	7.0
	6	Nestlé	5.8
	7	Ferrero	3.2
	8	August Storck	1.3

出所：Euromonitor International 2019

ベトナムでは、キシリトールガムを中心に日本のロッテの活躍が著しいですが、現状では、明治や森永、グリコはなかなかシェア争いには出てきません。

インドネシアの1位は、シンガポールの食品メーカーであるDelfi（Ceres）で、フィリピンの1位は当国最大級の食品メーカーであるUniversalです。どちらの国でも高品質なプレミアム商品のみが売り物の日本の企業はまったくシェアが取れていない状態です。

消費財の中でも食品の分野では、やはり地場やASEANの企業の強さが目立ち、タイやインドネシアではすでに数百億円、数千億円の売上を誇る食品メーカーも生まれています。日本ですら売上数百億、数千億円規模の食品メーカーは限られていることを考えると、昨今のアジアの食品メーカーの勢いの凄まじさがおわかりいただけるでしょう。

そのような中で特筆すべきは、チョコレートでインドネシアの1位とフィリピンの4位を獲得しているDelfi（Ceres）です。先にも記した通り、Delfi（Ceres）は、シンガポールに本社がある優良企業です。欧米か、地元政府の優遇措置を受けた地場メーカーならまだしも、シンガポール発の企業がVIPでシェアを取るなどとは、20年前には考えられなかったことです。

先進グローバル消費財メーカーだけではなく、アジアの企業も、今では日本企業の躍進を阻む脅威になっているのです。

■ 海外売上比率が高くても成功とはいえない

これらの高いシェアを誇る先進グローバル消費財メーカーや、昨今、成長著しいアジアのグローバル消費財メーカーの戦略を見てみると、どこも自社の総売上に占める「海外売上比率」を重要視していません。

彼らが重視しているのは海外売上比率ではなく、各国のマーケットシェアです。つまり、自国の売上と海外の売上といった2軸の指標のステージはとうの昔に過ぎており、海外売上であれば、どの国でいくら稼いでいて、それは市場シェアの何パーセントなのかが指標になっているのです。

日本では、決算説明会などで、「当社の海外売上比率は○○％」とその高さを強調することで、あたかも海外展開にも成功しているようなイメージの企業がありますが、どれだけ海外の比率が高いとしても、各国におけ

るマーケットシェアがほんの数％では、本当の意味で成功しているとは言えません。１カ国でもいいので、高い現地シェアを獲得することが、海外事業では肝心なのです。

■ アジア各国において現地シェアを重視すべき

では、なぜ日本企業は海外売上比率にこだわり、現地シェアは低いままなのかといえば、第１章でお話ししたように「チャネルビジネスをせずに、輸出ビジネスをしている」からに他なりません。

輸出ビジネスをしている企業はどうしても頭が日本中心になるため、「日本国内と比べて海外はどうか」という海外売上比率の考え方になってしまいます。まるで、日本国内に本社がある地場企業が県内と、その他の地域、つまりは県外の売上比率を比べるような発想です。

県内売上、県外売上などの指標を用いている企業は、さすがにもうないと思いますが、これだけグローバルな時代においても、県内売上、県外売上と同じように国内と国外の２軸指標を重要視している企業は少なくないのです。

しかし、こうした企業であっても国内ではしっかりチャネルビジネスをしていて、国内におけるマーケットシェアは常に気にしているはずです。先進的なグローバル企業は、各国において高いシェアを獲得することを第一の経営指標としています。海外売上比率などといった指標は持たず、より具体的な指標であるシェアを軸に各国でチャネルビジネスを展開しているのです。

世界10大先進グローバル消費財メーカーは、１社の例外もなく、海外売上比率という指標は重要視していません。彼らが重要視するのは、あくまで各国もしくは、各地域におけるシェアです。日本の消費財メーカーも、耳触りのよい「海外売上比率」という概念を捨て、「各国のシェア」と真剣に向き合う時が来ているのです。

戦略の軸は中間層獲得

中間層を狙わないならアジア新興国に出る意味はない

■ 最大の魅力は「拡大する中間層」

　企業は今なぜアジア新興国に注目をするのでしょうか。それは「中間層の拡大」が理由です。アジア新興国の最大の魅力は「拡大する中間層」にあります。

　現在、アジア新興国の中間層は、15億人と言われていますが、2030年には30億人に達すると予測されています。現在の15億人も相当な数ではありますが、今後、貧困層の所得が上がり中間層へと成長することにより、2030年には中間層が約30億人にまで拡大するのです。

　従って、B2Cの製造業にとっては中間層を狙わないなら、そもそもアジアに出る意味がないと言っても過言ではありません。もちろん、一部の単価の高い高級化粧品や、高級食品を製造するメーカーなど、日本国内でも富裕層に限定して販売を行っているメーカーは別ですが、それ以外の食品、飲料、菓子、日用品等の消費財メーカー、特にFMCGメーカーにとっての最大かつ最重要なターゲットはこの中間層以外にありえません。

　これら消費財メーカーのビジネスの肝は、いかに多くの消費者に、いかに早い頻度で、いかに長期にわたって繰り返し商品を購入してもらえるかです。そのためにはボリューム・ゾーン＝中間層が最重要ターゲットとなるのです。

■ 先進グローバルメーカーはターゲットが中間層からブレない

　ここまでの話で、アジア新興国市場では中間層をターゲットにすることが非常に大切だということは納得していただけたと思います。では次に、実際に先進グローバル消費財メーカーと日本の消費財メーカーのターゲティング戦略では一体何がどう違うのかを見ていきましょう。

　結論を先に言うと、どちらのメーカーもアジア新興国市場では、中間層が重要であることを理解はしているということです。しかし、大きな違いは、先進グローバル消費財メーカーは、戦略の軸が「中間層の獲得」から

●アジアの中間層は10年後は2倍に！

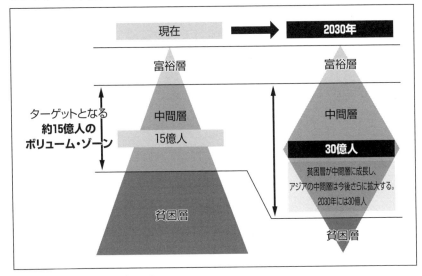

絶対にブレないということ。

　一方で、日本の消費財メーカーは、その軸がいつの間にか上振れしてしまうのです。もう少し詳しく言うと、日本の企業は莫大な消費者がいる中間層を獲得するためにアジア新興国に出たはずだったのに、戦略会議を重ねるうちに、いつしか、「やはり中間層じゃなくて富裕層から始めたほうがよいのではないか」「中間層は中間層でも、上位中間層を狙ったほうがよいのではないか」「そもそも中間層を狙うことは、ブランド力の低下に繋がる可能性があるので、まずは富裕層なのではないか」といった話が出てきて、議論がそっちに引っ張られていってしまいます。

　結果、ブランディング的にも富裕層を狙うべきだと、ブランディングとターゲティングを混同させた議論や、上位中間層という一見耳触りの良いワードに影響を受け、現実には非常にアプローチが困難な幻のターゲットを生み出していくのです。

　その根底には、「現状の商品や、やり方を大きく変えたくない」という、リスクテイクしたくないマインドがあるのです。要は、「日本で実績のあるものを売りたい。問題が起きたら大変なので、また社内調整も大変なので、原材料もパッケージも、ネーミングも変えたくないという思いが根底にあり、本来最も重要視しなければならない現地の消費者以上に、「変えたくない」や「現状のままがよい」という自己都合が優先されてしまうの

です。

　これに対して先進グローバル消費財メーカーは、「アジア新興国市場における顧客ターゲットは中間層である」ということから絶対に戦略軸がブレません。これが欧米企業と日本企業の最も大きな違いの1つであり、このターゲティングのズレが、日本企業のそれ以降のすべての戦略を空回りさせていくのです。

　ターゲットがズレれば、プロダクト（Product）もプライス（Price）もプレイス（Place）もプロモーション（Promotion）も異なってきます。重要なのは、まずターゲットを設定し、そのターゲットの求めるプロダクトを、そのターゲットが賄えるプライスで、そのターゲットが買いやすい売り場に並べ、そのターゲットが選びたくなるプロモーションをすることです。

　つまりは、すべてはターゲットが中心に考えられているのです。

　一方で、日本企業は、まず最初にプロダクトがきます。自分たちのプロダクトは、良い原材料を使い、高い技術力を駆使して作り、日本では大きな実績があるので、プライスは少々高く、売り場も綺麗な近代小売（MT）中心で、プロモーションあまりせずに、それでも欲しいというターゲットは絶対にいるはずだ。だって私たちはプレミアムだから、となるわけです。結果、一部の富裕層や駐在員、外国人しか買わなくなるのです。

　このターゲットを中間層から絶対にブレさせないというのは、日本企業にとって本当に難しい問題なのです。

　なぜなら、それは時に、原材料を含め商品を大きく変えていく必要があるからです。商品を変えるとなると、海外担当の問題だけでは終わりません。品質を最優先したい生産サイドと、海外売上を上げなければならない海外サイドでは、見ているポイントが大きく異なります。弊社の顧客でもこの問題はそう簡単にはクリアできていません。

　多くはここでそれなりの時間を費やし、完全には解決できないまでも、騙し騙し進むしかない企業も少なくありません。逆に、少数ながら製販が一体となり取り組めた企業は、当然ながら得られる成果も格段に上がり、成長スピードが速くなります。実際に、中間層からブレないことを決めた顧客は、伝統小売（TT）への配荷を押し進めるべくチャネルが大きく進

化します。同時に、価格帯も含め伝統小売で売れる商品に変わっていきます。そして打てば響くので、プロモーションもどんどん積極的になっていきます。最終的には十万店単位のストア・カバレッジ（配荷店数）を獲得し、日系企業であっても市場で強いプレゼンスを発揮しています。

■ 積み上げ式の日本企業

では、一体、どうしたらターゲットを中間層からブレさせないようにできるのでしょうか。この答えは、「逆算」しかありません。

ターゲットがブレる日本の消費財メーカーの多くは、目標数字を積み上げで作ります。つまりは、例えば、まずは10億円売り上げて、その次に20億円、そして40億円、80億円、120億円と積み上げで組み立てていきます。従って、マーケティング・ミックスもターゲットありきでなく、積み上げ式の目標をクリアするための商品ありきで進んでいきます。

まずは10億円売り上げるために日本の商品をそのまま近代小売を中心に投入となります。そして、最初は日系スーパーが中心になりますが、それでは大した量が確保できないので、徐々にローカルスーパーへも販売を開始します。しかし、依然、近代小売が中心です。販売チャネルもこれら積み上げ方式を実行するために作られた販売チャネル、つまりはディストビューターなので、得意分野も限られ、商品の単価にもよりますが、1カ国、10億から20億円程度を天井に成長が鈍化します。

そこからさらに売上を伸ばすには、近代小売でさらに回転を早める施策や、伝統小売でのストア・カバレッジを上げる必要が出てくるのですが、それができる販売チャネルではないので、1カ国、10億円から20億円が打ち止めラインになってしまいます。

■ 逆算思考のグローバル企業

一方で、先進的なグローバル消費財メーカーは、すべて逆算です。なぜ彼らがアジア新興国で最初から中間層を狙うのかというと、逆算すると、富裕層や上位中間層だけを狙っていてはまったく儲からない、むしろ、いつまで経っても赤字から抜け出せないことを理解しているからです。

例えば、ベトナムを例に上げて話をすると、ベトナム市場でまずは富裕層や上位中間層から攻略しようとすると、全部でたった3,000店舗しかない近代小売のうちの1,000店舗程度しかターゲットとならないことがわか

ります。たった1,000店舗に商品を置いても、日販でどれだけ売れようが、永遠に儲からないのは火を見るより明らかです。

これが、仮に全近代小売の3,000店舗だったとしても、焼け石に水です。ベトナムでは、50万店存在する伝統小売で商品を売れなければ消費財メーカーは儲かりません。

そうなると今度は、この伝統小売で売れる商品を売らなければならなくなります。この時点で、自国で高い原材料を使い、高い技術を駆使して生産している商品をベトナムに輸出していたのでは太刀打ちできないことが明確になります。

ここで初めて商品や価格の現地適合がなされ、プロダクトとプライスが変わります。そして伝統小売の重要性を理解することでプレイスも変わり、そのプレイスに置いた商品を消費者に選んでもらえるようにプロモーションも変わっていくのです。

食品、飲料、菓子、日用品等の消費財は、数売ってなんぼの商売です。重要なのは、アジア新興国の中間層をいかに攻略するかで、そのためにはディストリビューション・チャネルが欠かせないのです。このディストリビューション・チャネルに関しては、本書の後半に解説していきます。

「早期参入」にこだわる

アジア新興国は先駆者メリットが発揮される市場

■ 日本企業は20年も遅れている

　先進グローバル消費財メーカーは、日本の消費財メーカーよりも20年も早い1980年代には、すでにアジア新興国を市場として捉えていました。米P＆Gや蘭英ユニリーバ、瑞ネスレ、米コカ・コーラなどは、まだ近代小売（MT）がアジア新興国になかった時代から進出しているのです。

　なぜ先進グローバル消費財メーカーがそれほどまでに早期に進出することができたのかといえば、彼らは長期にわたる戦略を見ていたからに尽きます。アジア新興国のチャネル構築には時間がかかることを十分理解した上で、その先には大きな利益があることを見越して、将来の成長への投資を行うことができたのです。

　その投資や長期戦略を実践してきた結果が、現在の先進グローバル消費財メーカーと日本の消費財メーカーの差となっています。

　米コカ・コーラは世界190カ国以上に進出していて、コカ・コーラとスプライトは、アジアはもちろん、インド、南米、アフリカと、どんな僻地に行っても飲むことができます。近代小売はもちろんのこと、どんなに小規模な伝統小売（TT）でも必ず目にします。

　日本のメーカーからもおいしい炭酸飲料はたくさん発売されていますが、いずれのメーカーのいずれの商品も、海外では見ることがありません。あったとしても、一部のアジアの輸入品等が集まる特殊な棚か、日系スーパーどまりです。

　もしくは、メーカー自身が売っているのではなく、並行輸入品として流れているだけというケースもあります。こうしたことからも日本の消費財メーカーのチャネルの弱さ、そして早くからチャネル作りに着手した先進グローバル消費財メーカーの強さを思い知ります。

■日本の消費財メーカーはまだ眠っている？

　先進グローバル消費財メーカーがアジア新興国を市場と捉えて進出し始めた1980年代というと、日本はちょうどバブルを謳歌していた時代です。日本国中がイケイケで、「新興国？　そんなの金にならないでしょ」「貧乏な国に売ったって代金回収できないよ」くらいの考え方だったのです。

　「弊社は19XX年代からアジア新興国に取り組んでいます」といった企業はたくさんありますが、それらは工場などの生産拠点としての進出であって、あくまで生産したものは日本へ輸出され消費されるのです。要は安い労働力を使って安価に生産するための進出です。

　販売をしていたとしても完全に輸出型輸出ビジネスで、現地の日系スーパーに商品が並んでいただけで、会社としてアジア新興国を重要市場と位置づけていた企業は皆無に等しかったのです。

　結局、日本企業がアジア新興国に本気になり始めたのは、この10年くらいのこと。私に支援を依頼してくる企業の予算が10年前から飛躍的に拡大していますし、現地法人に若手のホープを送るなど、現地駐在員の質が高まってきていることから、大手の一部の企業では、いよいよ本気になってきたなと感じることがあります。

　しかし、20年出遅れたにもかかわらず、多くは、まだ輸出型輸出ビジネスから脱却できていません。もしくは、現地生産していてもチャネルビジネスができておらず、何をどうしていいのかわからない状況です。日本企業のアジア新興国展開は、まだまだこれからだと感じています。

　この日本企業のアジア新興国市場に対する本気度を象徴するある出来事を紹介したいと思います。

　これはあるアジア新興国のディストリビューターのオーナー連中との会食の場での出来事です。あるディストリビューターが私に、「日本の食品、飲料、菓子、日用品等の消費財メーカーは、なぜあんなにもアジア新興国市場の取り組みに余裕でいられるんだ？」と聞いてきました。

　すると、別の人物が、「そうだ、そうだ。色々なメーカーが我々ディストリビューターのところに、事情を聞きに会いにくる。我々を品定めしにきている。あれはこれはと、細かなことを色々聞きにくるが、一向に何も決まらない。決められる奴は現地にこないで、決められない奴が現地にきて、あれはこれはと聞いてくる。どうしてなんだ？」と私に聞く。

●消費財メーカーのアジア進出時期

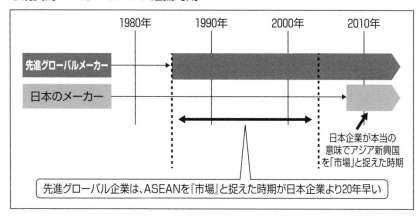

私は、「それは…」と答えようとした矢先、別のディストリビューターが、「They are still sleeping!」と言い、その場にいた、十数名のオーナー達が一斉にどっと笑ったのです。「そうだ、そうだ、日本企業はまだ半分寝てるな。バブル期の夢でも見てるのかな」と。

私はこの出来事を、ことあるごとに思い出し悔しく思うのです。

これは、決して日本人には言わないアジア新興国のディストリビューターの本音です。彼らは内輪では、日本の消費財メーカーのことを「They are still sleeping.」や「They are half sleeping.」、「日本の消費財メーカーはまだ眠っている」と言っています。

彼らの言うことが事実だとわかっているだけに、私にとってはまったく笑えないことなのですが、その時は、「まあ、もう少し待っていてくれよ、日はまた昇るから」と言うのが精一杯でした。

とは言え、もう勝敗が決まってしまったかというと、そうではありません。日本の消費財メーカーが本当にグローバル・マーケティングを理解して本気で取り組めば、まだまだ巻き返しのチャンスはあると信じています。日本国内で少子高齢化、人口減少の問題が深刻化している今こそ、成長市場であるアジア新興国に本気になるべきベストタイミングなのです。そして、アジア新興国市場に本気になるということは、リスクを取るということであり、リスクを取らない本気などないということも肝に銘じなければならないのです。

■ リスクを取って先駆者になることの本当の価値とは

最後に、このリスクの取り方に関して少しお話をしたいと思います。

欧米の先進的なグローバル企業も、日本企業も、同じ企業ですから当然リスクは嫌います。

不思議なのは、ではなぜ欧米の先進的なグローバル企業はリスクがあるにもかかわらず早期に決断し進出することができるのでしょうか。それは、彼らは、リスクを取って先駆者になることの本当の価値を理解しているからです。

日本企業は、アジア新興国市場へ進出する際に、必ず成功するんだという強い意志のもと進出します。それだけ強い意志があるのに、実は戦略は非常に乏しい。本社には戦略はなく、とにかく現地に箱（現地法人もしくはパートナーとの合弁法人）を作り、そこに駐在員を送り込み、頑張って成功してこいと叱咤激励する。送り込まれた駐在員も、真面目で従順なので武器（戦略と予算）１つ持たせてもらっていないにもかかわらず、本気で成功しようと奮起するのです。まるでコメディです。

一方で、**先進グローバル企業は、失敗をするために早期進出する**のです。彼らは、未開のアジア新興国市場にいきなり進出して最初から成功するはずがないことを理解しているのです。

重要なのは、誰よりも早く出て、誰よりも早く失敗し、誰よりも早く学ぶことであると考えているわけです。だからこそ彼らは早期に決断し行動することができるのです。

また、彼らは失敗をするために進出をするわけですが、必ず精度の高い仮説を持って進出します。つまりは、なんら仮説を持たずに、単に出ていって失敗するのでは何の学びもありません。それどころか無駄な失敗です。

しかし、綿密な調査を行い、精度の高い仮説を持って進出し、その仮説と異なる部分が発生して失敗すれば、これは学びに繋がります。この仮説検証のプロセスを誰よりも早く実施することこそが本当の価値なのです。先進グローバル企業はこのことをよく理解しているのです。

日本企業も、こういったマインドをいち早く取り入れ新興国市場と向き合わないと、今後ますます差が開いてしまいます。「間違えてもよい」「失敗してもよい」、成功はいくつもの失敗が作り上げるのだ、というぐらいのマインドでないと、アジア新興国市場では成功できません。

2-4

国別の投資ポートフォリオが明確

戦略的な国別投資を行う先進グローバル消費財メーカー

■米Ｐ＆Ｇとユニ・チャームのアジア新興国戦略

　先進グローバル消費財メーカーの戦略の特徴として、国ごとの投資額の強弱が明確だということが挙げられます。

　次ページの図はアジア新興国市場における日本のユニ・チャームと米Ｐ＆Ｇの子ども用紙おむつのシェアを比較したものです。データは、Euromonitor International社の2019年のものを活用しています。１つひとつ見ていきましょう。

　まずは、タイからです。タイでは「53％：圏外」（ユニ・チャーム：米Ｐ＆Ｇ。以下同）でユニ・チャームの圧勝です。米Ｐ＆Ｇは並行輸入が多少入ってきているくらいでほとんど売っていません。

　次にマレーシアでも「12％：0.1％」でユニ・チャームの圧勝です。そして、インドネシアでも「43％：４％」でユニ・チャームの圧勝です。続いて、ベトナムでも「35％：13％」でユニ・チャームが勝っています。

　米国文化が強く浸透しているフィリピンだけが例外で、「３％：22％」で米Ｐ＆Ｇの勝ちですが、その他のASEANでは圧倒的にユニ・チャームが勝利しています。フィリピンはやはり「アメリカ・ファースト」の志向が強く、日本はセカンド、もしくは少し前から韓国がセカンドで日本はサードといった状況になっています。

　さて、ここまで見てくると皆さん、「ユニ・チャームってすごい！」と思われるでしょう。確かに、日本の紙おむつメーカーの中ではダントツですし、先進グローバル消費財メーカーである米Ｐ＆Ｇと正面から戦ってASEANのマーケットシェアを獲得しているのですから、すごいことは間違いありません。

　ただ、中国とインドのシェアを見ると少し違った見方もできるのです。

　中国では「７％：18％」と、米Ｐ＆Ｇがユニ・チャームに大きく勝っているのです。ここに先進グローバル消費財メーカーならではの戦略が表れ

●米P&Gと日ユニ・チャームの子ども用紙おむつシェア

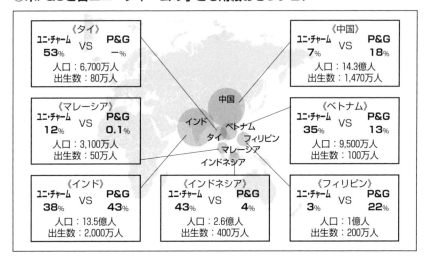

《タイ》
ユニ・チャーム VS P&G
53% **-**%
人口：6,700万人
出生数：80万人

《中国》
ユニ・チャーム VS P&G
7% **18**%
人口：14.3億人
出生数：1,470万人

《マレーシア》
ユニ・チャーム VS P&G
12% **0.1**%
人口：3,100万人
出生数：50万人

《ベトナム》
ユニ・チャーム VS P&G
35% **13**%
人口：9,500万人
出生数：100万人

《インド》
ユニ・チャーム VS P&G
38% **43**%
人口：13.5億人
出生数：2,000万人

《インドネシア》
ユニ・チャーム VS P&G
43% **4**%
人口：2.6億人
出生数：400万人

《フィリピン》
ユニ・チャーム VS P&G
3% **22**%
人口：1億人
出生数：200万人

ています。

■ 優先すべき投資先をグローバルで考える

　中国では少子高齢化だといわれている現在でも、１年間に約1,470万人の新生児が誕生しています。これに対してユニ・チャームが米Ｐ＆Ｇに勝っている国で見ると、タイは約80万人、マレーシアは約50万人、ベトナムは約100万人、最も多いインドネシアですら約400万人です。

　これが意味することは一体なんでしょうか。欧米の先進的なグローバル企業は、ASEANの小国でいくら勝っても、それとは比較にならない巨大な市場を持つ中国で負けていては、グローバル市場での負けを認めざるを得ないということを理解しているのです。

　しかし、さらに興味深いのは、ユニ・チャームも決して米Ｐ＆Ｇに負けていないということです。中国よりも出生数の多いインドで、かつて10％ほどしかなかったシェアを38％まで上げているのです。これは43％の米Ｐ＆Ｇ迫る勢いです。追い上げの話をもう１つすると、中国の花王もかつてかなり低かった子ども用紙おむつのシェアを、今では８％まで上げて、シェア２位につけています。

　今後、さらに世界のボーダレス化が進んだら、数の原理で巨大市場での標準が小国にも押し寄せる可能性があります。つまり、中国やインドでの

製品の標準がASEANを呑み込むということです。事実として、中国やインドは、世界市場において昔以上の影響力を持っていますし、特に中国でスタンダードになったものが、世界でスタンダード化していく現象がすでに起きています。

　日本企業の多くはASEAN戦略にあたり、「親日国家である」などといった、「進出しやすい国」を優先しがちです。進出しにくい国より、進出しやすい国のほうがよいのは当たり前ですが、「進出しやすい国＝進出すべき国」では決してありません。

　市場規模にこれほど大きな差があると、どれだけASEANが親日だろうが、なんだろうが、市場規模を定量的に見て中国とインドより優先すべき市場ではありません。

　しかし、多くの日本企業にとって、ASEANは、中国よりも、インドよりもプライオリティが高い市場です。中国とインドをどこか遠のけてしまう傾向があります。

　グローバル・ビジネスをする上では、まずはグローバル全体を広く見渡した後、自社の経営資源を見ながら具体的にどの国や地域から狙うべきなのかを考えることが重要です。

　そのようなプロセスを経て、あえて競争環境の激しい中国とインドを捨て、ASEANを取るという戦略であれば、それはそれで構わないと思います。やりやすいからではなく、戦略としてそうしているのか否かが重要なのです。

　先進グローバル消費財メーカーは、国ごと、地域ごとの投資額の強弱が明確になっているのです。

　ROI（投資対効果）の高い市場には徹底して経営資源を投下し、逆にROIの悪い地域には手を出さない、もしくは早期に撤退の判断をするのです。日本企業のように、ROIが悪いにもかかわらず、すでに出てしまったのでいつか報われると長期にわたってだらだらと進出をし続けるということはしないのです。

2-5

導入期の戦略が違う

先進グローバル企業では導入期から広い視野で取り組む

■ 導入期から「近代小売＋伝統小売」でチャネル作りを行う

　2-2（74ページ）で、アジア新興国では中間層からブレないことがいかに大切か、そして近代小売（MT）だけでは絶対に儲からず、その比率が膨大な伝統小売（TT）を狙った商品開発や価格戦略を行うことが重要だというお話をしました。この伝統小売の重要性を深く理解し、導入期から「近代小売＋伝統小売」でチャネル作りに取り掛かるのが先進グローバル消費財メーカーです。

　彼らは、そもそも伝統小売へチャネルを広げる目的のために近代小売にもアプローチしていると言っても過言ではありません。

　先進グローバル消費財メーカーの考え方は、極端に言えば、「近代小売で知名度を上げて、伝統小売で稼ぐ」というもの。なぜなら、アジア新興国では圧倒的に伝統小売のほうが数が多いからです。後に詳しく説明しますが、多くの国では、伝統小売と近代小売の割合は8：2の比率です。

　従って、伝統小売までしっかりとストア・カバレッジを伸ばせなければ、ビジネスの規模がスケールしません。また、多くの伝統小売のオーナーは、近代小売で売れていないものは、伝統小売で取り扱ってくれません。そして、近代小売で取り扱ってもらうには、多額の棚代、リスティング・フィー、半強制的な断りにくいプロモーションに費用を割かなくてはなりません。

　日本でどんなに売れている商品だろうがなんだろうが、輸入品棚等の特殊な棚ではなく、メインの棚に置いてもらうには必ず費用がかかるのです。つまりは、国や都市や小売によっては、近代小売だけでは、どれだけ量を売っても永遠に利益が出ないことすらあるのです。

　ちなみに、米Ｐ＆Ｇや蘭英ユニリーバ、瑞ネスレなどの近代小売における棚代やリスティング・フィーなどの小売チェーンへの導入費用は、日本の消費財メーカーと比べて格段に安いです。

●最初から近代小売と伝統小売を攻めるべき

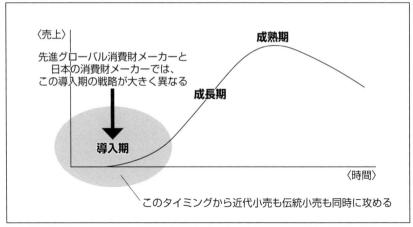

〈売上〉

先進グローバル消費財メーカーと
日本の消費財メーカーでは、
この導入期の戦略が大きく異なる

成熟期

成長期

導入期

〈時間〉

このタイミングから近代小売も伝統小売も同時に攻める

　それは彼らの商品を取り扱えなければ小売側が困るからです。日本のスーパーで花王やキッコーマンの商品を置いていなかったら、店舗として品揃えの悪い店ということになり、お客様へ迷惑をかけることになるのと同じです。つまり、近代小売で商品が売れているかどうかが伝統小売に商品を陳列してもらえるかに影響するし、伝統小売でどれだけ取扱い店舗を持っているかということが近代小売でのリスティング・フィーなどの導入費用を下げるための交渉で重要になるのです。だからこそ、先進グローバル消費財メーカーは最初から「近代小売＋伝統小売」でチャネル作りを行うのです。

■ 日本メーカーは近代小売から伝統小売へ

　一方、弊社のクライアントである日本の消費財メーカーからは、「数年かけてなんとかここまで来たものの、そこから全然伸びない」などといった、「導入期から脱却できない」という相談が非常に多く寄せられます。

　それもそのはず、導入期の戦略が先進グローバル消費財メーカーとはまったく違っているのです。日本の消費財メーカーも中間層が大切だということや、伝統小売の重要性を理解してアジア新興国に出ますが、「まず導入期は近代小売を狙って、ある程度軌道に乗ったら徐々に伝統小売を狙っていこう」と、なぜか富裕層狙いの戦略にブレていき、中間層が後回しになってしまいます。

　何度も言うようですが、アジア新興国の最大の魅力は拡大する中間層で

す。中間層を狙わなければアジアに出る意味はないということを、改めて頭に叩き込んでおきましょう。圧倒的に日本の消費財メーカーに足りないのは、「導入期でいかに伝統小売を攻めていくか」ということです。軸を伝統小売に合わせて戦略を立てなければ、いつまで経っても比較的慣れ親しんだ近代小売に引っ張られ、結果、ストア・カバレッジが伸びず成長期に入ることはできないのです。

■ 成長著しいアジアでは、そのうち市場が近代小売化する！？

　日本企業の中には、伝統小売の取り組みに関して、「市場が近代小売が優勢化するまで待つべきではないか？」というところがあります。確かにアジア新興国の小売は近代小売化の流れにありますが、実際には同時に伝統小売の店舗数も増えているというのが現実です。

　私は、父の仕事の関係で1980年代後半にシンガポールへ移住し、一時期をASEANで過ごしました。当時から、かれこれ30年程アジア新興国を見てきましたが、伝統小売の数は当時よりも格段に増えています。もちろん、今後、アジア新興国の小売は近代小売化していくと思います。しかし、5年や10年でその比率が大きく変わることは考えにくいでしょう。

　また、20年、30年経ったとしても、小さい小売店がすっかり姿を消してしまうなどということも考えにくいでしょう。

　アジア新興国の小売が急速に近代化するという考え方の背景には、日本の小売の近代化の歴史があります。日本の小売の近代化をまさに経験してきた世代の人たちは、アジア新興国でも同じように急激に小売が近代化するのではないかと考える方が多いのです。

　セミナーでも同様の質問が大変多いです。しかし、私の答えは「ＮＯ」です。なぜなら、小売の近代化は、小売単体で実現できるわけではないからです。その他、あらゆるインフラが同時並行的に近代化してはじめて小売も近代化できるのです。

　例えば、コールドチェーンを含む物流インフラ、交通インフラ、電気水道インフラ、ＩＴインフラなどです。日本は、この様々なインフラが、東京だけでなく全国に、また都市部だけでなく地方に至るまで、一気に近代化したため、小売も急速に近代化できたのです。さらに、コンビニエンスストア（ＣＶＳ）という新たな業態が日本という市場に合致したのも大きな要因の１つです。

　しかし、これも、様々なインフラがあってはじめて実現可能でした。やはり、その他のインフラがどれだけ発展するかが小売の近代化には大変重要なのです。

　いくらアジア新興国の経済成長が著しいとはいえ、日本の経済規模とはまだ大きな差があります。その差と今後のアジア新興国市場のさらなる経済成長を加味しても、向こう数十年で日本のように都市部から地方部までインフラの整備が整い、一気に小売が近代化するとは考えにくいのです。

　あり得るとすれば、首都などの特定の地域を中心とした都市部でのみ小売の近代化が完了し、地方部の近代化はそれなりの時間を要するというのが私の意見です。

　もう１つ重要な観点として、仮に50年後にすべての伝統小売が近代小売化したとしても、伝統小売時代に消費者に親しまれ、売れていた商品は、すべての小売が近代小売化しても店頭に並び続けます。しかし、小売が近代化したから参入しますというような都合のいいメーカーは、小売にも消費者にも歓迎されないでしょう。

　つまり、今、伝統小売を取れなければ、将来の近代小売を取ることもできないということです。小売の近代化を待つなどという考えは論外であり、アジア新興国に出るからには伝統小売攻略は避けて通れないのです。

　また、勘違いしてはならないのが、必ずしも「富裕層は近代小売に行って、貧困層が伝統小売に行く」というわけではないことです。

　アジア新興国の富裕層、中間層、貧困層の人たちにとっての伝統小売は、私たち日本人にとってのコンビニのようなもの。ちょっとした生活用品や食料品は家の近くにあるコンビニで買い、休みの日にスーパーマーケットや、ハイパーマーケットなどの近代小売に行ってまとめ買いするといった感覚で近代小売と伝統小売を使い分けています。

　つまり、近代小売と伝統小売にはそれぞれに役割があるのです。一部の超高級スーパーやデパートなどの近代小売と、居住区内の特定の住民のための伝統小売を除けば、近代小売も伝統小売も所得格差の枠を超えて利用されているのです。むしろ、近代小売と伝統小売を所得格差で分類すべきではないのです。このことも伝統小売が消え去るということが考えにくい理由の１つだといえるでしょう。

■ 先進グローバル消費財メーカーは近代小売と直接交渉

　右ページの図は、ASEAN5カ国の主要近代小売の総店舗数です。

　Giant、Hero、Tesco、co.opmart、BigC、SM、Puregold、Robinsons、Rustans、など、一般の日本人は知らないと思いますが、これらはASEANの主要な近代小売です。日本の消費財メーカーでこうした主要近代小売と直接取引しているところはまだまだ少なく、ほとんどがディストリビューター（販売店）を経由して取引をしています。

　これに対して、高いマーケットシェアを誇る先進グローバル消費財メーカーでは、すべて自社で近代小売と直接交渉、直接取引しているのです。主要近代小売との取引をディストリビューターに任せるなどということはしません。

　なぜなら、近代小売との関係構築は、メーカーにとっては大変重要な仕事だからです。日本の消費財メーカーも、日本国内では、商流として問屋を通したとしても、小売との関係構築を問屋にすべて任せるなどというメーカーはないはずです。

　問屋はあくまで問屋であり、小売との関係構築はメーカーの重要な仕事の1つになっているはずです。欧米の先進的なグローバル消費財メーカーは、アジア新興国市場でも、当たり前にそれを実行しているだけのことなのです。当たり前のことをやっていないのは、日本の消費財メーカーなのです。

■ ディストリビューターに任せると伝統小売が疎かになる

　近代小売と伝統小売の両方への配荷をディストリビューターに頼んだ場合、彼らは「どちらも頑張る」と言いつつも、どうしても近代小売に力を入れることになります。伝統小売は1店舗当たりの販売数が少なく、一定の利益を出すまでには数（ストア・カバレッジ）が必要で時間も労力もかかるため、近代小売と比べると、ストア・カバレッジを出すまでは利益率が格段に落ちるという理由で後回しになってしまうのです。

　もちろん、一旦ディストリビューション・チャネルを作ってしまえば、1店舗当たりの販売数は少なくともストア・カバレッジが高いため、近代小売以上の旨味が出るのですが、それまでが大変なのです。

　日本の消費財メーカーの中には、「弊社が長年付き合ってるディストリビューターは、近代小売はいいんだけど、伝統小売がダメだ」と言って、

●ASEAN５カ国の主要な近代小売の店舗数

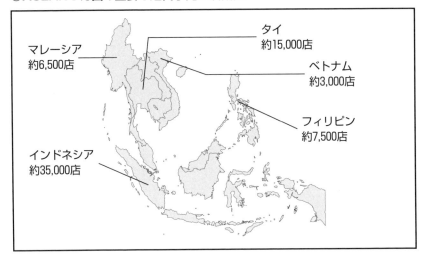

タイ
約15,000店

マレーシア
約6,500店

ベトナム
約3,000店

フィリピン
約7,500店

インドネシア
約35,000店

近代小売はこれまでのＡ社に任せて、伝統小売は新たに開拓したＢ社に任せたいという企業がいます。

　Ｂ社にしてみれば、「短期でうまみのある近代小売はＡ社が持っていって、自分たちは一定期間投資が必要な伝統小売だけか」という不満がつきまとい、相当なベネフィットを渡さない限りなかなか受けてくれません。Ｂ社がそれなりの実績のある大手ディストリビューターであればなおさらです。

　なので、このような使い分けは多くの場合うまくいきません。まず、大前提として、近代小売との直接的な関係構築を模索していくのが今後の日本の消費財メーカーの大きな課題と言えるでしょう。そして、伝統小売にこそディストリビューターを活用すべきなのです。

■ 売上を左右する２つの要素の拡大を徹底

　小売店全体における売上を左右する要素とは一体なんなのか。先ほどからこのワードを少しずつ使っていますが、それは、「自社商品を取扱う店舗の数」を指す「**ストア・カバレッジ**」と、「店舗内の同一カテゴリーにおける自社商品の売上や個数が占める割合」を指す「**インストア・マーケットシェア**」の２つです。

　「インストア・マーケットシェア」よりも「インストア・シェア」のほうが重要だと思う方もいるでしょう。

●ストア・カバレッジ、インストア・マーケットシェア、インストア・シェア

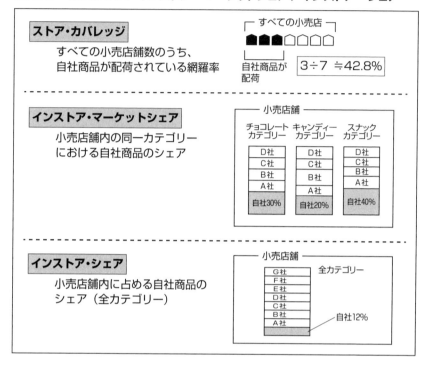

「インストア・シェア」は「店舗全体の売上に対して自社の全種類の商品の売上が占める割合」を指します。

　皆さんがお菓子メーカーだとしたら、1つの店舗にチョコ、ガム、アメなど複数の自社商品を並べることになるでしょう。他のメーカー以上に多くの種類の商品を、より多くのSKU（最小管理単位、58ページ）を並べ、店舗の売上における自社商品の売上、つまりは、インストア・シェアを伸ばすことは、小売店に対する強い交渉力を得られるため確かに重要です。

　しかし、それ以前の問題として、商品の知名度がないアジア新興国では、例えば、まずはチョコのカテゴリーの一点突破でインストア・マーケットシェアを上げなければ、小売店はその会社のガムもアメも取り扱ってはくれないのです。

　またもう1つ言えるのは、1つの店舗の売上の最大値はおおよそ決まっています。それが例えば100万円で、チョコのカテゴリーの最大値が5万円だとすると、その5万円のうち、自社の商品が何万円取れるのか、何割

取れるのかが肝心になります。

　だから私はあえて、ストア・カバレッジと並んで重要視するのは「インストア・マーケットシェア」だと考えているのです。

■先進メーカーは大切な2要素を徹底的に行う

　すでにお話ししたように、先進グローバル消費財メーカーは導入期から、「近代小売＋伝統小売」のチャネル構築に全力投球しますが、その戦略は「ストア・カバレッジの拡大」と「インストア・マーケットシェアの拡大」の2点を徹底的に行うというものなのです。

　導入期の最初に取り組むのは、店舗数を増やすために徹底して投資を行い、横軸つまりはストア・カバレッジを伸ばすことです。そして一定の店舗数が獲得できたら、今度は同時並行的に、店舗内の売上の縦軸つまりはインストア・マーケットシェアを伸ばすために投資を行います。こうして順調に売上を伸ばし、成長期に入っていくのです。

　日本の消費財メーカーは、そもそもこの横軸が非常に弱い。

　店舗数を増やすためにはディストリビューション・ネットワークが必要不可欠ですが、前項でお話ししたように、販売チャネルの構築が不得意だということも横軸が伸びない一因になっています。

　導入期戦略においては店舗数獲得目標をKPI（Key Performance Indicator、重要業績評価指標。具体例は96ページ参照）として設定し、その実現のための具体的な「To Do」を明らかにすること。そして自社現地法人（販売会社）の営業体制とディストリビューション・ネットワークを整え、チャネルを築き上げることが最重要課題なのです。

　そのためには、ディストリビューターの選定や管理育成はもちろんのこと、彼らとしっかりとコミュニケーションを取って戦略の構築と検証を行うことが不可欠なのです。

2-6

ストア・カバレッジとシェアの相関関係

> ストア・カバレッジを上げなければ、マーケットシェアは上がらない

■ 伝統小売（TT）のストア・カバレッジとマーケットシェアは比例する

消費財市場においては、次ページ図のように、ストア・カバレッジと国全体のマーケットシェアは比例します。販売している店舗の数が少ないのにマーケットシェアが高いなどということは、起こりえません。

わかりやすく説明すると、自社商品が100店舗にしか入ってないのにマーケットシェアが30％あるなどということは、１店舗当たり毎日何十万、何百万個売れていれば話は別ですが、そんなことは不可能なので現実的には起こりえないことです。

逆に、ストア・カバレッジが高いのにマーケットシェアが低いケースもほぼ存在しないと言えるでしょう。

なぜなら、商品が売れなければ棚からは半年で撤去されてしまうので、売れないのに店舗に陳列し続けてもらい、ストア・カバレッジを維持し続けることはできないからです。

日本の消費財メーカーで、高いリスティング・フィーを払い、店舗に商品を一気に並べたのはいいものの、あまり売上が伸びずに、半年で棚から撤去されてしまったという例は数多くあります。

■ 最初の３年で黒字ゾーンを目指す

このように、ストア・カバレッジとマーケットシェアは比例するので、ストア・カバレッジが低ければ当然、マーケットシェアも低いままで利益は出ません。

この利益が出ない赤字ゾーンから、いかにして黒字ゾーンに突き出るかが、消費財メーカーが海外で事業に着手して最初の３年間でまずやるべき最初のタスクです。

先進グローバル消費財メーカーはこの構造を熟知しているので、最初の数年をチャネルへの投資期間と定めています。

将来、黒字ゾーンに突き出るために、ストア・カバレッジを上げ、なお

●伝統小売の店舗数とマーケットシェアの相関関係

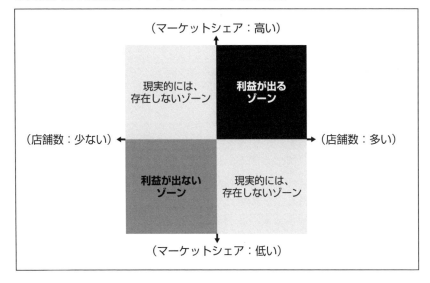

かつインストア・マーケットシェアを上げることを中期戦略としてひたすら心血を注ぎ込むのです。

　日本の消費財メーカーは、最初の3年で悪戦苦闘し、色々な戦略を試しては失敗を繰り返しますが、結局は中間層や伝統小売と正面からぶつかることを嫌がるため、成功の法則を見出すことができません。

　消費財メーカーにとっての成功のポイントは、ストア・カバレッジとインストア・マーケットシェア、この2つだということを忘れてはなりません。

2-7

導入期における伝統小売攻略のための
KPI

> 最初はストア・カバレッジとインストア・マーケットシェアの2つにフォーカス

■ 何をKPIとして設定すべきか

　では、伝統小売（TT）を攻略するためにはどのようなKPIを掲げればいいのかを具体的に見ていきましょう。

　KPIとは「Key Performance Indicator」の略で、日本語では「重要業績評価指標」と訳されます。簡単に言うと、目標に到達するのに必要なプロセスが順調に進んでいるかを確認するための指標です。

　前項でお話ししたように、ある一定基準のストア・カバレッジにまで持っていき、なおかつ、ある一定基準のインストア・マーケットシェアに到達しないと、現地法人という固定費がかかっている以上、利益を出すことはできません。

　日本の消費財メーカーは伝統小売が重要だということを頭では理解していながら、そこに難しさを感じてしまっているため、伝統小売におけるストア・カバレッジを上げるための戦略を組めずにいます。そのため次に述べる3つのステップで、各ステップごとにこの2つ（ストア・カバレッジ、インストア・マーケットシェア）のKPIを達成していくことで、着実に目標達成へ近づけるのです。

■ 3つのステップで赤字から黒字への転換を目指す

　この図のステップ1は、ストア・カバレッジを広げることです。自社商品の取扱い店舗数を、自社の営業担当者とディストリビューターの活用により、徹底的に増やすことが目標です。

　米P＆Gや蘭英ユニリーバ、瑞ネスレなどは、自分たちが抱えるディストリビューターの社内に自社セールスの部屋やデスクを設置し、自社の営業担当者を出向もしくは通勤させて、そこで日々の獲得店舗数を管理しています。

　ある程度まで店舗数が増えたら、次はステップ2としてインストア・マーケットシェアを拡大することにさらに力を注ぎます。せっかく店舗数が

●黒字化への3ステップ

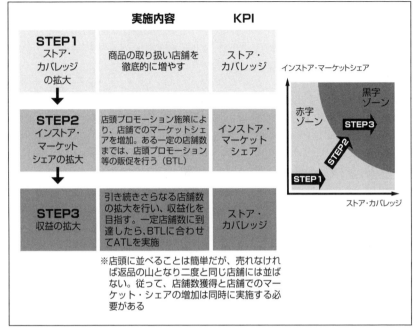

増えても商品が売れなければ、商品はすぐ撤去されてしまうので、1-13（59ページ）で述べたマーケティング・ミックス（MM）を駆使して、商品を売れるようにしなければなりません。

　ここで打つべきはプロモーション施策です。プロモーションには大きく分けて、テレビCMをはじめとするマス広告であるATL（＝ above the line）と、店頭でのセールスプロモーション施策であるBTL（＝ below the line）があります。マス広告であるATLは、ストア・カバレッジが数万から10万店程度にならないと費用対効果が高まらないため、当初は店頭プロモーションなどのBTLに徹するのが賢い選択です。

　そしてステップ3では、さらなるストア・カバレッジとインストア・マーケットシェアを広げることをKPIとし、自社の営業担当者とディストリビューターによるストア・カバレッジの拡大を行うと共に、BTLだけではなくATLを実施することでさらなる拡大を目指します。

■エリアを限定してステップ1、2を同時並行的に実践する

　近代小売（MT）であろうが、伝統小売であろうが、導入費を払ってい

ようが、払っていまいが、売れない商品は小売の棚から外されます。アジア新興国では、小売に並んでから1ヶ月〜3ヶ月程度で売れる商品か否かを判断され、売れない商品は半年も経たずに小売店の棚から撤去されます。

そして、一度棚落ちすれば、再び棚に並べてもらうための敗者復活戦は相当に大変なものになります。

店頭から商品が撤去されることを防ぐために、上で述べたステップ1と2は多少の時間差はあれど、基本的には同時並行的に行う必要があります。

同時に進めるためには、エリアを限定しなければなりません。例えば、ベトナムであれば、ベトナムの中でもホーチミン、その中でも○○区、といった狭いエリアに絞って、ストア・カバレッジとインストア・マーケットシェアを上げていくのです。

それが1万店舗になったら、また次の1万店舗を目指していく。消費財の場合、商品によりますが、5万店舗くらい獲得できれば、そこそこの規模になってきます。

基本的にはエリアごとにストア・カバレッジとインストア・マーケットシェアを上げていくことの繰り返しになるわけです。

参考までに、ベトナム市場で約5割のシェアを持つエースコックは、ベトナムでおおよそ30万店に配荷されています。ベトナムには約50万店の伝統小売があり、そのうち30万店は、いわゆる食品が置ける類の伝統小売で、エースコックは、そのすべてに配荷されているのです。

近代小売（MT）と伝統小売（TT）を
レイヤー化する

「近代小売と伝統小売」2つの議論だけでは不十分

■ 近代小売、伝統小売をさらに細かくセグメント化

ここまで、近代小売（MT）と伝統小売（TT）の2種類の小売について話をしてきました。デパート、スーパー、コンビニなどの近代的小売業態を近代小売、そして小さな個人食料雑貨店や市場などの伝統的小売業態を伝統小売と呼ぶことをお伝えしました。

しかし、実際に深く見ていくと、小売業態は近代小売と伝統小売というシンプルな2種類だけではありません。いくつかの種類やレイヤー（階層）に分類することができるのです。

例えば、あくまでも近代小売ではないのですが、伝統小売とも言いがたい大きな店舗を私は**一般小売**（ジェネラル・トレード、General Trade：GT）と定義しています。ここで注意すべきは、アジア新興国では、国によって近代小売をGTと呼んだり、伝統小売をGTと呼んだりする場合があります。要は、その国の人にとってどのような小売業態がジェネラル（一般的）なのかで定義が変わります。私の場合は、近代小売と伝統小売の中間にあたる、地域のグロサリーやミニマートをGTと定義しています。

先進グローバル消費財メーカーも同様に、小売店舗を細かくレイヤー化しています。これにより狙うべき小売を明確にすることが可能になります。

■ 小売店を8つに分類

次ページの図は、私が定義している8つの小売レイヤーです。

まず、大前提として、近代小売（MT）に分類される小売は、POSレジの設置してある小売です。広く、近代的な店内だろうが、エアコンがかかっていようが、POSレジがなければ近代小売ではありません。

その大前提をベースに、MT1とMT2に分けています。MT1は近代小売の中でも主要な小売です。例えばベトナムでいえばCO.OPmartやMETRO、BigC、VinMart、最近ではイオンも大きな存在感を放っています。フィリピンでは、SM、Puregold、Robinsons、Rustansなどがこれに

●近代小売（MT）、一般小売（GT）、伝統小売（TT）のレイヤー

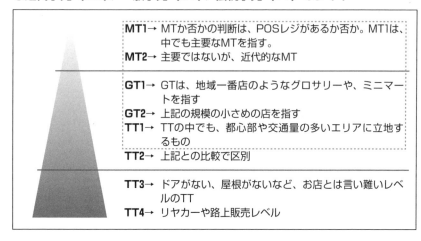

MT1→ MTか否かの判断は、POSレジがあるか否か。MT1は、中でも主要なMTを指す

MT2→ 主要ではないが、近代的なMT

GT1→ GTは、地域一番店のようなグロサリーや、ミニマートを指す

GT2→ 上記の規模の小さめの店を指す

TT1→ TTの中でも、都心部や交通量の多いエリアに立地するもの

TT2→ 上記との比較で区別

TT3→ ドアがない、屋根がないなど、お店とは言い難いレベルのTT

TT4→ リヤカーや路上販売レベル

当たります。POSレジがあり、近代化された店舗がMT2です。

　次に、一般小売（GT）も2種類に分けます。GT1は、POSレジはないまでも、店員が複数人いる「地域一番店」と言われるようなグロサリーやミニマート。自分たちが店舗でお客さんに売るだけではなく、商品を大量に仕入れて一般的な伝統小売に卸すという問屋の役割も担っている場合があります。この一般小売の中でも規模が小さめの店舗がGT2です。

　そして、伝統小売（TT）はTT1からTT4まで分けています。TT1は一般小売のように問屋機能は有してないものの、居住者が多いエリアにあったり、交通量や人通りが多いエリアにあったりする店舗を指します。TT2は、居住区内に立地し、地域住民のみが買い物に来る一般的な店舗です。そして、TT3はドアや屋根がなくてもかろうじて店を構えているようなところです。最後のTT4はリヤカーや路上販売といった違法まがいのレベルです。

■ 小売店をレイヤー分けして攻略する必要性

　日本では、アジア新興国の小売と言えば、近代小売か伝統小売かの二極化の議論が中心ですが、上記で説明した通り近代小売でも主要と非主要がありますし、近代小売と伝統小売の間には、グロサリーや、ミニマートなどの一般小売が存在します。そして、伝統小売といっても、そこには様々な種類の伝統小売が存在するのです。

　共通して言えるのは、食品、飲料、菓子、日用品などの消費財の業界では、中間層をターゲットとしない限り大きなシェアは得られないことです。そして、そのためには、近代小売はもちろんのこと、同時に一般小売や伝統小売の攻略が必須ということです。しかし、ただ闇雲に近代小売、一般小売、伝統小売を狙えばよいというわけではありません。

　小売をレイヤー分けし戦略的に攻略していくことがROI（投資対効果）を高めます。我々も、お客様のストア・カバレッジを上げる等のプロジェクトでは、上記で説明したレイヤーをベースに、顧客の商品特性に合わせて、小売レイヤーを再定義します。その上で戦略を実行していきます。多額の導入費がかかるアジア新興国の近代小売や、何十万店、何百万店存在する一般小売、伝統小売の攻略の第一歩は、自社の導入期戦略に合わせた小売のレイヤー分けにほかなりません。

■ 先進グローバル消費財メーカーはまずGT1を押さえる

　先進グローバル消費財メーカーはエリアごとの小売マップを作成していて、「このエリアには、近代小売が何店舗、一般小売が何千、そして伝統小売が何万」というように、しっかり把握しています。

　彼らが一番に押さえているのは、卸売機能を持ったGT1です。「1つのGT1につき、もれなく伝統小売が50店舗ついてくる」というような、エリアの要になる店舗です。

　次に狙うのがGT2で、やはり一般小売を獲得することは非常に重要視されています。一店舗で最も数が売れるのは近代小売です。しかし、アジア新興国では近代小売の数がまだまだ少ないため、近代小売だけでは利益が出ません。そこで、数十万店、数百万店ある伝統小売を狙う必要があるわけですが、伝統小売の中でも比較的大きな店舗から、また伝統小売より先に一般小売を狙うほうが圧倒的に効率が良いのです。

　欧米の先進的なグローバル消費財メーカーは、こうした押さえるべき小売に関しても非常に戦略的です。日本の消費財メーカーの場合も、まずは近代小売と同時に、GT1からTT1までを狙うことをお勧めします。

　ここまでのレイヤーでも、いずれのアジア新興国においては相当な獲得店舗数になるので、導入期のターゲットとしては申し分ないでしょう。TT2より下のレイヤーは、TT1までをやりきった後でも問題ありません。

日本企業の
チャネル・ストラクチャーとの違い

先進グローバル企業の戦略的なチャネル・ストラクチャー

■ 先進企業と日本企業のチャネル・ストラクチャーの違い

次ページ図はASEANのある国における、ある先進グローバル企業と日本企業のチャネル・ストラクチャー、つまりはチャネルの構造を表したものです。

仮にA社としておきましょう。A社は現地に法人を持ち、大手スーパーやドラッグストア、コンビニといった近代小売（MT）には自社で直販しています。そして中小スーパー、グロサリー、スモールストアといった一般小売（GT）や伝統小売（TT）については、8社の大中規模のディストリビューターを活用して販売しています。

A社の営業部には近代小売のセールス担当者の他に「ディストリビューター支援チーム」のような部隊がいて、ディストリビューターの社内にデスクを置き、日々のストア・カバレッジを拡大する活動をサポートしています。

このように、近代小売については本社で直接対応し、一般小売と伝統小売については数社のディストリビューターを活用する方式を取っている企業の筆頭が米P＆Gであるため、私はこの構造を「PGモデル」と呼んでいます。

米P＆Gは、ASEAN各国で8社前後の大中規模のディストリビューターを使っていて、だいたい大手が1〜2社、中堅が6〜7社です。

これらのディストリビューターの中には、まだ会社規模が小さい時から米P＆Gによって中堅にまで育て上げられたことから、米P＆G側が競合する商品でなければ他社商品の取扱いを契約上で禁じているわけではないのに、100%、米P＆Gの商品しか扱っていないという企業も少なくありません。つまり、米P＆Gに対して大変ロイヤリティが高いのです。

■ 日系企業は1カ国1ディストリビューター

一方で、図の右側は、同国における日系の消費財メーカーB社のディス

●**先進グローバル企業と日本企業の違い**

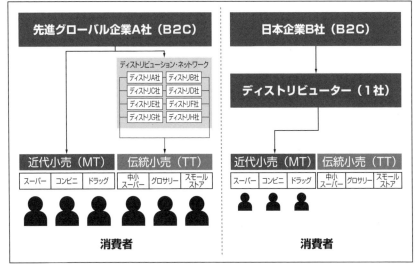

トリビューション・チャネルです。A社と同様に現地に法人を置いていますが、1カ国に1ディストリビューターという方針を取っていて、近代小売、一般小売、伝統小売のすべてを1社のディストリビューターに任せています。

「任せる」と言えば聞こえはいいものの、日系企業の場合、多くは「自分たちは作る人で、売るのは現地を最も理解しているであろう現地のディストリビューターが適しているから後はお願いね」という、売り方を含めてディストリビューターに丸投げのスタンスが基本です。

基本的にはメーカーとしての戦略はなく、プロモーションに関しても最低限で留め、できれば実績が出るまでは投資は避けたいというのが日系企業の本音です。これでは2−5（86ページ）で述べたように、ディストリビューターは、自社のROI（投資対効果）を最大化できる特定エリアの特定近代小売への限定的な配荷になるのは当たり前です。

そもそも数十万、数百万店舗存在する伝統小売を1社のディストリビューターでカバーできるわけがありません。逆算すればすぐにわかります。10万店の一般小売や伝統小売にストア・カバレッジを伸ばすには、何人のセールスマンが物理的に必要になるのか。1社のディストリビューターには、何人のセールスマンがいて、そのうち何人が自社の商品のセールスを

してくれるのか。

また、その1社のディストリビューターは、何社のサブ・ディストリビューター（2次店や3次店）を持っていて、それらは何千、何万店舗の一般小売や伝統小売に通じているのか。

これを計算すれば、1社のディストリビューターでは、5万店、10万店のストア・カバレッジが取れないこと、マーケットシェアはいつまで経っても伸びないことが明らかになります。

対して、欧米の先進的なグローバル消費財メーカーは、緻密な計算により必要なディストリビューターの数を決めています。米P＆Gも、今では、ASEANなどでは1カ国8社程度のディストリビューターを活用していますが、以前は、各国で数十社のディストリビューターを活用していました。

彼らを管理育成し、ふるいにかけた結果が現在の8社程度なのです。従って、現在の米P＆Gのディストリビューターは、すでに選抜された戦闘能力の高いディストリビューターなのです。

■ どのモデルが自社に適しているのかを見極める

先進グローバル消費財メーカーのチャネル・ストラクチャーには、先に紹介した「PGモデル」の他に「ネスレ／リーバモデル」があり、この2つに大きく分かれます。

米P＆Gは比較的大きめなディストリビューターを8社前後使ってストア・カバレッジを作る戦略ですが、瑞ネスレや蘭英ユニリーバは、米P＆Gよりもっと下層のレイヤーまで狙う戦略をとります。

彼らは、アジア新興国では、どこの国でも小さなディストリビューターを100社から200社ほど使い、伝統小売を隅々までくまなく攻略していくのです。

ベトナムで約5割のシェアを持つエースコックのディストリビューション・チャネルは、この「ネスレ／リーバモデル」に似ています。

これは各社の商品特性や戦略の違いから、自社に適したチャネルの構築を行ってきた結果の表れです。自社の場合はどちらのモデルが合うのか、もしくは、まったく別のモデルが適しているのか、しっかり見極めてみてください。

2-10

「地域一番店」的伝統小売の見分け方

伝統小売の地域一番店的店舗のわかりやすい特徴

▣ 店舗面積が広めで取扱商品が多彩

　「地域一番店的店舗」とは、1ブロック、2ブロック程度の限られた町内で、最も精力的に商売を行っている伝統小売（TT）のことです。厳密に売上が一番だとか利益が一番である必要はありません。町内で目立った存在である伝統小売です。

　この地域一番店的店舗の見分け方は、もちろん国によって若干の差はありますが、傾向としてはパッと見で伝統小売のわりに店舗面積が大きく、最低でも横5〜10メートル、奥行き5〜10メートル程度の場合が多いです。そして、店番の子が少なくとも2〜3人はいます。また、店先に吊り下げられているスナック菓子などの大半が、一種類で10袋、20袋が1つの大きな透明の袋に入って何個も置かれています。

　また、携帯のSIMカードを売っているような店も地域一番店の特徴です。アジア新興国のSIMカードはプリペイド式が多く、ある程度の資金力と信用力のある伝統小売でないとSIMカードの取り扱いはできません。

　また、これら地域一番店的な伝統小売は、他の消費財と比較して極端に賞味期限が短い卵やパンなどを取り扱っているケースもあります。賞味期限が短いモノは、売れなかったらすべて無駄になるため、地域でしっかりと顧客基盤を持っていないとなかなか取り扱いにくい商材なのです。

　さらに、コカ・コーラなどのロゴが入った大きな冷蔵庫や、ユニリーバやネスレのアイスクリーム用の大きな横長の冷凍庫などが何台も設置してあれば、そこは地域一番店クラスです。これら冷蔵庫や冷凍庫はメーカーから無料で提供されるもので、メーカー側も売れる店にしか提供しません。

　また、例えば、コカ・コーラの冷蔵庫の中身にも注目してください。中身がすべてコカ・コーラ1社の製品で詰められていれば、この店にはコカ・コーラの現地ディストリビューターの担当者が頻繁に来ている証拠です。つまりは、コカ・コーラ側から重要視されている伝統小売になります。

　そうでない場合、コカ・コーラ社の製品以外のものがコカ・コーラの冷

蔵庫で冷やされていたりします。アイスクリームも同じです。特にアイスクリームは清涼飲料水より数が出ないので、メーカー側も設置する店を相当吟味します。

　従って、アイスクリームの冷凍庫が置いてある店はメーカーから重要視されています。アジア新興国のアイスクリームは、ユニリーバのシェアが圧倒的で、ASEAN6の中でも4カ国でシェアが第1位です。国によってはシェアが6割、7割程度あります。

　そのユニリーバは、国によってブランドを変えるのですが、例えば、ASEANだと「WALL'S」ブランドで展開しているので、大概の場合、冷凍庫の側面にWALL'Sのロゴが記載されています。また、冷凍庫の中を覗いた時に、「MAGNUM」などユニリーバのプレミアムアイスが入っていると、その伝統小売にはそれなりの顧客が来ている証拠です。MAGNUMなどのプレミアムアイスクリームは、近代小売（MT）か、ゴルフ場などでしか見かけることはなく、伝統小売に置いてあるのは非常に珍しいです。従って、こういった伝統小売は、まさに地域一番店になります。

　そして、これら地域一番店的な伝統小売をしばらく観察していると、バイクである程度まとまった商品を取りに来る人が多いことに気がつきます。これがまさに地域一番店の裏の顔です。

　周辺の小規模な伝統小売にとっては、これらの地域一番店が問屋の機能を果たしているのです。通常の伝統小売はお店も小さく、たくさんの商品は置けません。毎月の売上が数万円程度という伝統小売も少なくありません。このような店にディストリビューターがいちいち配荷していては手間がかかってしかたがありませんので、基本的には配荷はしません。かといって、小売側が遠方まで商品を仕入れにいくのも大変です。多くの場合これら小さな伝統小売はおじちゃん1人やおばちゃん1人で運営しているので、そんなに手間のかかることはできません。だからこそ、この地域一番店的伝統小売が活躍するのです。

　これら小さな伝統小売のオーナーは、自分たちが売る商品を地域一番店から仕入れるのです。インドネシアなどではこの地域一番店を「グロシール」と呼び、小さな伝統小売を「ワルン」と呼び、グロシールが近隣の数十から百店舗程度の伝統小売問屋機能を果たしています。この構図は、メーカーにとっても、ディストリビューターにとっても、地域一番店にとっても、そして小さな伝統小売にとっても非常に良い関係となっているのです。

2-11

近代小売と伝統小売の密接な関係

> どちらが欠けてもダメな理由

■ 近代小売で売れるものは伝統小売も売りたがる

近代小売（MT）と伝統小売（TT）には密接な関係があります。その1つが、近代小売で売れているものは取りも直さず消費者に人気がある商品なので、伝統小売オーナーも自分の店に置きたがるということです。そして逆に、伝統小売のストア・カバレッジが高い商品は近代小売でも一定の評価を受け、レジ前やコーナーなど、近代小売の店舗内でも人目につきやすい場所を好条件で確保することが可能になります。

まず、なぜ近代小売で売れているものを、伝統小売のオーナーが取り扱いたがるかに関して説明すると、伝統小売は以前解説した通り、店の面積が小さい。従って、そんなに多くの商品を置ける場所がないのです。仮にも、同一カテゴリーの商品であれば、同じようなものを何種類も置くようなスペースはありません。そうなると、その限られたスペースに最も売れる商品を置きたがるのは当然のことです。

また、伝統小売オーナーにとって、仕入れは正に真剣勝負です。仮に売れないものを仕入れて、売れ残ってしまったら、それだけで店の利益が吹っ飛んでしまいます。そんな重要な仕入れにおいて、初めて見るもの、売れるかどうかわからないものは絶対に仕入れないのです。

伝統小売で売っているものの多くは、必ず近代小売での売れ筋商品なのです。日本の消費財メーカーの中には、このことを理解していない企業が少なくありません。

■ フィリピンの伝統小売は近代小売から商品を仕入れている

フィリピンでは、伝統小売のことを「Sari Sari Store」、通称、「ＳＳＳ」や、「サリサリ」と言います。そして、フィリピンの小売市場のユニークなポイントの1つとして、一部の近代小売がサリサリに対する問屋の機能を果たしていることがあります。もっとわかりやすく言うと、サリサリのオーナーが、商品の仕入れを近代小売で行うのです。

日本で例えるなら、駄菓子屋のおばあちゃんが、イオンで商品を仕入れて自分の店で売る感じなので、非常に特殊な商業文化だといえるでしょう。実際には、小さなサリサリのオーナーが、それぞれ近代小売で商品を仕入れるというより、地域の取りまとめ役のサリサリオーナーが代表して近代小売へ行き商品を仕入れてきます。2-10（105ページ）で解説した地域一番店的伝統小売がそれに当たります。

フィリピンの3大近代小売は、SM、Puregold、Robinsonsです。この中でもPuregoldが、「ALING PURING」というサリサリのオーナー向けのプログラムを設けていて、サリサリで売れ筋の商品がまとめ買いできたり、割引があったりと、サリサリオーナーにとって充実したプログラムになっています。

また、店内にはサリサリオーナー向けの商品棚が用意されており、サリサリのオーナーは、これらのレーンで必要な商品をすべて仕入れることができるのです。これらのレーンに陳列されている商品は皆、一般の消費者が買うような1個入りではなく、10個、20個のまとめ売りになっており、サリサリのオーナーは、これらをバラにして1個単位で、10～15％程度のマージンを上乗せして売るわけです。

■ アジア新興国の優先順位の違いとは

ここで1つの疑問が出てくるのではないでしょうか。

日本人の感覚からすると、1店舗当たりの商品の仕入れの量は、伝統小売よりも近代小売のほうが圧倒的に多いため、当然ながら伝統小売よりも近代小売のほうが仕入れコストが安い。結果、伝統小売よりも近代小売のほうが商品の小売価格が安いのに、なぜ消費者は伝統小売でも買い物をするのか？　つまりは、フィリピンのケースだと、Puregoldで買ったほうが安いはずなのに、なぜサリサリで買う消費者がいるのかということです。

その答えは、消費者にとっては、Puregoldでまとめ買いをしたほうが総額では安く済むわけですが、場合によっては、彼らは高くてもサリサリで1個単位で買うことを選びます。なぜなら、アジア新興国の消費者にとって最も重要なことは、個人や家庭におけるキャッシュフローだからです。

私たち日本人なら、シャンプーやお菓子などの消費財はまとめ買いをして、「トータルで安く買えたほうがよい」と考えるでしょう。

私の場合は、シャンプーとボディーソープ、歯磨き粉は洗面台の下に最

低でも各2本予備を入れておかないと不安に感じてしまうので、迷わず2本セットの割引の商品を選びます。1本を使いきるのは3カ月先で、予備を使いきるのは半年先であっても、まとめ買いを選ぶのが私たち日本人の一般的な感覚ではないでしょうか。

　一方で、フィリピンは2050年度までにASEANで最も成長する国だと言われてはいるものの、現在ではまだほとんどの企業でお給料日が月に2回あります。お金が入ってきてはすぐに出て行くという生活の中で、何カ月も先に使うためのシャンプーを今買うというような余裕はありません。

　別に毎日シャンプーしなくてもいいし、必要な時に使うための1回分ずつ小分けになった最低限の量の商品を買いたい人もまだまだ多くいます。昭和初期の日本人が毎日お風呂に入らなかったのと同じです。

　つまり、フィリピンの中間層にとって、なんでも小分けで買えるサリサリは必要不可欠な存在なのです。そしてそこへ商品が流れる1つの流通経路になっているのがPuregoldの「ALING PURING」プログラムなのです。欧米の先進グローバル消費財メーカーや、ローカルのメジャーな消費財メーカーの多くは、必ずPuregoldをしっかりと押さえています。

　しかし日本の消費財メーカーの商品はほとんど置かれていません。置かれていても、サリサリに流れるような棚とは対極の輸入品棚（外国製の高い商品が中心の棚）が中心です。日本企業は、ここでも伝統小売に商品を流す大きなチャネルを活用しきれていないのです。

●フィリピンの商品流通システム

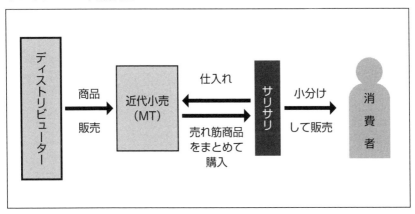

マーケットインとプロダクトアウトの絶妙なバランス

> チャネルの力で押し込んで消費者に「求めさせる」

■ マーケットインだけでもプロダクトアウトだけでも不十分

　一般的に「マーケットイン」とは、市場や消費者など買い手側の視点で商品開発や生産を行い、彼らが必要とするものを作って販売することです。そして、「プロダクトアウト」とは、企業側が自分たちでいいと思う商品を開発、生産、販売することを指します。

　日本の消費財メーカーはかねてからアジア新興国市場において、高い技術力を駆使した高品質の商品開発を進めるあまり、プロダクトアウトに陥りがちで、「もっと消費者が求める商品を提供しなければ」と、マーケットインへの方針転換を目指す傾向にありました。こぞって消費者調査を行い、消費者の意見に合った商品を開発するものの全然売れない、ということを繰り返してきたのです。

　これはなぜかというと、調査ではあれが欲しい、これが欲しいと言っても、現実には消費者自身も自分が何を求めているかを明確には意識したことはなく、いくら調査しても正しい答えは見えてこないからです。

　消費者はこれまでにない商品を手にした時に初めて、それが欲しいか、欲しくないかの判断ができるのです。つまり、消費者の潜在的な意識の中にあるニーズを引き出し、「欲しいと思わせる商品を開発する」ことが重要なわけです。まさに、「消費者インサイト」という言葉が重要視されてきた背景です。

　これはアジア新興国でも同じで、日本で日本人に、もしくは一部の訪日外国人に対して実績のある商品をプロダクトアウトで売るだけでも、逆に現地における消費者調査の結果を重要視した商品をマーケットインで売るだけでも不十分で、その両方をバランスよく織り交ぜながら、誰よりも早く、誰よりも先に、その商品を消費者に求めさせることが重要なのです。

■ チャネルの力で「市場に押し込む」

　今、必要なのは、「消費者＝中間層が何を求めているか」を追求するこ

●プロダクトアウトとマーケットインで商品を開発する

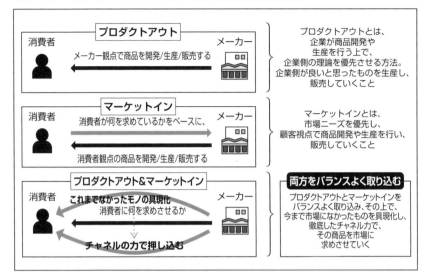

とはもちろんですが、「その商品をチャネルの力で市場にどう押し込む」かです。今まで市場になかったものを具現化し、徹底したチャネル力でその商品を市場に求めさせる。言わば、プロダクトアウトとマーケットインをバランスよく取り込んだ上で、チャネルの力で商品を市場に押し込み、そのカテゴリーにおいてデファクト・スタンダード（事実上の標準、114ページ）になることです。

　先進グローバル消費財メーカーは、すでにこれを実現しています。味覚には国民性や地域性があるものですが、コカ・コーラやキットカット、スニッカーズやオレオといった商品は、どの国でも同じ味のもの（実際には若干異なる）が店頭に並び、どの国でも人気商品の座を維持しています。

　これはマーケットインだけではなく、かといって単なるプロダクトアウトだけでもありません。こうした商品を開発しているメーカーがやっているのは、マーケットインとプロダクトアウトをうまく織り交ぜながら、その商品をチャネルの力で市場に押し込んでいるのです。

　このためにとにかく必要なのは、スピードとチャネルのカバレッジです。先駆者となり、近代小売（MT）、伝統小売（TT）を問わず小売流通の隅々にまで配荷できる強いディストリビューション・ネットワークを展開してこそ、「市場に押し込む」ことを実現できるのです。

2-13

「現地適合化」ではなく「世界標準化」を目指す

面を取るには、まず最初に世界標準化

■「世界標準化」した商品を微調整していく

次に、「現地適合化」と「世界標準化」について見ていきましょう。

多くの有識者から叫ばれているのが、「日本の消費財メーカーが海外展開を行う時には現地適合化が必要だ」ということです。確かに現地適合化は大切ですが、それはあくまで根幹部分に世界標準化があってこそのものだと考えています。日本企業が弱いのは、むしろ世界標準化だと考えています。

わかりやすく説明するために、少し日用品などのFMCG業界から離れ、家電業界を例に説明します。

アップルやダイソンという世界的な先進グローバル企業は、根幹部分では決して現地適合化をしていません。「iPhone」は色も形も世界共通です。ダイソンの掃除機も、デザインや、パワフルなサイクロン機能で吸引力が変わらないのは世界共通です。

様々な趣味趣向を持つ消費者のニーズなどまるでお構いなしで、「これが私たちの考えるクールな商品です！ 欲しいですよね？」と言わんばかりのスタンスが徹底して世界標準化しています。ここまで見事に世界標準化されると絶対的な存在になり、消費者はそのブランド力に酔いしれ、いつしか皆が欲しいと感じるようになるのです。

そして、世界標準化した上での現地適合化は、日本語に対応したマニュアルや、日本の住宅事情に合わせた小サイズ、静音タイプといった枝葉の部分なわけです。

■最初に世界標準化させると投資効率が高まる

FMCGの業界でも同様で、先進グローバル消費財メーカーの瑞ネスレは「ネスカフェ」、英蘭ユニリーバは「ラックス」、米P＆Gは「パンパース」、米マースは「スニッカーズ」、米コカ・コーラは「コカ・コーラ／スプライト」を世界中で売っています。

●世界標準化を目指すと効率がよくなる

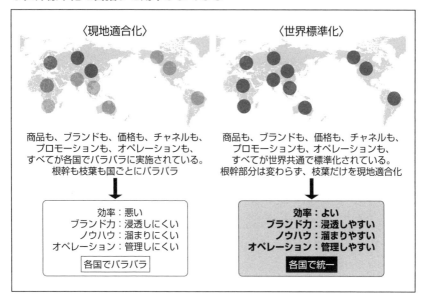

〈現地適合化〉

商品も、ブランドも、価格も、チャネルも、プロモーションも、オペレーションも、すべてが各国でバラバラに実施されている。根幹も枝葉も国ごとにバラバラ

効率：悪い
ブランド力：浸透しにくい
ノウハウ：溜まりにくい
オペレーション：管理しにくい

各国でバラバラ

〈世界標準化〉

商品も、ブランドも、価格も、チャネルも、プロモーションも、オペレーションも、すべてが世界共通で標準化されている。根幹部分は変わらず、枝葉だけを現地適合化

効率：よい
ブランド力：浸透しやすい
ノウハウ：溜まりやすい
オペレーション：管理しやすい

各国で統一

　彼らも根幹部分は世界標準化した上で、梱包仕様や、入り数、グラム数、原材料を変更したコストダウンなどの調整は、その国々に応じて適合化しているのです。

　世界標準化すると、効率が上がり、ブランドが早く広く浸透し、ノウハウも溜まりやすく、オペレーションも管理しやすいというメリットが大きく、世界レベルで事業をする際の投資効率が高まります。

　そして、単国の成功で留まるのではなく、複数の国や地域で成功しやすくなるのです。海外の各国市場でシェア2割以上を取ろうとするならば、世界標準化は必要不可欠であり、その土台があってはじめて現地適合化が生きてくるのです。

2-14

「デファクト・スタンダード」へのこだわり

> デファクト商品は、小売との交渉を優位に運ぶことができる

■「デファクト・スタンダード」化のメリットは大きい

　「デファクト・スタンダード」とは「事実上の標準」を表す言葉です。特に食品の分野では、一番最初に口に入れたものの味がその人の味覚に印象付けられ、デファクトになってしまう傾向にあります。

　私なら明治のミルクチョコレートが一番おいしいと感じるし、ロッテのガーナチョコレートも勝るとも劣らない存在です。また、ちょっと変わったところでは、チロルチョコの様々なバラエティを楽しみたいとも思います。恐らく、多くの日本人が私と同じ感想を持っているのではないでしょうか。

　たまにアメリカ産のチョコを食べるかもしれませんが、甘すぎて毎回は遠慮したいと思うのが日本人ではないでしょうか。しかし、アメリカのチョコレートを最初に口にしたアジア新興国の人たちには「これがチョコの味なんだ」と植え付けられているのです。

　後からいくら「日本のチョコのほうがいい原材料を使ってますよ」「甘さも控えめですよ」「体にもいいんですよ」と言っても、一旦アメリカのチョコレートの味に慣れてしまった味覚を変えるのは大変なことです。

　私たち日本人は、ハウスのバーモントカレー、日清のカップヌードルやチキンラーメン、永谷園のお茶漬けなんかを無性に食べたくなることがないでしょうか。またキッコーマンの醤油さえあれば、海外のどこへ行って何を出されてもたいていのものは食べられるのではないでしょうか。

　このように、特に食品や飲料、菓子などにおいては、いかにデファクト・スタンダードになるかが重要で、欧米の先進グローバル消費財メーカーは、早くからアジア新興国市場において、自社の商品がデファクト・スタンダードになるべく戦略を描き展開してきているのです。

　その結果、アジア新興国でも多くのカテゴリーで欧米先進グローバル消費財メーカーは、デファクト・スタンダードの座を築いています。わかり

やすい例で言うと、例えば、清涼飲料飲料では、コカ・コーラやスプライトは圧倒的で、アジア新興国にとどまらず世界190カ国以上で売られており、その国の中間層にとってのデファクト・スタンダードになっています。

瑞ネスレのコーヒーや、ミネラルウォーター（飲料水）、英蘭ユニリーバのシャンプーやボディーソープもまさにそれです。この他にも多くの欧米先進グローバル企業の商品がアジア新興国でもデファクト・スタンダードになっています。

例えば、ガムやチョコレート、クッキー、ポテトチップス、スナック菓子、エナジードリンク、ココア飲料、洗剤、洗濯洗剤、デオドラント、歯磨き粉、ボディオイルなど列挙するときがありません。そして、これらデファクト・スタンダードの座を勝ち得たメーカーの大きな優位性の1つが小売との交渉力です。

デファクト・スタンダードな商品であるということは、多くの消費者に支持されているということです。従って、小売側にとっても置けば売れる商品であるということです。

置けば売れる商品を置かない理由はどこにもありません。むしろ、大々的に置きたい、置かせてほしいと思うのが自然でしょう。他の商品よりも、店内での露出、新規店舗における各種導入費など、あらゆる面で小売との交渉力が有利に働くのは言うまでもありません。デファクト・スタンダードになるためには、相当なスキルとノウハウを必要とし、投資も中途半端ではかないません。しかし、いざデファクト・スタンダードを取ってしまうと、ROI（投資対効果）は一気に高まります。

いかに多くの人に、いかに早い頻度で、いかに繰り返し、いかに永遠に購入し続けてもらえるか（生涯利益）が肝となる消費財ビジネスでは、どれだけ多くの商品でデファクト・スタンダードが取れるかが大変重要になるのです。

■アジア新興国でデファクト・スタンダードになるためには

では、このデファクト・スタンダードになるためには、何が求められるのでしょうか。どうすれば、デファクト・スタンダードになれるのでしょうか。最初に、はっきりさせておきたいのは、デファクト・スタンダードになるための必殺技など存在しません。様々な要因が作用するため、一概

にこうすればよいということではありません。

　ただ、デファクト・スタンダードの座を築いてきた欧米の先進グローバル企業は、少なくともこれから説明する2つのことを実施してきています。結論から先に申し上げると、それは、「スピード」と「ボリューム」です。

　「スピード」とは、早期参入を指しています。その市場でデファクト・スタンダードになった企業は、例外なくその市場に早期参入しています。まだ他社が市場として捉えていないうちから、その市場へ進出しています。つまり、商売としてはまだ旨味の少ないうちからいち早く進出し、10年先、20年先の未来の姿を明確に描き、それに向かって投資をしているのです。

　そして、その投資の度合いも絶妙で、市場がゆっくり拡大している段階では、決してアクセルを踏み過ぎない。つまりは投資をし過ぎないのです。まだ未成熟すぎる市場で過度な投資をすれば、それは砂漠に水を撒くようなことになります。その市場の成長スピードに絶妙に合致した計画的投資をしてきているのです。

　次に、「ボリューム」に関してですが、デファクト・スタンダードになるということは、当然ながらボリュームを取るということです。ボリュームがないのに、デファクト・スタンダードになどなれません。

　従って、デファクト・スタンダードになっている先進グローバル企業は、1社の例外もなく、最もボリュームの大きい中間層をターゲットとし、その中間層から絶大な支持を得た結果、デファクト・スタンダードになっているのです。

　「まずは富裕層や上位中間層から始める」や「中間層がそれなりの所得なってから中間層を狙う」などといった中途半端なことはせずに、最初っから中間層ど真ん中をターゲットに事業を展開してきています。

　中間層のための商品とはなんなのか？　中間層の賄える価格とはいくらなのか？　中間層が買いやすい売り場はどこなのか？　中間層に選んでもらうにはどうしたらよいのか？　を徹底的に考え、早く始め、早く失敗し、早く学ぶことで、デファクト・スタンダードを勝ち得てきたのです。

2-15

「属人的」ではなく「戦略的」な先進グローバル企業

「人」でまわす日本企業と「仕組み」でまわす先進グローバル企業

■「属人的」ではなく「戦略的」なチャネル構築を

この章では、アジア新興国へ事業展開をする上で日本の消費財メーカーに足りないものを、先進グローバル消費財メーカーに照らしてお伝えしてきました。

両者の最も大きな違いは、先進グローバル消費財メーカーはアジア新興国戦略が「中間層獲得」から決してブレないこと。一方で、日本企業は頭ではわかっていながら、どうも戦略が中間層から富裕層にフォーカスしたものにブレていってしまう。できれば日本で売っているものをあまり変えずに売りたいという本音に引っ張られ、いつのまにか中間層は重要だと言いながらも、結果的に富裕層を狙っているという企業は少なくありません。

次に、導入期には横軸であるストア・カバレッジを伸ばし、縦軸であるインストア・マーケットシェアを伸ばすことが大切だということ。先進グローバル消費財メーカーはこの2つに徹しています。

これが伸びないのは、横軸はチャネルにまつわる問題、縦軸はプロモーションにまつわる問題です。何が問題なのかがわかれば必然的に解決策が見出せるので、この2つに徹することが導入期では最重要となります。

さらに、ストア・カバレッジとインストア・マーケットシェアを伸ばすためには、強固なディストリビューション・ネットワークが必要であること。物理的に商品が消費者に行き届かなければ勝負にさえならないので、ディストリビューション・ネットワークがあってこそマーケットシェアを狙えるのです。

日本企業は、本来は本社が考えるべき戦略を駐在員の力量に委ね、「とにかく頑張れ！」「走りながら考えろ！」と属人的になりがちです。先進グローバル企業のように、日本にある本社が確固たる戦略を持ってチャネル構築をすることが最重要課題なのです。

●先進グローバル企業は「戦略」を考えている

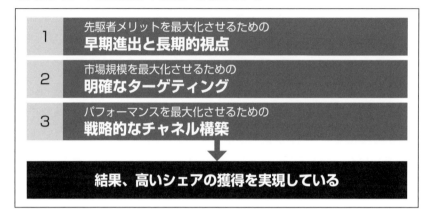

1	先駆者メリットを最大化させるための **早期進出と長期的視点**
2	市場規模を最大化させるための **明確なターゲティング**
3	パフォーマンスを最大化させるための **戦略的なチャネル構築**

結果、高いシェアの獲得を実現している

■ 新たなマインドセットが必要

　今までの日本企業の多くは、あまりにもモノ（製品／商品）が優れていたため、モノ以外に目がいきにくい状況であったのも事実です。参入戦略だなんて大げさに考えなくても、優れた製品を世に出せば、市場がそれを求めるので、わざわざ戦略を真剣に考える必要もなかったのです。

　しかし、現在では、多くのモノはコモディティ化し（だれでも作れるようになり）、中国や台湾、韓国をはじめとするアジアの企業でも作れるようになったことで競争環境が激変しました。つまり日本企業は唯一無二の存在ではなくなったのです。

　もう1つは、同時に市場環境も劇的に変わりました。かつて世界は日欧米の3大陸のみが市場であり、中国やASEANといったアジア新興国は生産拠点であり市場ではなかったのです。それが今では先進国と同じように大変重要な市場に成長したことです。

　日本や欧米等の先進国における事業展開には慣れていても、新興国といった日本企業にとっては新たな市場への対応力で遅れを取ったのは否めません。先進国とは市場の特性が大きく異なるアジア新興国では、先進国で通じた戦略が、そのまま通じません。だからこそ、新たにマインドセットをし、ゼロから、アジア新興国市場に対する参入戦略を組み立てなければならないのです。

　その具体的な参入戦略の立案方法について、次章で詳しくお話ししていきます。

第**3**章

アジア新興国への
参入戦略立案の具体的方法

3-1

「目指すべき目標」で戦略は大きく変わる

> 3年で売上10億円と3年で売上100億円の戦略の違い

■ 現実的に狙える目標なのかを確認する

アジア新興国への参入戦略を立てる際に最初に明確にすべきなのは、「何年でいくらの売上を望むのか。そしてそれは現実的に狙える数字なのか」です。

上場企業のＩＲを見ていると、よく「20XX年までにアジアでの売上×××億円を目指します」などといった目標が掲げられていますが、私にはこれが根拠のある数字ではないことはすぐにわかります。

計算すれば、×××億円を売り上げるにはストア・カバレッジ（91ページ）とインストア・マーケットシェア（91ページ）がどのくらい必要かがわかり、物理的に無理だということが明らかだからです。この×××億円は、極端に表現すれば、「現状の売上に上積みして、順当に行けば20XX年で×××億円。20XX年はさらに売上を伸ばして○○○億！」などという、根拠や現実味の薄い、希望的観測から生まれた目標に過ぎません。

もちろん、日本を代表する大企業であり、上場企業ですから、あらゆるステークホルダーに対していい加減なことは言えません。従って、事業計画を作り、海外売上目標を作成している当人は大変真剣です。しかし、アジア新興国市場におけるビジネス経験がなければ、生み出される数字が希望的観測になっても仕方がないのも事実です。

私に支援を依頼してくださる日本企業でも、「この国で○年以内にシェアを○○％取りたい」という高い希望を掲げるケースがあります。それが現実的に無理な数字であるならば、お断りをすることも少なくありません。

アジア新興国における事業は、希望的観測では決して成果を上げることはできません。目標数値を究極までブレークダウン（デイリーの売上レベルまでのブレークダウン）し、アジア新興国市場の現実と照らし合わせた上で、本当に現実的な目標なのかをまずは明確にすることが大変重要です。

■何年でいくら売り上げるのかで戦略は異なる

　次に、3年で100億円の売上を目指すのと、3年で10億円の目標とでは、参入戦略がまったく異なります。

　わかりやすく言うと、アジア新興国市場で消費財メーカーが3年で100億円売り上げようと思ったら、M＆Aを選択するか、利益率を一旦無視し、巨額のプロモーション投資でトップラインを100億円に持っていくなど、大きな費用を使った戦略になります。

　しかし、3年で10億円が目標であれば、M＆Aなどという選択肢は考えません。自前でしっかりとしたディストリビューション・チャネルを構築し、3年で10億円を達成するためのストア・カバレッジとインストア・マーケットシェアを獲得するためにすべての労力を使います。

　100億を目指しているのに10億のやり方をしていては、絶対に100億は達成できません。逆に、10億円しか目指していないのに、100億円の方法は不要です。このように、何年でいくら売り上げたいのかによって企業の参入戦略は大きく変わるのです。しかし、先にもお話しした通り、多くの日本企業の海外売上目標は、基本的に積み上げ式なので、成長に合わせて戦略が変わるのです。

　もちろん、成長に合わせて戦略が変わることは構わないのですが、それはあくまで土台の戦略がしっかりあった上で、その枝葉の戦略が変わるというレベルであり、ステージごとに毎回土台となる戦略が変わっていたらステージ間の戦略のコネクトがうまくいきません。

　基本的には、参入前に、導入期から少なくとも成長期に至るまでの中長期的な土台となる戦略を描き、その上で、逆算をし、参入戦略として何をするのかを考えなければならないのです。先進的なグローバル企業は一様に、当該市場において「自社が目指すべき姿」が最初から明確にあり、その姿に到達するために今何をするのか、参入時に何をして、成長期に何をするのかを可能な限り具体化させています。

　その仮説と検証の繰り返しが、彼らの強固な戦略なのです。日本企業も、「とにかくやってみる」や、「積み上げ式」を脱却し、「目指すべき姿からの逆算」で参入戦略を構築する必要があるのです。

■初期は利益の落ち込みを覚悟する

　次ページ図はアジア新興国への参入初期に順調に売上が伸びていったと

●どのくらいの利益を望むのか？

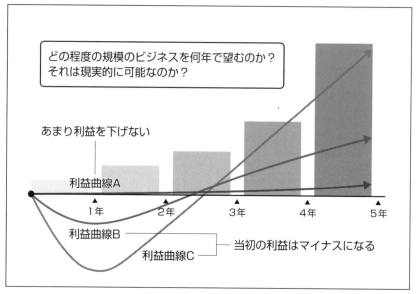

して、利益の推移を３つのパターンで表したものです。多くの日本企業は、できる限り利益を下げない利益曲線Aで行きたがります。ですが、「利益が落ち込む＝投資をする」ということなので、ある程度大きな利益を短期で望むためには落ち込みは必要な要素になります。

先進グローバル消費財メーカーの場合は、利益曲線Cのように大きな投資による当初の利益の落ち込みと、その後の大きな増益が表れるのが特徴です。なぜこれほど大きな投資が可能かというと、参入前に徹底して市場のポテンシャルを調べ上げて確固たる戦略で臨むことに加え、ステークホルダーが長期的な戦略を理解しているからです。

これは残念ながら日本では企業文化的に難しいのが現実です。もし日本企業でCのような投資ができるとしたら、オーナー社長が存在し、強いリーダーシップでアジア新興国市場と長期で向き合える場合くらいです。

ですから、現実的には、日本企業が耐えうる利益曲線はBなのです。さすがにAで成功するのは難しいです。ある程度の落ち込みは覚悟する必要があるのです。

この「落ち込み＝投資額」については、第１章でお話しした「R－STP－MM」（37ページ）を駆使し、どの程度投資すればその後、どの程度の収益が望めるのかの検証をしっかり行って決定しなければなりません。

3-2

アジア新興国では長期的な視点が重要

短期的視点の日本企業と長期的視点のグローバル企業

■ なぜアジア新興国では長期的な視点が必要なのか

　前項で、利益を出すためには最初にある程度の利益の落ち込みを覚悟する必要があると述べましたが、アジア新興国では一旦落ち込んだ後に黒字に転じるまで、そして目標の売上を達成するまでには、長い期間がかかることを理解しなければなりません。

　日本企業の場合、日本の国内市場ではすでに大きな実績があり、市場の信頼があるため、投資期間が短く、投資額も小さくて済むのが当たり前です。販売チャネルはすでにあるので、新たに構築する必要はなく、それらのコストも不要です。

　また小売の信頼もあり、消費者の認知もあるため、それらを得るための経済活動をする必要もありません。また、過去の様々な経験則が十分に蓄積されているため、投資回収も想定しやすいのです。

　これに対して、アジア新興国市場では大きな実績はなく、市場における信頼も限定的です。販売チャネルもイチから構築しなければなりません。小売の信頼や消費者の認知も限定的です。そして、日本のように近代小売（MT）中心の市場ではなく、伝統小売（TT）が優勢なアジア新興国市場ではその攻略には時間がかかるため、投資期間が長く、投資額も大きくなるのです。

　綿密な調査をもとにしなければ、投資が回収できるまでの期間を想定することが容易ではない市場とも言えるでしょう。

　しかし、2－2（74ページ）でお話ししたように高い経済成長率を維持していて、中間層の拡大が著しいのがアジア新興国の魅力であること。また若年層が厚いことからも、今後さらなる拡大が見込まれます。一度伝統小売を攻略し、チャネル作りに成功すれば、長期にわたり収益が得られる市場なのです。

●長期的に見て儲けを出す

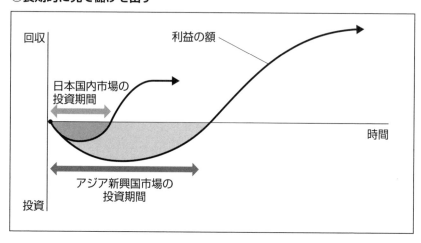

■チャネル作りのノウハウが今後に生きる

　これから皆さんがアジア新興国における本当の意味でのチャネル作りを始めるとすれば、それは皆さんにとって初めての経験になるでしょう。それなりの投資とその投資回収までの期間を考えれば、一見、ROI（投資対効果）が悪いと感じるかもしれません。

　しかし、2030年には30億人にまで拡大すると言われるアジア新興国市場の大きさを考えれば決して悪くありません。

　さらに、アジア新興国市場におけるチャネル構築で少々の労力がかかったとしても、そのスキルやノウハウは皆さんの会社に確実に蓄積され、次に攻めるべきメコン経済圏やインド、南米、アフリカに生かすことができるのです。

　アジア新興国での経験値を生かして、その他の新興国ではより低い投資額で、より短い投資期間でチャネルを構築し収益を得ることが可能になるでしょう。

　実際に、欧米の先進的グローバル消費財メーカーがまさにそうなのです。製品優位性が十分にある日本の消費財メーカーだけに、シェアを取る上でのチャネルの重要性をより理解し、今まで以上にチャネル構築に投資をしていかなければならないのです。

3-3

参入戦略策定までの6つのステップ

「可視化」なくして参入戦略は作れない

■ 参入戦略を策定するための5つの「可視化」

　アジア新興国におけるチャネル構築の重要性はこれまでお話ししてきた通りですが、チャネル構築までのプロセスは大きく分けると3つのステージに分けることができ、さらにそれを8つのステップに分けることができます（次ページ図）。

　その最初のステージが参入戦略策定のステージです。

　本章は、参入戦略に関する章なので、ここでは最初のステージの参入戦略に関してより詳しく解説します。チャネル戦略に関するステージは、次の章で詳しく解説します。

　まず、参入戦略の策定において最も重要なのは、「可視化」の作業です。つまりは、参入戦略を策定するにあたり必要となる情報を徹底的に収集し、わからないこと、不明確なことを可視化し、可能な限り広く、深く情報を収集するということです。より緻密な参入戦略には、より緻密な情報と分析が必要になるのです。

　では、どのような情報の可視化が必要になるのかというと、図の通り、まずステップ1として「**市場環境の可視化**」です。これから狙う市場は一体どのような市場なのか？　儲かる市場なのか？　儲かるとしたらどれぐらい儲かる市場なのか？　など、市場に関するあらゆることを可視化するのがこの市場環境の可視化です。

　次のステップ2は、「**競争環境の可視化**」です。これから狙う市場が大きいことはステップ1の様々な市場に関する調査で把握しましたが、その大きい市場における競合は一体どのような企業になるのか？　日系はもちろん、欧米系、ローカル系とどのような競合が存在し、彼らの脅威はどの程度のものなのか？　彼らの戦闘能力は具体的にどの程度のものなのか？　それを可視化するのが競争環境の可視化です。

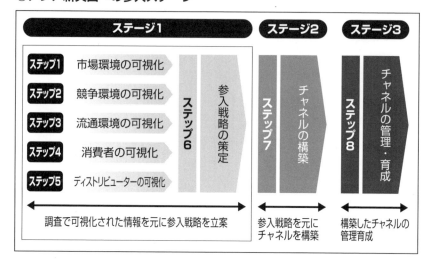

そしてステップ3が、「**流通環境の可視化**」です。アジアの流通環境は、日本と異なり非常に特殊な事情を多く抱えています。

例えば、先にも解説した通り、近代小売（MT）が伝統小売（TT）の仕入れ先となり問屋機能を有していたり、伝統小売といっても十把ひとからげにはできず、一般小売（GT）という地域一番店的な伝統小売が存在するということ。

近代小売のリスティング・フィーや棚代、協力金や半強制プロモーション費用などなど、中間流通に関すること、小売流通に関すること、様々な流通環境における不明瞭な点を可視化するのが流通環境の可視化です。

また、ステップ4として、最も重要な「**消費者の可視化**」も行わなければなりません。日本とは趣味嗜好も所得も大きく異なるアジア新興国の消費者が何を考え、何を求めて、何を購買するのか？　様々な観点で消費者のインサイト（潜在ニーズ）を可視化する必要があるのです。

そして最後のステップ5は、「**ディストリビューターの可視化**」です。当該国には、どのような規模で、どのような特徴、強み、弱みを持ったディストリビューターがどれぐらいの数存在し、どのようなメーカーの商品をどのような小売に配荷しており、どの小売のどのカテゴリーに強く、ど

●「可視化」のステップ

れぐらいの金額を取り扱っているのか？　支店や２次店はどこにどれだけの数保有しているのか？　倉庫やトラック、ＩＴシステムはどうなっているのか？　そして、最も重要な彼らの配荷力は具体的にどれぐらいのケイパビリティ（能力）があるのか？　どの近代小売のどのカテゴリーレーンへの配荷実績があり、伝統小売への配荷力はいかほどなのか？　何万、何十万間口（ストア・カバレッジ）を持っているのか？

　セールスマンは何人いるのか？　どのような管理をしているのか？　などなど、ディストリビューターに関するあらゆる情報を可視化します。

　これらの情報がすべてテーブルの上に揃って、初めてステップ６の「**参入戦略の策定**」ができるようになるのです。

　我々などの専門家が、クライアントの要望で参入戦略を策定する際に、業種や規模にもよりますが、この１から６までのステップを３ヶ月から４ヶ月程度かけて策定します。

　恐らく事業会社が単体で策定しようとすると、１年以上の時間を要するのと、可視化の作業に関しては、やはり餅は餅屋であるように、その道のプロフェッショナルでないと完全に可視化することは不可能だと思います。

多くの日本企業の仮説が甘かったり、戦略そのものが間違っている要因には、この不完全な可視化があります。自分たちの仮説の何が間違っているのか以前に、仮説がそもそも甘いということにすら気づけていないケースは少なくありません。

■ 市場が可視化できてからチャネルを構築する

ステップ6までをクリアして、初めて次のステージであるステップ7の、「チャネルの構築」が可能になるわけです。

どのようなディストリビューション・チャネルを作るかにもよりますが、ここでは最低でも半年くらいの期間を要するでしょう。

2−9（102ページ）でお話しした、大きなディストリビューターを8社前後使って一気に攻める「PGモデル」なら10カ月以上、小さなディストリビューターを100社、200社使い、隅々までくまなくマイクロ・ディストリビューション（数百社の小規模ディストリビューターを活用し、伝統小売の隅々まで配荷する）していく「ネスレ／リーバモデル」なら数年はかかります。

そして、チャネルは構築すればそれで終わりではなく、ステップ8の「チャネルの管理・育成」も非常に重要になります。日本の消費財メーカーは、ディストリビューターと契約をしたらあとは丸投げで、もう自分たちの仕事は完了したかのように考える企業が多いですが、それでは販売のサステナビリティは失われます。

自分たちの仕事は作ることで、売るのはディストリビューターという考え方で成功している企業はありません。売ることそのものの行為はディストリビューターが行ったとしても、いかに売るための戦略に介在し、ディストリビューター以上に売るためのスキルとノウハウを得て、彼らを管理育成できるかが、その後の売上に大きく関係するのです。

このあたりのチャネル構築やチャネルの管理育成に関しては、第4章で詳しくお話しいたします。

3-4

インプットがないと
戦略アウトプットは出せない

革新的な戦略のコアは、インプットの質と量による

■ 情報収集は投資

「インプットができないと戦略アウトプットは出せない」とは一体どういうことなのでしょうか。

前項で、参入戦略の策定には情報が必要であると申し上げました。具体的には、「市場環境」「競争環境」「流通環境」「消費者」「ディストリビューター」と5項目の情報が必要です。これらがまさにインプットなのです。

これらの情報というインプットがないのに参入戦略というアウトプットなど絶対に策定できないのです。情報というインプットが少ないと、戦略というアウトプットも必然的に弱くなります。逆に、情報インプットが多ければ、戦略アウトプットも必然的に強くなるのです。

インプットが弱いのに、アウトプットが強いなどということは基本的には起こらないのです。インプットとアウトプットはある程度の割合で比例するものです。

多くの日本企業は、アジア新興国市場において、この情報というインプットから、戦略をアウトプットすることが得意ではありません。

これまで、圧倒的な製品の優位性と、アジア新興国をマーケットとしなくとも世界第2位の経済規模を誇った日本という大きな市場に守られてきたため、アジア新興国市場において戦略をアウトプットする必要性や、そのために情報をインプットする必要性に直面したことがないのです。

欧米では、情報は最も重要な価値であり、その価値を得るのに対価を払う商習慣が普通に存在するのに対して、日本では、情報は重要だとしながらも、情報は無料で手に入るものという感覚の人は少なくありません。

欧米の先進的なグローバル企業が、情報収集などの調査を「投資」と分類するのに対して、日本企業では「コスト」と分類するのがこれを裏付けています。

●**インプット（情報）の大小で戦略が変わる**

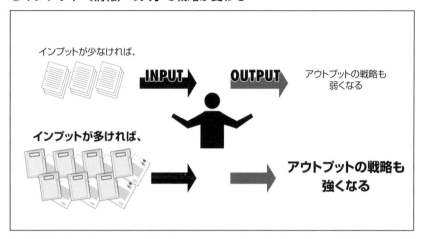

■ まずは多くの情報をインプットする

　最近では、特にB2C企業は、戦略を立てるために情報が重要だということを理解し、積極的にこれら産業系調査を外注するようにはなっていますが、B2Bの企業では、大手でも事業部や部門によってはまだ情報というインプットの重要性が理解できていない企業も少なくありません。

　これから日本企業がさらにアジア新興国市場で活躍するためには、より一層、質の高い情報を大量にインプットし、競合よりも強い戦略をアウトプットしていく必要があるのです。

　長年多くの進出企業を見てきていますが、実際にうまくいかない企業や、改善が見られない企業は圧倒的にインプットが少ないのです。現場の人間は実際に現地にいるので、情報の重要性に気がついているのですが、上層部が調査より根性的な傾向が強く、無駄な調査予算を使うぐらいなら、お前が行って調べてこいとなるのです。

　これらの企業に具体的な情報を見せると、初めてその重要性に気がつきます。

　例えば、競争環境に関して、活用するディストリビューターの数と質を見せただけでも、いかに自社が劣っているかが明確になります。問題点が明確になれば、次はそれを改善しようとなるので、みるみる成果が上がっていくのです。まず大事なのは、多くの情報をインプットすることなのです。

3C分析でファクトを把握する

> 3Cの肝は、現状のファクト=事実の把握である

■インプットの手段である「3C分析」と「4P分析」

インプットの手段としてよく取り入れるのが、「3C分析」と「4P分析」です。これらは第1章でお話しした「マーケティングの基本プロセス」の中の一部として組み込まれます。

「3C分析」は「R」(Research／調査・分析)の一部で、市場分析のための方法です。市場(Customer)、競合(Competitor)、自社(Company)の3つのCを分析することにより、ビジネス環境の事実を把握するものです。

「4P分析」は、別名「MM」(Marketing Mix)の手法で、商品(Product)、価格(Price)、販売チャネル(Place)、販売促進(Promotion)の4つのPの視点から自社と競合他社を比較し、課題を見つけ出す方法です(59ページ)。

■「3C分析」でビジネス環境を客観的に把握する

参入戦略を立てる時に大変有効な手段となるのが、3C分析です。自分たちが照準を合わせている市場が一体どんな市場で、そこにはどんな敵がいて、自分たちの力はどれほどのものなのかを客観的に判断し、事実を把握することにより課題が明確になり、課題が明確になると改善策を考えることができるのです。

まず「市場：Customer」については、机上のデータ分析に加えて現地でのフィールド調査を実施し、「マクロ」と「ミクロ」の2つの視点から市場の実態を可視化していきます。

人口構造や可処分所得などの一般的なマクロ情報、ファンダメンタルズに関する情報に合わせて、中間流通と小売流通、そして消費者に関する情報を収集していくとよいでしょう。また、海外市場だけに、外資規制に関する情報の可視化も重要です。

●3C分析（市場／競合／自社）

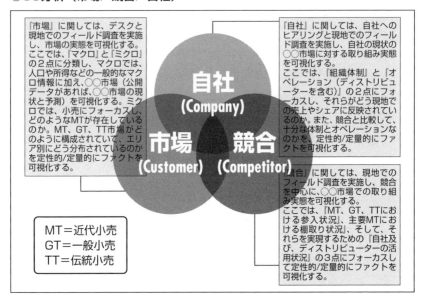

『市場』に関しては、デスクと現地でのフィールド調査を実施し、市場の実態を可視化する。ここでは、『マクロ』と『ミクロ』の2点に分類し、マクロでは、人口や所得などの一般的なマクロ情報に加え、○○市場（公開データがあれば、○○市場の現状と予測）を可視化する。ミクロでは、小売にフォーカスし、どのようなMTが存在しているのか。MT、GT、TT市場がどのように構成されていて、エリア別にどう分布されているのかを定性的/定量的にファクトを可視化する。

『自社』に関しては、自社へのヒアリングと現地でのフィールド調査を実施し、自社の現状の○○市場に対する取り組み実態を可視化する。ここでは、『組織体制』と『オペレーション（ディストリビューターを含む）』の2点にフォーカスし、それらがどう現地での売上やシェアに反映されているのか。また、競合と比較して、十分な体制とオペレーションなのかを 定性的/定量的にファクトを可視化する。

自社（Company）
市場（Customer）
競合（Competitor）

『競合』に関しては、現地でのフィールド調査を実施し、競合を中心に、○○市場での取り組み実態を可視化する。ここでは、『MT、GT、TTにおける参入状況』、主要MTにおける棚取り状況』、そして、それらを実現するための『自社及び、ディストリビューターの活用状況』の3点にフォーカスして定性的/定量的にファクトを可視化する。

MT＝近代小売
GT＝一般小売
TT＝伝統小売

「競合：Competitor」については、現地でのフィールド調査を実施し、同市場で戦う競合他社の実態を可視化します。特に競合の、

「近代小売（MT）、一般小売（GT）、伝統小売（TT）における参入状況」

「主要近代小売における棚取り状況」

「ディストリビューターや、ディストリビューション・ネットワークに関する情報」

の3点にフォーカスして定性と定量の両面から明らかにしていくとよいでしょう。

「自社：Company」については、自身の会社の現状の取り組み実態を可視化します。「組織体制」と「ディストリビューターを含むオペレーション」の2点がどう現地での売上やシェアに反映されているのか、競合と比較した時に十分な体制なのかを、定性と定量の両面から明らかにしていきます。

3C分析で最も重要なのは、ファクトの把握です。どれだけ事実を客観的に捉え、把握できるかです。市場、競合、自社に関する事実を客観的に捉え整理することが大変重要なのです。

■「４Ｐ分析」で自社と競合他社を徹底的に比較する

　「４Ｐ分析」ではProduct、Price、Place、Promotionの４つの視点から自社と競合他社を比較します。自社についての４Ｐ分析だけでは不十分で、４Ｐは競合他社と比較しなければまったく意味がありません。

　比較することで初めて、自分たちには何が足りていて、何が足りていないのか、その状況からどうしていくべきなのかという議論ができるのです。

　「Product」についてはフィールド調査を実施し、現状の競合他社や先進グローバル消費財メーカーと比較した時に、中間層をターゲットに、近代小売、伝統小売へ広く流通させる上で製品について改善すべき課題を見つけ出し、梱包形態やパッケージ、入り数など、それぞれ具体的にどこをどう改善すべきなのかを整理します。

　「Price」についてはフィールド調査により、主要近代小売における価格を競合他社と比較します。また、中間層をターゲットとして、伝統小売市場でストア・カバレッジを拡大させる上で受け入れられる価格帯を、競合他社や先進グローバル消費財メーカーと比べて整理し、課題と改善策を明確にしていきます。

　「Place」についてはフィールド調査を実施し、競合他社と比較した時の自社の販売チャネルの戦闘力を可視化します。「自社とディストリビューターの体制」「ディストリビューション・ネットワーク」「ディストリビューターのマネジメントの方法」の３つの観点から比較し、自社の営業担当者の数や役割、ディストリビューターの数や規模、役割における課題と改善策を明確にしていきます。

　このPlace、つまりは販売チャネルの構築が最終的には一番重要だというのは、これまでにお話ししてきた通りです。

　「Promotion」については、競合他社や先進グローバル消費財メーカーが店頭でのセールスプロモーション施策でのＢＴＬ（Below the Line）、マス広告であるATL（Above the Line）それぞれにおいて、どれくらいの予算をどのようなタイミングで、どこに投下しているのかを明らかにします。

　また、先進グローバル消費財メーカーの多くは獲得店舗数に応じて計画的にプロモーションを実施しているので、それらを具体的事例とともに整理していきます。

◉4P分析（プロダクト／プライス／プレイス／プロモーション）

プロダクト Product

製品に関しては、フィールド調査を実施し、MT、GT、TTを獲得する上で、特にGT、TTを獲得する上で、現状の競合や先進企業と比較して、梱包形態やパッケージ、入り数など、改善すべき課題はあるのか？あるとすれば、具体的にどこをどう改善すべきなのかを整理していく。これによりプロダクトにおける課題と改善策を明確にする。

プライス Price

価格に関しては、フィールド調査を実施し、主要MTにおける競合他社との比較でどうなのかを整理する。また、GT、TT市場へ間口を拡大させる上で、受け入れられる価格帯を、競合や先進企業の価格帯や、流通の意見を参考に整理する。これによりプライスにおける課題と改善策を明確にする。

プレイス Place

プレイスに関しては、フィールド調査を実施し、競合他社と比較した場合のチャネルの戦闘力を、体制（自社＆ディストリビューター）、ディストリビューション・ネットワーク、そのマネジメント方法の3つの観点で可視化する。自社セールスの数や役割、ディストリビューターの数や規模、役割を可視化する。
これにより、プレイスにおける課題と改善策を明確にする。

プロモーション Promotion

プロモーションに関しては、競合や先進企業がBTL、ATLをどのように実施しており、どれぐらいの予算をどのタイミングで、どこに投下しているのかを明らかにする。先進企業の多くは、獲得間口数に応じてプロモーションを計画的に実施しており、それらを具体的事例とともに整理する。これによりプロモーションにおける課題と改善策を明確にする。

チャネル力でストア・カバレッジを上げながら、プロモーションでどのようにインストア・マーケットシェアを上げているのかを分析していくのです。それにより、自社のプロモーションへのヒントや課題と対策を明確にすることができます。

■正しい3Cと4Pをベースに革新的な参入戦略を描く

このように、「3C分析」で事実を客観的に把握し、「4P分析」で自社と競合他社を徹底的に比較することにより、課題が明確になり、その課題に対する対策を考えることこそが参入戦略を策定することなのです。

3Cに関する質と量の高い情報を徹底的にインプットし、事実をあぶり出し、課題を明確にする。その課題に対して、知識と経験を持ち寄り対策を考える。この一連のプロセスが緻密であればあるほど、革新的な戦略をアウトプットできる可能性が高まるのです。

3-6

4P分析は競合との比較が重要

最大の肝は、いかに競合と4Pを比較できるか

■ 多くは最初のProductとPriceの2つのPでつまずいている

　先にも解説した通り、4P分析は3C分析のようなファクト（事実）の可視化と異なり、いかに競合他社の4Pと自社の4Pを比較しながら最適な4Pに仕上げていくかが重要です。

　海外で展開する日本企業は、この4Pが市場に対して最適化されておらず、事業が伸び悩んでいる例が少なくありません。自社の4Pがどのように最適化されていないのか、どこがどう間違っているのかわからず、そもそも間違っている事実にすら気がついていないことも少なくありません。

　4Pが最適化されていないのに、モノが売れるなどということはマーケティング理論からすると起こりえないのです。この競合との比較が重要である4Pについて、もう少し詳しく見ていきましょう。

　日本の消費財メーカーが陥りやすい誤った4Pの特徴は、
- Product -「日本で実績のある商品を、できれば変えずに（仕様変更等をせずに）」
- Price -「アジア新興国なので少しは安くするけど、できれば日本と同じぐらいの値段で」
- Place -「伝統小売（TT）の重要性は理解するけど、できれば日本で慣れ親しんだ近代小売（MT）を中心に」
- Promotion -「できれば、売れるまではプロモーション投資はせずに」
というものです。

　まず、Productに関しては、そもそもアジア新興国の市場が、つまりは中間層の人々が何を求めているか以上に、自分たちが何を売りたいのかが優先されています。

　日本とは大きく市場特性が異なるアジア新興国でビジネスをするのに、先進国である日本で実績のあるものを売るところから始まります。そして、

●日本の消費財メーカーが陥りやすい誤った4P

Product ……	「日本で実績のある商品を、できれば変えずに（仕様変更等をせずに）」
Price ……	「アジア新興国なので少しは安くするけど、できれば日本と同じぐらいの値段で」
Place ……	「伝統小売（TT）の重要性は理解するけど、できれば日本で慣れ親しんだ近代小売（MT）を中心に」
Promotion ……	「できれば、売れるまではプロモーション投資はせずに」

アジア新興国向けに仕様変更をするなどは、できればやりたくないというのが日本企業の本音です。

このことはPriceにも関係してきます。先にも述べたように、アジア新興国では、ターゲットである中間層の昼食が屋台などなら数百円程度で食べられる中、100円、200円のチョコレートは買いません。そんな中、「日本のチョコレートは、良い原材料を使って、高い技術力で作っているから、品質も良くて体にも良い」と言ったところで誰も買いません。

日本企業がやるべきは、どう原材料を変更すればコストを抑えられるのか。梱包仕様、入り数、グラム数をどう変更してコストを抑えられるのか。このことをProductとPrice合わせて同時に考えなければならないのです。

しかし、消費財メーカーにとって原材料を変えるなどと言えば、すぐさま生産側から聞かれるのは、「原材料を変えて何かあったら誰が責任をとるんだ！」「当社としては、そんな安い原材料は使えない！」という、狙うべきターゲット層を置き去りにした議論です。

多くの日本の消費財メーカーは、そもそも論として、この最初のProductとPriceの2つのPでつまずいているので、残る2つのP以前の話になっているのです。

■ 置き去りにされている中間層

次に、Plaecに関してです。これまでの話と共通しますが、ここでもやはり中間層が置き去りになっています。中間層が重要だと言いながら、結

局は慣れ親しんだ近代小売が中心の販売チャネルになっているのです。また、活用しているディストリビューターが近代小売向けの企業であり、伝統小売向けではないケースも多々あります。

　そして、アジア新興国ではそもそも店舗数が少なく、各種導入費のかかる近代小売だけではなかなか利益が上がらないという悪循環に陥ってしまいます。SMT（シンガポール・マレーシア・タイ）ならまだしも、VIP（ベトナム・インドネシア・フィリピン）では、確実に利益は出ません。このチャネルの弱さに関しては、第5章で改めて詳しく解説します。

　そして最後がPromotionです。「並べること」と「選ばれること」は大きく異なります。「並べること」というのは、ストア・カバレッジ（店舗数）を伸ばす行為であり、チャネルへの投資がそれを可能にします。しかし、「選ばれること」とは、商品が売れてインストア・マーケットシェアを上げる行為であり、チャネルではなくプロモーションへの投資がそれを可能にするのです。

　多くの日本企業はお店に置けば売れると思い込んでいるのです。置いたら売れるなどということは、日本国内の市場でしか起こり得ません。アジア新興国の人たちにとって1ドルの価値は、我々日本人より大きいのです。だから、彼らは近代小売で実績のないものは買わないのです。だから彼らは、初めてのものを買う際に口コミを重要視します。

　買ったことのある人の意見を聞き、これを買っても本当に失敗しないかを念には念を入れて確かめる。そうやって大切な1ドルを使うのです。このような市場で、「売れたら宣伝します」では、いつまで経っても売れません。

　このように日本企業のアジア新興国市場における4Pはことごとく間違っているのです。従って、最も重要な中間層には商品は売れず、必然的にターゲットはパイの少ない富裕層に限られてしまいます。

3-7

参入のための正しい4P分析

中間層のことだけを第一に考える

■ 求める商品を賄える価格で

　では、アジア新興国市場において正しい4P分析とはどのようなものなのでしょうか。アジア新興国市場で正しい4Pとは、

- Product -「中間層が求める商品を」
- Price -「中間層が賄える価格で」
- Place -「中間層が買いやすい売場に並べ」
- Promotion -「中間層が選びたくなるような仕掛けをする」

ことです。

　それでは、この4Pに関して、1つひとつ見ていきましょう。

　まず、Productに関してですが、重要なのは「中間層が求める商品」を提供することです。先にも記した通り、日本で実績のある商品をアジアに持ち込み、変更も加えずに並べても、それは中間層が求める商品ではありません。

　最終的には、日本で実績のある商品を持ち込むとしても、一旦ゼロベースで中間層が何を求めているのかを追求することは非常に重要です。そうすれば、日本で実績のある商品を、アジア新興国の中間層が求めている形に変更する具体策が導き出せるからです。

　次にPriceですが、大切なのは、「中間層が賄える価格で」売ることです。ここでキーとなるのは、「賄える」ということです。「買える価格」ではありません。買うという行為は、食品や日用品の場合、極論、1回や2回なら誰でも買えるのです。

　食品／飲料／菓子／日用品等の消費財メーカーにとって重要なのは、中間層が彼らの生活の中に自社の商品を取り込んでくれることです。

　そして、繰り返し購入し、できる限り長い期間買い続けてくれることです。これこそが「賄える」ということなのです。先にも解説した通り、こ

れら消費財メーカーの商売の肝は、いかに多くの人に、いかに早い頻度で繰り返し、継続的に買い続けてもらえるかです。従って、「買える価格」では意味がなく、「賄える価格」でなければならないのです。

■ 買いやすい場所で、あえて選びたくなる仕掛けで

そしてPlaceの「中間層が買いやすい売場に並べる」とは、結論から申し上げれば、近代小売（MT）、伝統小売（TT）含め、とにかく多くのストア・カバレッジを取る＝多くの店舗に並べることが重要なのです。

一部の日系近代小売や、ローカル系の近代小売にしか並んでいなければ、そもそも数千レベル（ASEAN6で最も近代小売が少ないベトナムで約3,000店舗。最も多いインドネシアでも35,000店舗）では、中間層にとっては買いやすい売場に並べているとは言えないのです。

数十万、数百万店舗存在する伝統小売（ベトナムで50万店舗、インドネシアでは、300万店舗）にどれだけ並べられるかが重要なのです。

最後のPromotionは、「中間層が選びたくなるような仕掛けをする」ことです。チャネルの力で店先に並べなければ、商品は物理的に消費者には届きません。しかし、商品を店先に並べても、先に解説した通り、アジア新興国の消費者にとってなんだかよくわからないモノ（商品）を、手に取って買うことはありえません。

店先に並ぶということは何を意味しているかというと、競合の商品と隣同士に並ぶということを意味しています。

現地で高く認知されている欧米やローカルのチョコレートの隣に、日本では誰もが知っているが、現地では無名の日本のチョコレートが並んだら、消費者がどちらを手に取るかは明らかです。無名にもかかわらず、値段が高いとなれば、なおさら誰も選びません。

インストア・マーケットシェアを上げるには、中間層が選びたくなるような仕掛けをすることが本当に大切なのです。もちろん、ここでいう仕掛け＝プロモーションは、ATL（Above the Line）ではなく、ＢＴＬ（Below the Line）を指しています。導入期のチャネルがまだまだ構築途中の段階でATLを行なっても、それは砂漠に水を撒くようなものです。ストア・カバレッジが数万店舗後半に到達するまでは、地道なＢＴＬが得策でしょう。

3-8

3Cと4Pをベースに参入戦略を描く

正しい3Cと4Pで戦略を大きく改善できる

■ 中間層ターゲティングからブレない

ここまでの説明で、参入戦略や再参入戦略を策定する上で、３Ｃと４Ｐがいかに有効なフレームワークであるかを理解いただけたと思います。

まとめの意味を込めて整理をすると、３Ｃは、ファクト（事実）の可視化であるということ。「市場」「競合」「自社」に関する客観的な事実を可視化する作業です。

そして４Ｐで重要となるのは、いかに自社の４Ｐと自社よりも長けている競合の４Ｐを比較し、自社の４Ｐを最適化するかであると解説しました。成功している欧米の先進的なグローバル消費財メーカーの４Ｐは、必ず「中間層が求める商品を（Product）」「中間層が賄える価格で（Price）」「中間層が買いやすい売場に並べ（Place）」「中間層が選びたくなる仕掛け（Promotion）」をしているのです。日本の消費財メーカーも、今一度、中間層からブレないという原点に立ち返り、中間層のための４Ｐを再構築する必要があるのです。

■ ファクトを可視化するだけで戦略が変わる

実際に、この３Ｃのファクトの可視化のレベルが上がると仮説のレベルも格段に向上する企業が多くなります。

可視化のレベルが上がると、皆口を揃えて言うのは、「わかっていないことに気づけていなかった」であったり、「わかっているつもりでいた」という言葉です。

特に、新興国の特異性ある市場環境や、主要競合の具体的な能力などの競争環境をそれほど深く可視化するという発想すらなかったという声が非常に多いです。しかし、可視化した情報により顧客のインプットは格段に上がり、より現実的な仮説設定へと向上していくのは事実です。

そして、今までの独りよがり4Pを主要競合との比較に落とし込むことで、戦略の質も格段に向上しています。製品ありきの戦略から脱却し、4Pを

◉3C分析と4P分析により戦略を立てる

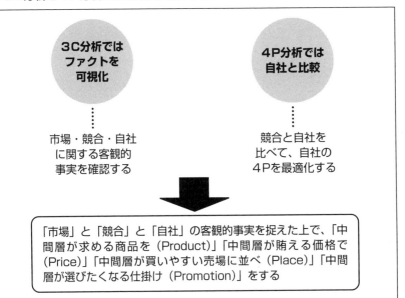

3C分析では
ファクトを
可視化

市場・競合・自社
に関する客観的
事実を確認する

4P分析では
自社と比較

競合と自社を
比べて、自社の
4Pを最適化する

「市場」と「競合」と「自社」の客観的事実を捉えた上で、「中間層が求める商品を（Product）」「中間層が賄える価格で（Price）」「中間層が買いやすい売場に並べ（Place）」「中間層が選びたくなる仕掛け（Promotion)」をする

最適化することに重きを置く本来のあるべき姿に進化しています。最初はチームだけの変化が、徐々に部門の変化へと繋がり、最終的には組織全体の変化となり、海外事業には直接的に関係はないが、間接的に関係のある部門の理解に繋がったりしていきます。

　ここまでくると、施策を打てば打っただけ成果に繋がるという好循環に突入するようになります。

3-9

競合の可視化なくして自社の戦略はない

> 特に「チャネル」に関する情報が大事

■ 日本企業は自社の競合他社を知らな過ぎる

　ここからは、先にもお話しした「競合他社の可視化」がいかに大事かについて掘り下げていきましょう。

　日本企業は、自社の競合他社の情報を知らな過ぎるという事実があります。自社の営業担当者が、通常の営業活動の中で得てきた競合他社の情報レベルでは、アジア新興国で太刀打ちできるはずがありません。

　シェアを奪い合う相手がどのくらいの脅威なのかを知らなければ、戦いに備えることも、ましてや勝つことなどできるわけがないのです。

　また、競合他社の実態が明らかになってこそ、自社には何が足りていて、何が足りていないのかが明らかになり、それをもとに戦略を描くことができるのです。競合他社の可視化とは、戦略を策定する上で大変重要なものなのです。

　では、一体どんなことを可視化するべきかといえば、主要競合他社の企業情報、財務情報、流通構造情報、流通プレイヤーや役割・立ち位置・機能・マージンなどの情報です。

　こうした、今後の市場参入戦略において必要と思われるあらゆる情報を収集、分析、整理することが大切なのです。

　特に重要なのが、同じ日系の競合情報ではなく、多くの場合において日本企業より進んでいる欧米系競合企業や、製品の品質レベルでは劣っていても、汎用品／低価格品の領域で日本企業がまったく敵わない中国や台湾などのアジアのローカル系競合企業を可視化することです。彼らの戦略をベストプラクティスとして学び、**取り入れるべき部分は積極的に自社の戦略に取り入れることが重要**なのです。

　また特に、主要競合他社の販売面に関する情報の取得は、自社の販売戦略を構築する上で大変有効です。次ページ図のような項目に関する情報を得ることが理想的です。

●可視化すべき競合企業の情報

1 販売及び経路	2 販売チャネル
◎販売構成 　販売部門組織体制 　販売総額（製品別） 　海外・国内販売比率 　直販・ディストリビューター販売比率 ◎主要顧客 ◎主要販売製品 ◎主要製品取引総額推移 ◎取引形態（直販・ディストリビューター）	◎主要販売区域 ◎主要ディストリビューターの販売状況 ◎ディストリビューター契約内容、取引条件 ◎ディストリビューター戦略、選定基準 ◎エリア戦略、エリア展開状況

> **3　アフターサービス**
> **4　価格戦略及び価格分析**
> **5　主要製品の価格、主要製品の市場定価**
> **6　販売総合分析**

■ 競合他社との「チャネル」の違いが実力の違い

　主要競合の可視化においてフォーカスすべきポイントはいくつかありますが、中でもチャネルに関する情報が最も重要です。

　商品を水にたとえた場合、その水を消費者が来る小売店まで届けるのが水道管です。水道管が小売を経て、消費者に届いていなければ、消費者は欲しくても水を得ることはできません。消費財メーカーにとってアジア新興国における戦いは、このパイプをいかに隅々まで行きわたらせるか、つまり、いかにして幅広いディストリビューション・ネットワークを構築できるかにかかっているのです。

　主要競合のチャネルに関して可視化すべきポイントは、「チャネル戦略」「ディストリビューション・ネットワーク」「ディストリビューター・マネージメント」の3つです。

　これらの実態を可視化して、自社のチャネルと比較することで、チャネル戦略上の課題と改善策が明確になるのです。

　例えば、「チャネル戦略」（145ページ）では、主要競合のチャネル戦略の全体像を可視化します。どのようなディストリビューターを活用しているのか？　近代小売（MT）と伝統小売（TT）は、直接販売なのか、ディストリビューター活用なのか？

　規模や売上、強い小売や配荷力、取扱商品やブランド、構成比など、主要競合のチャネルに関する情報を丸裸にし、自社のチャネルと比較するこ

●競合の可視化

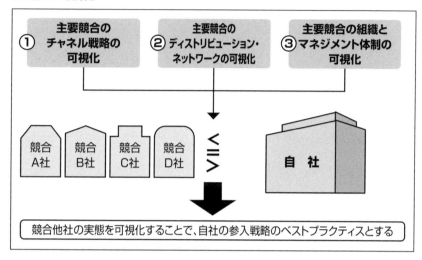

競合他社の実態を可視化することで、自社の参入戦略のベストプラクティスとする

とで、自社のチャネルはどこが勝っていて、どこが劣っているのかを明確にできるのです。

　次に、「ディストリビューション・ネットワーク」（147ページ）についてです。主要な競合は、食品／飲料／菓子／日用品等の消費財メーカーの場合、確実に１カ国１ディストリビューターなどにはなっていません。

　従って、彼らが何社のディストリビューターを活用し、それらがエリア別なのか、小売別なのか、それとも商品別なのか、どのように住み分け、配置されており、２次販売店を含め、どのようにネットワークされているのかを完全に可視化するのです。

　それにより、主要競合の配荷力がわかり、自社と比較してその差がどれほどのものなのかを掴むことが可能になります。

　そして最後が、「ディストリビューターのマネジメント体制」（153ページ）です。これは、主要競合がディストリビューターをどのような体制で、どうマネジメント、つまりは管理育成しているのかを可視化することを指しています。例えば、何人の体制で何社のディストリビューターを担当し、既存店と新規店、近代小売と伝統小売をどのように担当、管轄しているのかを明らかにする作業です。

　これらを自社のディストリビューターと比較することで、体制的な不備や、マネジメントの内容の弱さなどをあぶり出すことが可能になります。

3-10

主要競合他社のチャネル戦略の可視化

チャネルの差はシェアの差となる

■ チャネルに対する基本的な姿勢や考え方が明確になる

1つ目の「主要競合のチャネル戦略の可視化」に関しては、チャネルそのものやディストリビューターをどう捉えているのかという基本的な姿勢、考え方を明確にし、彼らのチャネル戦略がどう組み立てられているのかという全体像を可視化します。

具体的には、近代小売（MT）については主要競合他社の現地法人は何人の体勢で、都市部と地方部でどのような近代小売に、どのように直販を行っているのか。また、一般小売（GT）や伝統小売（TT）についてはどのようにエリアを区分けし、どのエリアにどのくらいの規模のディストリビューターが何社あり、その配下のサブ・ディストリビューターが何社あるのか。主要競合他社はそのディストリビューターにどのような目標を与え、どのようにデイリー、ウィークリーで管理育成しているのか。

このように主要競合の基本的なチャネル戦略を理解することで、自社の現状と比較分析することができ、チャネル戦略における課題と改善策を明確化して最も効率のいい戦略を立てることが可能になります。

●主要競合のチャネル戦略の可視化

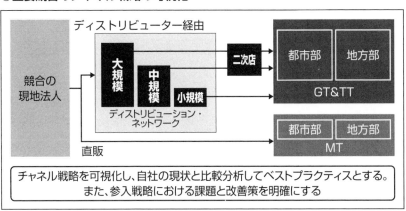

チャネル戦略を可視化し、自社の現状と比較分析してベストプラクティスとする。また、参入戦略における課題と改善策を明確にする

■ チャネル戦略を可視化した結果を分析、集計

　以下に添付した図は、我々が顧客から主要競合調査の依頼を受けた際に、作成する調査報告書のフォーマットの一部です。より具体的にイメージしていただくために、実際の報告書の一部をサンプルとして紹介します。

　下の上図は、主要競合のチャネル・ストラクチャーの全体像です。近代小売と伝統小売それぞれのチャネル・ストラクチャーがどう形成されていて、中間流通マージンがどの程度あり、どのようなディストリビューターや、サブ・ディストリビューターを活用しているのかを可視化しています。

　下の下図は割引率や手数料をまとめた表です。小売においてはディスカウント・レートが重要になります。日本の消費財メーカーは日本国内では問屋／卸業者以上に、小売りや消費者のことを深く理解していますが、アジア新興国ではほとんどわからずに営業しています。本来ならば海外においても、ディストリビューター以上にその国の小売や消費者のことをわかっているべきなのです。

●調査報告書サンプル

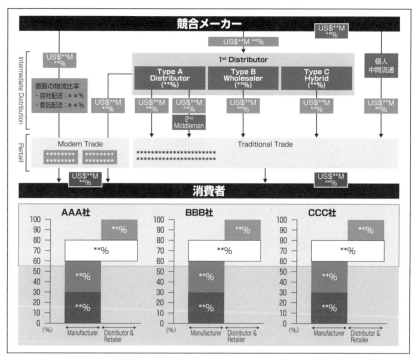

3-11

主要競合のディストリビューション・ネットワークの可視化

配荷力はディストリビューション・ネットワークで決まる

第3章 アジア新興国への参入戦略立案の具体的方法

■販売ネットワークから競合他社の脅威の度合いを知る

　主要競合他社のチャネル戦略上のポイントの2つ目は、「主要競合のディストリビューション・ネットワークの可視化」です。

　マレーシアの例で解説しましょう（次ページ図）。競合A社は首都のクアラルンプール圏で、中規模のディストリビューター2社を活用しており、その中規模ディストリビューター2社の実力も定量的に可視化すると、配荷エリアはクアラルンプールの特定小売に限定され、それほど脅威ではないということがわかります。

　一方でB社は、クアラルンプールに中規模のディストリビューター2社と、ボルネオ島でも中規模のディストリビューター2社を直接活用しており、A社以上に配荷エリアが広く、A社よりは脅威になることがわかります。

　そして、最もシェアの高いC社においては、大中小規模のディストリビューターを含め30社程度をマレー半島及びボルネオ島で活用しており、A社、B社とは比較にならないほどの脅威であるということがわかりました。

　C社の消費財が都市部、地方部問わず、近代小売（MT）、伝統小売（TT）問わず売れている理由が、ディストリビューション・ネットワークを可視化することで、具体的に解明できるのです。

■国や商材によっては100社以上の活用が必要になることも

　次は、ベトナムのケースです。ベトナムの特徴は、ASEAN6の中で最も近代小売が少ないということです。ベトナムの近代小売の数は約3,000店舗しかありません。ちなみに、ASEAN6で最も近代小売が多いのはインドネシアで、約35,000店舗存在します。

　一方で、ベトナムの伝統小売は、50万店舗存在し、店舗数ベースでは99％以上、金額ベースで85％以上が伝統小売の市場なのです。このような市場では、近代小売だけでは商売のボリュームは大きくならないのは言うま

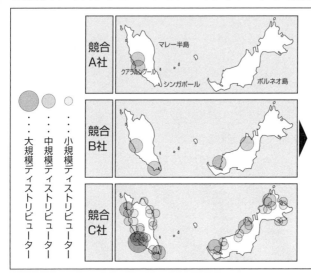

●競合のディストリビューション・ネットワークの可視化（マレーシア）

競合
A社

マレー半島

クアラルンプール

シンガポール

ボルネオ島

…大規模ディストリビューター
…中規模ディストリビューター
…小規模ディストリビューター

競合
B社

競合
C社

これらを理解することで、自社の現状と比較分析し、ベストプラクティスとする。ディストリビューション・ネットワークにおける課題と改善策を確認する

でもありません。従って、伝統小売を獲得するために数多くのディストリビューターを活用せざるを得ない市場なのです。

　もう1つ、ベトナム特有の事情として挙げられるのが、ディストリビューターの機能です。一般的なディストリビューターの機能としては、セールス機能とデリバリー機能の2つになります。他のASEAN諸国でも、ディストリビューターはこの2つの機能を持ち合わせています。

　しかし、ベトナムでは、セールス機能を持ち合わせたディストリビューターは非常に少ないのです。**多くは、デリバリー機能しか有しておらず、セールスはメーカーの仕事であると認識**しています。

　そして、これらデリバリー機能しかないディストリビューターの多くは小規模であり、所在地周辺のデリバリーしか行えないので、広域に商品を置こうとすると、各エリアでディストリビューターが必要となり、結果として、多くのディストリビューターを活用することになるのです。

　次ページ図は、競合A社と競合B社、そして日本企業のネットワークを示した図です。A社とB社がこれだけ多くのディストリビューターを活用する理由は、1つは彼らの商品特性上の理由です。

　よりFMCG（日用消費財）な商品であり、より多くの店舗に並べる必

●競合のディストリビューション・ネットワークの可視化（ベトナム）

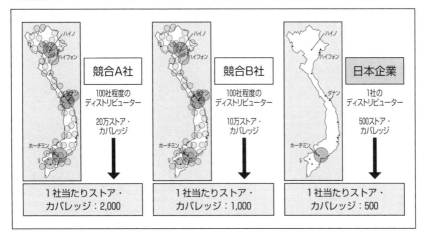

要がある商品カテゴリーのため、下層レイヤー（階層）の伝統小売まで狙うマイクロ・ディストリビューションを戦略としており、小さなディストリビューターを100社以上使い、全国津々浦々、隅々まで攻略していきます。

　1ディストリビューター当たりのストア・カバレッジが1,000や2,000で、それが100社もあるので、全体のストア・カバレッジとしては10万店や、20万店となります。

　対する日本企業はホーチミンにディストリビューターを1社だけ置いているレベルです。時間が経てば経つほど、競合A社、B社とのストア・カバレッジの差が開いていくのす。

　このように、主要競合がどのようなディストリビューション・ネットワークを持っているかを調査することで、自社に何が足りていて、何が足りていないのか。課題と対策はなんなのかを明確にすることで、より適切なディストリビューション・ネットワークを構築することが可能になるのです。

3-12

主要競合の組織体制の可視化

組織の体制が大きく違うケースがほとんど

■ 主要競合のマネジメント体制と自社との違いを知る

主要競合のチャネル戦略上のポイントの3つ目は、「主要競合の組織体制とマネジメント体制の可視化」です。

まず、高いシェアを上げている企業は、高いシェアを上げられる組織体制になっています。逆にシェアが上がらない企業の組織体制は、シェアが上がらない組織体制になっています。そして、さらに興味深いのは、同じ組織体制であっても、その組織体制がどのような人材で構成されていて、どのような人材がリーダーとして、どのようにその組織をマネジメントしているかによって、発揮されるパフォーマンスが大きく異なるということです。ここでは、主要競合の組織体制とマネジメント体制の可視化が、具体的にどう自社の戦略に活かせるのかを見て行きましょう。

● 日本企業…日本人統括部長を配置している

まず、組織体制です。次ページの図は、欧米系A社、B社、そして日本企業の組織体制の比較です。日本企業の場合は日本人の統括部長がいて、その下に日本語のできる現地人エリア・マネージャーがいます。

ここが欧米企業と大きく違う点です。日本企業の多くは、現地語の話せない日本人統括部長を駐在させるので、その日本人統括部長とコミュニケーションを取るためには、エリア・マネージャーは、日本語ができる現地人でなければなりません。

24ページでも少し触れたように、この時点で優秀な人材の選択肢が限られてきます。どこの国にも優秀な人材はたくさんいます。しかし、日本企業の場合、その優秀な人材の中で、日本語ができるという条件が付きます。もしくは、日本語ができる人材の中から、より優秀な人材を探すことになるので、必然的に選択肢が少なくなるのです。事実、先進的な欧米企業のローカル人材と日系企業のローカル人材では、その質に大きな差が存在します。

●競合と日本企業の組織体制の違い

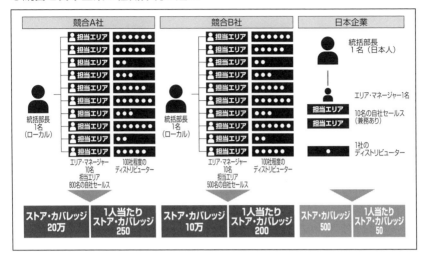

　一方で、日本企業の中には、コミュニケーションは通訳を使い、エリア・マネージャーはあくまで能力を重視するという採用をしている企業もあります。しかし、この場合においても、日本人より自己主張の強い現地通訳が気づかぬうちにローカルを牛耳り、ある意味、エリア・マネージャーよりも権力を持っていたりすることも少なくないのです。

●日本企業…ディストリビューターの選定がうまくない

　次は、エリア・マネージャーの下のセールス部門です。エリア・マネージャーの下には、10名ほどの自社セールスがいます。さすがに、このセールスで日本語を必須とする企業はありません。セールスの数が十分か否かを除けば、組織体制的には特段大きな問題はありません。

　問題はこの次のディストリビューターです。アジア新興国で日本企業が活用するディストリビューターでは、ひどい場合、日系のディストリビューターだったり、日系の近代小売（MT）にしか配荷力を持っていないマイナーなディストリビューターを使っているケースがあります。

　さすがにそこまでひどくないケースでも、伝統小売（TT）を狙っているにもかかわらず近代小売に強いディストリビューターを使っていたりと、ディストリビューターの選定に問題のある企業も少なくありません。

　そして、次がディストリビューターの数の問題です。先のケースでも、

図が示す通り、日本企業は1社のディストリビューターのみを活用しています。結果、この企業のストア・カバレッジは約500店舗となり、自社セールス1人当たりにすると50店舗しかありません。

販売店が500店舗では、1店舗でどれだけ売っても、現地法人の固定費を賄うことはできないでしょう。そもそも、この日本企業の組織体制は、高いシェアを獲得するどころか、現地法人を黒字化させる体制にすらなっていないのです。それでは次に、欧米系のA社とB社を見てみましょう。

■ 現地人材の活用法と規模が違う

欧米系競合のA社、B社は、まず統括部長が現地の人材であるケースが大半です。先にも説明した通り、欧米の先進的なグローバル消費財メーカーで、自国の人間を現地の統括部長として駐在させるケースは皆無です。

次に、エリア・マネージャーの数は10名と、日本企業の10倍です。さらに自社セールスは、それぞれ800名と500名と、日系企業の80倍と50倍です。そして、活用するディストリビューターの数も、エリアごとに配置し、日本企業の比ではありません。これにより圧倒的なストア・カバレッジを獲得し、マーケットシェアを上げているのです。

欧米系競合A社とB社のストア・カバレッジ、つまりは獲得間口数（店舗数）は、20万店と10万店です。

ベトナムには約50万店の伝統小売が存在し、そのうち食品を取り扱う伝統小売が30万店ほどあります。A社とB社が食品関連メーカーだった場合に、30万店のうちの10万店や20万店という数字がいかに凄いことかがおわかりいただけると思います。

つまり、欧米系の先進グローバル消費財メーカーは、ベトナムの最大の魅力である中間層を獲得するためには、最低でも数十名程度のエリア・マネージャーが必要で、その下には1,000名程度の自社セールスと、数百社のディストリビューターがいなければ、50万店も存在する伝統小売を獲得することはできないことを理解しているのです。

このように戦略に長けた欧米系企業は、当然ながら高いシェアを獲得し、市場での強い存在感を発揮することになり、それを見た優秀な人材がこぞって集まるという好循環を得るのです。

3-13

組織のマネジメント体制の可視化

自社との違い、足りない部分がわかる

■ 伝統小売はマネジメントが大事

　次に、日本企業と欧米系のA社、B社では、組織のマネジメントがどう違うのかを見ていきましょう。まず、組織のマネジメント体制を見る際に、近代小売（MT）と伝統小売（TT）では、市場を攻略するために実施する内容が異なります。マネジメントという意味では、伝統小売側が重要になってきます。

　近代小売に関しては、欧米の先進的なグローバル消費財メーカーは、自社の現地法人で直販しています。従って、自社セールスの中に各近代小売のキー・アカウント・マネージャー（小売別担当者）がおり、彼らが近代小売のバイヤーと直接商談をする形です。

　一方で、伝統小売は、近代小売とは比較にならないほど数が多く、ディストリビューターも複数活用する必要があり、常に既存店と新規店を意識しなければストア・カバレッジも、インストア・マーケットシェアも上がりませんので、マネジメントが重要になります。

　次ページの図は、伝統小売攻略における競合のマネジメント体制です。多くの日本の消費財メーカーは、中間層が大切だと言いながら、なかなか取り組みができていません。135ページで説明した通り、そもそもProductとPriceの部分でつまずいているケースが大半ですが、仮にこの部分をクリアできていたとしても、Placeの部分でシェアを上げられる組織体制になっておらず、マネジメント云々のレベルまで到達していないケースが少なくありません。

■ やるべきことをシンプルに管理

　一方で、欧米系競合他社は、KPIを「ストア・カバレッジ」と「インストア・マーケットシェア」の向上にフォーカスし、新規店をいかに獲得するかと、既存店の売上をいかに伸ばすかだけをセールスとディストリビューターに課しており、その活動をマンスリー、ウィークリー、デイリーで

●競合ディストリビューターのマネジメント体制の可視化

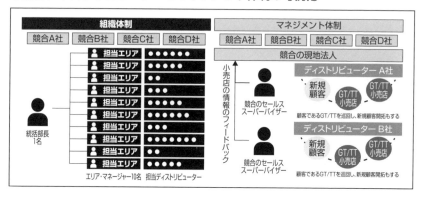

管理しているのです。

　問題のあるエリアには対策を講じ、支援をし、うまくいっているエリアは表彰というインセンティブを与え、常にセールスとディストリビューターのモチベーションを高い位置に置く努力をしています。

　担当セールスとディストリビューターは、すでにデータとして持ち合わせているコンバージョン率（成果達成率）に基づき、１日に決められた数の新規店を回り取扱店を増やします。

　その一方で、既存店からの注文、代金回収、売上確認、ディスプレイ状況確認、競合情報取得も行います。欧米の先進的なグローバル消費財メーカーは、難しく複雑なことは絶対にさせません。

　売上を構成する方程式が、「売上＝ストア・カバレッジ×インストア・マーケットシェア」なので、シンプルに、このストア・カバレッジとインストア・マーケットシェアを上げるための活動をディストリビューターに課し、それを自社のセールスに管理させているのです。

　このシンプルな作業こそが、先に説明したＡ社とＢ社の20万店、10万店のストア・カバレッジを生んでいるのです。

　このように、主要競合の組織体制とマネジメント体制を可視化することで、今のレベルでやっていたら勝てないということが明確になるのです。こうして、自社の課題と改善策を明確化し、最も効率の良い組織体制と管理育成方法を確立していく必要があるのです。

3-14

フレームワークは革新的な戦略のため

> すべては「マーケティングの基本プロセス」がベース

■「チャネル構築までの8ステップ」はより実践的

　ここまでに、「マーケティングの基本プロセス」「参入戦略構築までの6ステップ」「チャネル構築までの8ステップ」「3C分析」「4P分析」と、様々なフレームワークを活用した戦略構築の方法を説明してきました。

　「やることが多くて大変だ」と思う方も多いと思いますが、実は、すべては、第1章でお話しした「R－STP－MM」の「マーケティングの基本プロセス」がベースになっているのです。

　どのフレームワークを活用するかは、状況に応じて判断すればよいのです。マーケティング全般の概念として、全体像を見たい時は、「マーケティングの基本プロセス」が最も適しているでしょう。

　「3C分析」や「4P分析」は、「マーケティングの基本プロセス」の中の一部を抜き出し、インプットをするためのフレームワークなので、例えば、戦略の土台を作りたい、もしくは今一度整理したければ3Cがベターですし、販売戦略に近いものを作る場合は4Pがベターとなります。

　もっと言えば、より具体的な参入戦略を構築するには、「参入戦略構築までの6ステップ」がベストですし、チャネル構築までを含めるなら、「チャネル構築までの8ステップ」がベストです。

■迷ったらすべてのフレームワークを実践

　基本的に消費財メーカーがアジア新興国で大きな成果を出すために必要となるのは、ストア・カバレッジを広げることとインストア・マーケットシェアを上げることであり、そのために必要なのはチャネル構築です。

　そのため、「チャネル構築までの8ステップ」を最も優れたフレームワークとして用いるケースが多いです。

　皆さんも自社で、「マーケティングの基本プロセス」で概念をしっかり理解し、今、必要なフレームワークはどれなのかを、ケースバイケースで選択し活用すればよいのです。

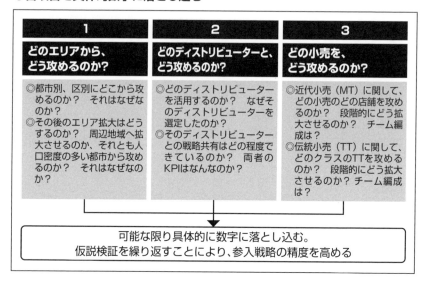

●各項目を具体的数字に落とし込む

1	2	3
どのエリアから、どう攻めるのか？	**どのディストリビューターと、どう攻めるのか？**	**どの小売を、どう攻めるのか？**
◎都市別、区別にどこから攻めるのか？　それはなぜなのか？ ◎その後のエリア拡大はどうするのか？　周辺地域へ拡大させるのか、それとも人口密度の多い都市から攻めるのか？　それはなぜなのか？	◎どのディストリビューターを活用するのか？　なぜそのディストリビューターを選定したのか？ ◎そのディストリビューターとの戦略共有はどの程度できているのか？　両者のKPIはなんなのか？	◎近代小売（MT）に関して、どの小売のどの店舗を攻めるのか？　段階的にどう拡大させるのか？　チーム編成は？ ◎伝統小売（TT）に関して、どのクラスのTTを攻めるのか？　段階的にどう拡大させるのか？　チーム編成は？

可能な限り具体的に数字に落とし込む。
仮説検証を繰り返すことにより、参入戦略の精度を高める

　迷ったら、すべてのフレームワークを活用したらよいと思います。迷うということは、まだ概念が完全に整理できていないということなので、一度、すべてのフレームワークを活用しインプットすれば、概念の整理にもなり、戦略の精度もより向上すると思います。

　アジア新興国でストア・カバレッジとインストア・マーケットシェアを上げるためには、参入前に具体的なToDoを明確にしておかなければならないので、こうした様々なフレームワークは簡単に言えば、「どうやれば勝てるのか」ということを具体的に定性、定量で整理するためのツールなのです。

■「戦略」とは、課題をあぶり出し対策を打つこと

　日本企業は海外事業において、「何が本当の課題か」を理解していないことが多く見受けられます。

　例えば、インドネシアや、ベトナム市場に進出し、なかなか予定通りの業績やシェアが得られなくて困っているという企業は少なくありません。その課題はなんなのかと問うと、「市場が未成熟である」という答え以外に明確なものは返ってきません。

　しかし、市場が未成熟であることは前からわかっていたことであり、そ

れを答えにするのは間違いです。ベトナムやインドネシアの市場が未成熟なのが要因なのではなく、その市場に合った戦略を日本企業が展開できていないことが要因なのです。

そもそも、その市場の中間層に合った商品（Product、Price）を開発できていないことが挙げられます。商品がないのでチャネルの話をしても意味がないですが、その国の中間層が買いやすい売場（Place）に並べるためのチャネルも同様に弱いのです。そして、チャネルが弱ければ当然、その国の中間層に選んでもらうための仕掛け（Promotion）は皆無であることは言うまでもありません。

そもそも戦略とは、課題に対する解決策を考えること。つまり、課題が明確になっていなければ何も始まりません。課題が見えないままで戦えば、負け戦になることは目に見えています。

「マーケティングの基本プロセス」「参入戦略構築までの６ステップ」「チャネル構築までの８ステップ」「３Ｃ分析」「４Ｐ分析」といった様々なフレームワークを活用し、それぞれの観点からあぶり出した課題を可視化することで、その課題に対する解決策を考えることができ、それが戦略になるのです。

アジア新興国で思うようにシェアが伸びない日本企業は、まず自分たちの課題がなんなのかを冷静に見極め判断することから始める必要があるのです。

実際に、ある大手菓子メーカーも、自分たちの課題をなんとなくぼやっとは理解していたのですが、いかんせん確証が持てないので、その課題の解決にむけたアクションに二の足を踏んでおりました。

しかし、これらのフレームワークを使い様々な観点で可視化することにより課題を明確にすることができました。課題が明確に見えると、今後はその課題の解決方法を考えるようになります。解決方法が決まれば、今度はその解決方法を実行するようになります。

こうしてこの菓子メーカーは、１年以内に課題を解決し、次年度には売上を倍増させることに成功しました。

3-15

「客観視」することで過信をなくす

> 新たな市場で自社を客観的に見る

■ 日本での成功体験による過信

今、海外進出をしている企業、もしくはこれから海外展開を考えている企業は、日本国内の市場では確固たる実績を確立し、大きな成功体験を持つ企業だと思います。

その実績と成功体験が海外ビジネスでは時として邪魔になることがあるのです。どういうことかというと、日本企業の持つ成功体験は、アジア新興国では、時として「過信」に繋がることがあるのです。「我々は世界でも稀に見る高い趣向を持つ消費者がいる日本市場で鍛えられた実績がある！」であったり、「我々の製品は、世界でも最も先進的な市場で通用する高い品質を持つ！」「だから、アジアの市場へ行ったって、少々価格は高いかもしれないが、良いものは必ず理解され売れるはずだ」といった考えが根強く残っているのです。

それゆえに、事前の調査や戦略構築に労力を割くことなく進出してしまい、出てから海外ビジネスの難しさに直面し、収益を上げるまでに数年、場合によっては10年程度を無駄にしてしまうのです。

■ 自社は客観的に、競合他社は深層まで可視化する

まずは、「自社に関して、客観的情報を取得する」ようにしていきましょう。先にも述べた通り、日本企業は、日本での大きな実績と、世界的に見ても著しく高い技術力や品質の優位性があるため、自分たちの能力を過信しすぎる傾向にあります。もっと言うと、過信していることに気がついていないケースもよく見られます。それは、自社を主観的にしか見ることができていないからです。内からではなく、客観的に外から見るということが重要なのです。

むしろ、自社を自社自ら可視化、判断するのではなく、第三者の目によって可視化することで客観的に判断することが望ましいのです。

例えば、自分たちの品質の高さが最大の武器だと主観的に思っていても、

●**自社について「客観的情報」を集める**

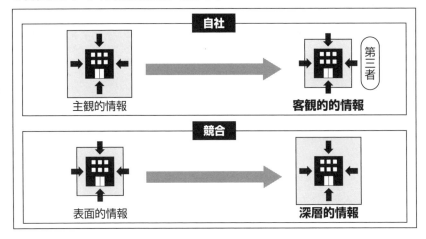

アジア新興国の市場では、そんな過剰品質はなんの武器にもならず、単なる足かせにしかならないなどは、客観視しなければなかなか見えてきません。つまり、主観的な状況では、「品質の高さ＝絶対的な正解」なので、それを調節した状況は、内面からは見えてこないわけです。

次は、「競合の深層的情報を取得する」ことです。一言で言うと、誰でも容易に取得ができるような表面的情報だけに頼るのではなく、入手が困難な本当に価値のある情報から物事を判断する必要があるのです。

日本企業の多くは、欧米やローカルの競合情報をほとんど持っていません。持っていたとしても、それは自社の営業マンがフィールドで拾ってくる情報ばかりです。そのような表面的な情報では、競合のことを深く理解しているとは言えません。また、時として、自社の営業マンがフィールドで取得してくる情報は、自分にとって都合のいい情報に偏っていることすらあります。

このように、自分たちが戦う相手の情報に関することも、あまり重要視されてこなかった背景には、やはり、自分たちの日本国内における実績、高い技術力や品質に対する大きな過信が存在するのです。アジア新興国は必ずしも品質がいいものが売れる市場ではないのです。

先進グローバル消費財メーカーはもちろん、品質レベルが劣るローカルメーカーであっても、強豪であれば侮ることなくしっかりと調査、研究する必要があるのです。

Column

●コンサルタントの活用について

　第3章では、参入戦略立案の具体的方法ということで、概念から戦略立案のためのフレームワークまで一通り解説をしてきましたが、先にもお話しした通り、戦略とは、「これから直面するであろう課題をあぶり出し、その課題に対して対策を打つこと」です。

　多くの日本企業がそうである通り、課題が見えていなかったり、課題に直面することに気づけていなかったりする状態で戦うから思った通りの事業展開ができない、もしくは、シェアが上がらないのです。

　すでに直面している課題ではなく、これから直面するであろう課題をいかにあぶり出すか、いかに可視化するかが重要なのです。

　アジア新興国市場におけるビジネスは、日々、様々な課題と直面します。従って、課題に直面してから対策を考えるのではなく、おおよそ、直面するであろう課題は事前にあぶり出し、事前に対策を講じておくことが重要なのです。

　これを経験もノウハウもない自社だけで行おうとしても難しい話で、外部の専門家やコンサルタント活用の価値は、こういったところにこそあります。すでに多くの経験則やケーススタディを持つ外部を活用することは、その費用が少々高額だったとしても、結果として時間を買い、ノウハウを買うことで安上がりになるのです。

　日本企業は、この外部の専門家やコンサルタントをうまく利用するということに関しても、欧米の先進的グローバル企業と比較して遅れていると言えます。

　我々の大手の顧客でも、海外、特に新興国市場の戦略においてコンサルタントの活用に慣れている会社はそれほど多くありません。国内の経営企画部門などでは、国内事業に強いコンサルタントを使っていても、事業部門の海外担当チームや、海外事業部門では自前主義という日本企業はまだまだ少なくないのです。

　日本の製造業はこのあたりの感覚もグローバルで見るとかなり遅れていると言わざるを得ません。そもそも新興国に出ていないのですから、圧倒的にケーススタディが少ないのは言うまでもありません。ケ

ーススタディが少ないということは知識と経験が少ないということです。知識と経験が少なければ当然、将来起こり得る課題を事前にあぶり出し対策することができません。これに気づいた企業が皆一様に言うのは、外部の専門家を使ったほうが結果として早く安上がりになったということです。なぜなら、リスクを事前に察知し備え、成功までのスピードが格段に上がるからです。

　コンサルタントなどの外部活用は使いようです。「モノ（Product）さえ良ければすべて良し」の時代が長期にわたり続いたので、この概念を変えるにはもうしばらくかかるのかもしれません。しかし、アジア新興国の企業がこれだけ成長してきた現代において、もう猶予がないのも事実です。

第**4**章

日本企業のための
アジア新興国における
新チャネル戦略

4-1

伝統小売と近代小売の両方を攻略

> どちらの小売も「売れるモノ」を置きたい

■ 伝統小売は日本でのコンビニのような存在

アジア新興国の最大の魅力である、中間層をターゲットにしたビジネスで成功するためには、伝統小売（TT）のストア・カバレッジを上げ、その伝統小売でのインストア・マーケットシェアを上げる、この2点に尽きます。これは、これまでに何度もお伝えしました。

2－5（86ページ）で述べた近代小売（MT）と伝統小売の比率をおさらいすると、金額ベースでは次ページ図のようになっています。新興ASEANであるVIP（ベトナム・インドネシア・フィリピン）では、伝統小売が近代小売の何倍もの売上を占めている状態です。約8割は伝統小売なのです。店舗数ベースでいうと、いずれの国においても99％以上が伝統小売です。

伝統小売は、決して貧困層が買う小売ではなく、富裕層から貧困層まですべての国民が買い物をする便利な小売店なのです。交通量の多い道路脇から、住宅地域の中まであらゆる箇所に伝統小売は存在します。伝統小売は、いわば、我々日本人にとってのコンビニエンスストアのような存在で、人々の生活に完全にとけ込んでいるのです。

■ 伝統小売をどれだけカバーできるかが勝負

ASEANでは、特に、伝統小売の比率が高いVIPでは、近代小売と伝統小売を同時に攻略して初めて消費財メーカーは利益を出せるようになります。

このメカニズムに関して、詳しく見ていきましょう。例えば、ASEANで最も近代小売の数が少ないベトナム市場。多くの日本の消費財メーカーが進出をしています。

このベトナム市場において、近代小売だけを相手にビジネスをしていては、恐らく向こう数十年、利益を出すことは難しいでしょう。なぜなら、ベトナムには、約3,000店舗程度しか近代小売がないからです。仮に、そ

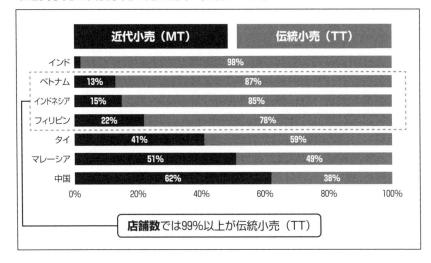

●近代小売と伝統小売の売上比率（金額ベース）

	近代小売（MT）	伝統小売（TT）
インド		98%
ベトナム	13%	87%
インドネシア	15%	85%
フィリピン	22%	78%
タイ	41%	59%
マレーシア	51%	49%
中国	62%	38%

店舗数では99%以上が伝統小売（TT）

れら近代小売への配荷率が100％だったとしても（実際にはあり得ませんが）、たった3,000店舗しかなければ、商品単価や利益率にもよりますが、一般的な消費財の場合、1店舗当たり週販で何千個、何万個売らなければ利益は出ません。そして、そんなことは現実には起こり得ません。

　従って、消費財メーカーがベトナムである程度のシェアを獲得したり、収益を上げるには、近代小売はもちろんのこと、50万店存在する伝統小売のうち、最低でも5万店舗以上は獲得しないとお話にならないのです。

　ちなみに、50万店の伝統小売のうち、30万店は食品や飲料、菓子が中心の伝統小売なので、これらの消費財メーカーにとっては30万店が主たるターゲットになります。ベトナムで5割以上のシェアを持つエースコックは、この30万店のほぼすべてに商品を置いています。

　ここまで話すと、ベトナムは伝統小売が主たる市場だということがわかるので、基本的には日本で売っているものを、そのまま日本から持っていっても関税や輸送コストが高くつき、伝統小売で売れるような価格帯にはならず、不向きであるということがわかります。

　もっとはっきり言うと、消費財メーカーが輸出だけで市場を取ろうとするのであれば、それはベトナムではないということです。

　ベトナムで大きな成果を上げるには、ベトナム現地で生産をするか、近隣国でベトナムの伝統小売で売れる価格帯で生産をする必要があるのです。

■ 近代小売は別の意味でも大事

　近代小売と伝統小売の両方を攻略することが大事だと言いながら、少し伝統小売よりの話をしてきましたが、あくまで両方とも大事です。

　近代小売の数がたった3,000店舗しかなくても、大変重要な役割を持つのです。それは、伝統小売への波及効果です。伝統小売のオーナーは、狭い店舗内に多くの商品は置けません。1カテゴリー、多くても2ブランドの商品を置くのが限界でしょう。

　そうなると、伝統小売のオーナーは、何を判断基準として商品を選んでいるのでしょうか。それは、近代小売での売れ筋です。

　伝統小売のオーナーは、近代小売で売れているものだけを店先で売るのです。近代小売で売れないもの、売っていないものを伝統小売では決して取り扱いません。そんなものを取り扱って売れなければ、返品のできない無駄な在庫を抱えるだけで、彼らにとっては死活問題なのです。なので、ベトナムの場合、近代小売は伝統小売で高いストア・カバレッジを上げる上で非常に重要な役割を担っているのです。

　さらに興味深いのは、伝統小売でのストア・カバレッジが上がると、近代小売の各種導入費用が下がることです。欧米の先進的グローバル消費財メーカーである、米P＆Gや、瑞ネスレ、英蘭ユニリーバ、米コカ・コーラや、米マースが、日本メーカーと同じリスティング・フィーや棚代を支払っていると思いますか？

　答えは言うまでもありません。近代小売は、伝統小売市場におけるストア・カバレッジを高く評価します。伝統小売のストア・カバレッジが高いということは、それだけ中間層の消費者に指示されていることの表れです。

　その商品が近代小売にないというのは、今度は逆に近代小売が困るのです。従って、アジア新興国では近代小売はマストであり、プラス伝統小売をどれだけ取れるかが重要なのです。特に、現地法人という固定費がかかっている場合、伝統小売のストア・カバレッジを伸ばしていかなければ、黒字に転じることは不可能なのです。

4-**2**

「1カ国に1ディストリビューター制」は やめる

1ディストリビューターでは物理的にシェアは上がらない

■ 理由なき「1カ国に1ディストリビューター制」

　102ページで述べたように食品/飲料/菓子/日用品等の消費財メーカーのアジア新興国における販売チャネルを見てみると、1カ国1ディストリビューター制を取っていることが少なくありません。

　1カ国1ディストリビューターなので、独占契約なのかと思いきや、契約形態は非独占の販売代理店基本契約なのです。

　しかし、この1カ国1ディストリビューター制に関して、理由を聞くと、「かなり古くからの付き合いで、1社しか使わない理由はわからない」や、「今までそれでやってきたので、今さら他社を使うというのも相手に悪いし、他社といってもどこを使ったらいいかわからない」などの答えが返ってきます。

　要は、明確な理由はないということです。それなりに明確な理由がある回答の場合でも、多くは、「複数のディストリビューターを活用すると、自社内競合するので得策ではないのでは」に集約されます。しかし、本当に複数のディストリビューターを活用すると自社内競合してしまうのでしょうか。それを補うためには、1カ国1ディストリビューター制が最善の選択肢なのでしょうか。答えは、ノーです。

　先にも解説した通り、食品/飲料/菓子/日用品等の消費財メーカーがアジア新興国で高いシェアを上げようと思ったら、近代小売（MT）のみならず、伝統小売（TT）におけるストア・カバレッジも上げなければなりません。数十万店、数百万店存在する伝統小売のストア・カバレッジを1社のディストリビューターだけでカバーできるわけがありません。

　仮に、1社のディストリビューターに、100人のセールスがいて、そのうち10名が専任セールスだったとしても、10名で数万、数十万のストア・カバレッジを取るのに一体何年かかるのか計算すればすぐにわかります。

　また、仮にそのディストリビューターの下に、複数の2次代理店がいた

としても、セールスすべてを合わせた数が、数十名程度であれば、やはり不十分なのです。

　ちなみに、欧米の先進的なグローバル消費財メーカーで、1カ国1ディストリビューター制をしいている企業は皆無です。102ページで述べたように、例えば、米P＆Gは、いずれのASEANでも8社程度のディストリビューターを活用しています。瑞ネスレ、英蘭ユニリーバなどは、150社から200社程度のディストリビューターを活用し、マイクロ・ディストリビューション（隅々まで配荷する）を展開しています。

　それでは、実際のベトナム市場での状況を見てみましょう。次ページの図は、欧米の先進グローバル消費財メーカーと、日本の消費財メーカーの例です。先にお話しした通り、ベトナムには、近代小売は約3,000店舗しかなく、一方で伝統小売が50万店存在します。そして、ベトナムの国土は縦長で、ハノイからダナンを経由して、ホーチミンまで1,600キロ以上あります。さらに、戦争の名残がまだあり、南部（ホーチミン）出身者が北部（ハノイ）で活躍するのは、北部出身者が南部で活躍するよりはるかに大変な市場なのです。このような市場で、日系のある消費財メーカーは、ホーチミンに1社の中堅ディストリビューターを活用しているだけです。従って、ハノイでのシェアはほとんどなく、中部のダナンなどは完全に手が回っていません。

　対して、欧米の先進的なグローバル消費財メーカーは、大中小合わせて150社程度のディストリビューターを活用し、全国に強固なディストリビューション・ネットワークを張り巡らせているのです。当然ながら、結果として、日本の消費財メーカーとは、比較にならないストア・カバレッジを保有しているのです。

■ 日本国内市場では当たり前のようにやってきたこと

　では、日本の消費財メーカーはディストリビューション・ネットワークの構築が不得意なのかといえば、決してそうではありません。一部のメーカーで、直販に徹底してこだわっている企業はあるものの、多くの消費財メーカーは日本国内市場において長年、当たり前のようにネットワークを構築し、活用してきているのです。

　日本の多くの消費財メーカーは、全国各地で卸問屋（ディストリビュー

●欧米メーカーと日本メーカーの配荷例（ベトナム）

〈先進グローバル消費財メーカー〉

ハノイ

ハイフォン

100社程度の
ディストリビューター

20万
ストア・カバレッジ

ホーチミン

先進グローバル消費財メーカーは、ベトナム全土で大中小のディストリビューターを100社以上活用し、強固な販売網を張り巡らせている。結果、近代小売（MT）、伝統小売（TT）を問わず高いシェアを確保している

〈日本の消費財メーカー〉

ハノイ

ハイフォン

ダナン

1社の
ディストリビューター

500
ストア・カバレッジ

ホーチミン

多くの日本の消費財メーカーは、ホーチミンかハノイで、準大手のディストリビューターを1～2社程度しか活用できていないため、結局は、近代小売（MT）への配荷どまりで、なかなかシェアが上がらない

ベトナム市場ではMTの数は3,000強で、TTは50万店以上存在する。国土は、縦長で、ホーチミンから、ダナンを経由して、首都ハノイまでは、1,600km以上の距離がある。ホーチミンやハノイのディストリビューター1社では全体を賄えない

ター）を活用し、日本全国隅々まで自分たちの商品を流通させてきました。市場が近代化した今でこそ、卸問屋も統廃合が進み、売上が1兆円を超える数社が大きな影響力を持っていますが、それでも、それら大手は全国に支店を持ち、その支店をメーカーは事実上活用しています。

　また、それだけの大手卸問屋が出現した今でも、エリアや小売に分けて複数社の卸問屋を活用しているのです。日本で、1社のディストリビューターだけを活用しているメーカーがどこにあるでしょうか？　そう考えると、アジア新興国市場における、1カ国1ディストリビューター制がいかに誤った取り組みかが理解できると思います。

　実際に日系飲料メーカーA社の主要競合のディストリビューターの数を調べてみると、A社の5倍以上の数を活用していました。それだけの数を活用しないと物理的に商品が伝統小売に配荷できないのです。今まで、飲料メーカーA社は何の疑問も抱かずに大手1社のディストリビューターに完全にお任せしていたのですが、結局はその会社が不得意としている都市では配荷が進んでいなかったのです。

　それをエリアで分け、複数のディストリビューターを活用した途端に、今まで配荷できていなかったエリアへも配荷が進み、以前の3倍以上の売上を2年で達成しています。

4-3

強固なチャネル構築に必要な3原則

「デザイン力」「マネジメント力」「コミュニケーション力」が肝

■ どんなに良い商品も店頭になければ、ないのと同じ

チャネルの話では、メーカーが販売する商品を水に、チャネルを水道管にたとえてお話をしてきました。ここでも同様にします。

消費財メーカーは、商品をディストリビューターに卸し、そこから小売店に卸され、店頭に並べられることで消費者の手に届きます。日本の消費財メーカーの場合は、前項でお話ししたように、このチャネルが弱いので、そもそも小売店に商品が並びきらないという問題があるわけです。

特に伝統小売（TT）の市場においては、著しくストア・カバレッジが低いのが多くの日本の消費財メーカーの抱える課題です。どんなにいい商品を作っても、強いチャネルがなければ消費者の手に商品は届きません。

日本の消費財メーカーは、メーカーと消費者とをつなぐ唯一の「管＝パイプ」である、ディストリビューション・チャネルを強化する必要があるのです。そのためには、「デザイン力」「マネジメント力」「コミュニケーション力」の3つの能力が必要になってきます。

模倣困難性が高く、強固なディストリビューション・チャネルを持つ欧米の先進グローバル消費財メーカーは、この3つの能力をしっかり持っていて、その結果の強固な販売チャネルなのです。

■ チャネルは「デザイン」しなければならない

それでは、この3つの能力に関して、1つずつ見ていきましょう。

まずは、「デザイン力」です。メーカーの商品を水にたとえたら、チャネルは、その水をディストリビューター、小売を通じて消費者まで届ける水道管です。いくら良い水でも、水道管が小売まで届いていなければ、消費者は物理的に蛇口から水を飲めません。

チャネルの「デザイン力」とは、その水道管網の全体像を描く作業です。最終的にあるべき水道管網の姿を描き、そこから逆算する。毎年そこに近づけるためにチャネルの構築はなされるべきなのです。1社のディストリ

●チャネルを強化するための３つの能力

①デザイン力	②マネジメント力	③コミュニケーション力
適切なディストリビューション・ネットワークの設計	ネットワーク化したディストリビューターの管理育成	ディストリビューターや小売、さらには、消費者とのコミュニケーション
メーカーの商品を水にたとえたら、チャネルは、その水を消費者まで届ける水道管です。いくら良い水でも、水道管が消費者まで届いてなければ、決して水は飲まれない。	海外の水道管は日本とは違って、すぐに錆びたり、穴が開いたり、詰まったりするので、それをどう「マネジメント（管理育成）」していくかは非常に重要。	ディストリビューターをマネジメントする以上、彼らとのコミュニケーションの重要度は高い。また、小売との直接的なコミュニケーションは、その小売におけるメーカーの影響力を大きく左右する。
チャネルの「デザイン」とは、その水道管網の全体像を描く作業。最終的にあるべき水道管網の姿を描き、毎年そこに近づけるようにチャネルを構築していく。	売ることのすべてを任せるのではなく、戦略を共有し、手間をかけて教育し、また常に管理していかなければ最大限のパフォーマンスは発揮できない。	そして、メーカーにとって最も重要な消費者とのコミュニケーションなくして、高いシェアという評価は得られない。
１社のディストリビューターに１本の水道管を通すだけではうまくいかない。	重要なのはディストリビューターの継続的なマネジメント。	日本国内と同様に、中間流通や小売、消費者とのコミュニケーションに最優先で取り組む。重要なのは、すべてのレイヤー（階層）とのコミュニケーション。

ビューターに１本の水道管を通し、その先の状況には関知せず、「自分たちは作る人で、売るのはあなたたちの仕事だから、あとはヨロシク」では、想定外の状況に対しても対策が打てず、結果、指標だけをただ眺めることしかできません。

　多くの日本の消費財メーカーは、この最初のチャネルのデザイン力が欠けているのです。この最初のデザインができないから、長年導入期状態に留まり、なかなか成長期に突入できないのです。近代小売（MT）には入れても、伝統小売には入れないといった状態が続くのです。

　ひどい場合だと、近代小売に関しても、日系近代小売やローカル系の近代小売であっても、メインの商品棚ではなく輸入品棚にしか置かれないこともあります。

　デザイン力とは、適切なディストリビューション・ネットワークを設計する能力です。ビルを建てる時も必ず設計図がいるのと同じように、チャネルを作る際にも設計図が必要なのです。それがチャネル構築における「デザイン力」です。

■一緒に売っていくための「マネジメント」が必須

　次は、「マネジメント力」です。海外の水道管は日本とは違って、放っておくとすぐに錆びたり、穴が開いたり、詰まったりします。日本の卸問

屋のように、皆まで言わずともメーカーが望むことをしっかりやってくれるようなディストリビューターは少ないと考えるべきでしょう。

言ってもやらない、やれないディストリビューターをいかにしてマネジメント（管理育成）していくかが非常に重要なのです。本来、売ることはディストリビューターの仕事でありますが、売ることのすべてを任せていては必ず失敗します。

売ることのすべてを任せるのではなく、**販売戦略を共有し、一緒に売る姿勢が重要**なのです。実際には売る行為そのものはディストリビューターであっても、戦略を共有し、ＫＰＩ（主要業績評価指数）を共有し、メーカーとしてできうる後方支援をしっかりと行わなくてなりません。

しっかりと手間をかけて教育し、また常に管理していかなければ様々な問題が生じます。残念ながら、日本ほど性善説が通用しないのがアジア新興国の市場です。最大限のパフォーマンスを発揮させるためには、どれだけ管理育成に介在するかです。

日本の消費財メーカーの多くは、契約したらあとは適当な定期訪問で終わりですが、それではなかなかシェアは上がりません。重要なのは継続的なディストリビューターのマネジメントなのです。

■ 小売、消費者との「コミュニケーション」

そして最後が「コミュニケーション」です。ディストリビューターをマネジメントする以上、彼らとのコミュニケーションの重要度は格段に上がります。

また、小売（特に近代小売）との直接的なコミュニケーションは、その小売におけるメーカーの影響力を大きく左右します。そして、メーカーにとって最も重要な消費者とのコミュニケーションなくして、高いシェアという評価は得られません。

日本の消費財メーカーは、日本国内においては、中間流通や小売、消費者とのコミュニケーションに最優先で取り組んでいるのに、海外ではそうではありません。構築したチャネルを最終的にしっかり活かしていくのは、これら各レイヤーとのコミュニケーション力なのです。

4-4

ディストリビューターは絶対評価と
相対評価で絞り込む

選定の失敗は3年の遅れを生む

■ 日本企業のディストリビューターの選定方法とは

　まず初めに申し上げたいのは、チャネル構築において、ディトリビューター選びは最も重要な仕事であることです。冷たい言い方かもしれませんが、ダメな相手といくらやっても、結果はダメです。

　ダメな結果だけならまだしも、その国におけるビジネスで数年はロスをすることになります。日本企業がディストリビューターと契約をして、1年目の目標が想定通りにならずに次年度で解約できる企業がどれだけあるでしょうか。

　「初年度はやはり色々大変だから仕方がないね。もう1年見てみよう」と前向きな話になります。そして次年度も目標を下回りましたが、多くの日本企業は、「確かに目標は下回ったが、彼らも彼らなりに頑張ったよね。もう少し長い目で見ていこう」とさらに契約を継続します。こうして付き合っているうちに、いつしか中途半端に成果も出て、ディストリビューターを切り替えるにはリスクがあるが、現状のままでは満足していない状態が長く続くことになるのです。

　私たちがチャネル構築のお手伝いをさせていただく企業は、大概この手の問題を抱えています。ディストリビューターのパフォーマンスには満足していなくとも、何年も付き合っていると、なかなか簡単には契約解除ができなくなるものなのです。

　では、こうしたメーカーは、どのようにディストリビューターを選定していたのかについてお話ししたいと思います。まず、はっきりしているのは、これらのメーカーは、選定の際に調査をほとんど行っていません。

　当時、自分の手の届く範囲の中から選んだだけで、他のディストリビューターと比較検討して決めていないのです。例えば、金融機関に紹介されたので決めていたり、展示会で出会ってよさそうだったので決めていたり、自社に問い合わせをもらい何度も通ってくれたので決めていたりと、いわ

ば、すべてを「出会い」の中で決めているのです。

　出会いが悪いと言っているのではありません。きっかけは出会いであっても、あらゆる候補と比較検討した上でやっぱり出会った企業が一番だったねということならよいのです。しかし多くは、出会った企業＝自分の手の届く範囲という非常に狭い選択肢の中から決めているのです。

　さすがに今、大手でこのような方法でディストリビューターを決めているところは稀ですが、彼らが現状のディストリビューターを決めた10年前、20年前は、まさにこのような「出会い」で選んでいたのです。

　友達や恋人など、人と人とは出会いで構いませんが、ディストリビューターを出会いで決めていたら失敗します。後に説明するように、**ディストリビューターは「スキルセット」と「マインドセット」で決めるべき**なのです。それをしてこなかった日本の大手消費財メーカーも、今、アジア新興国におけるディストリビューターの再選定、ディストリビューション・チャネルの再構築を強いられているのです。

■「絶対評価」と「相対評価」で絞り込む

　正しいディストリビューターの選定方法は、「ロングリスト」を作成し、それを「スキルセット」と「マインドセット」で絞り込んでいくことです。

　まずやるべきは、とにかく候補となる選択肢を可能な限り収集し、次ページ図のようにすべての選択肢を縦に並べることです。それを「ロングリスト」と呼び、このロングリストから、最終的な候補である「ショートリスト」に絞り込んでいくのです。

　最初のロングリストに抜けがあると、絞り込んでも精度が落ちてしまいます。従って、極論を言えば、対象となる業界に存在するすべてのディストリビューターをリストアップすることが大変重要です。

　また、このロングリストのステージでは、企業名、住所、電話番号、代表者、ＵＲＬ、Ｅメール、資本金、売上、設立年度、従業員数、マネジメントチーム、組織概要、取扱商品カテゴリー、主要取扱商品、主要顧客（プリンシパル）、主要販売先（クライアント）、主要販売エリア、インポート・ライセンスの有無、セールスチームの有無、ＭＤチームの有無などの比較的基本的な情報が盛り込まれます。

　深いレベルの情報を収集するにはコストがかかりますので、さらに候補を絞り込んだ段階で収集するのが好ましいのです。

●正しいディストリビューターの選定方法

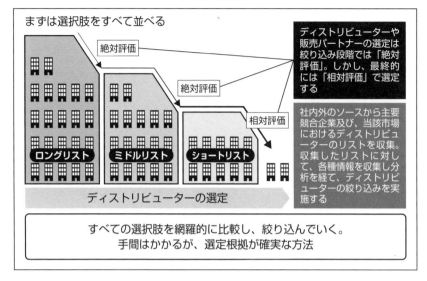

まずは選択肢をすべて並べる

絶対評価

絶対評価

相対評価

ロングリスト　ミドルリスト　ショートリスト

ディストリビューターの選定

ディストリビューターや販売パートナーの選定は絞り込み段階では「絶対評価」。しかし、最終的には「相対評価」で選定する

社内外のソースから主要競合企業及び、当該市場におけるディストリビューターのリストを収集。収集したリストに対して、各種情報を収集し分析を経て、ディストリビューターの絞り込みを実施する

すべての選択肢を網羅的に比較し、絞り込んでいく。
手間はかかるが、選定根拠が確実な方法

　このロングリストでディストリビューターが100社収集されたとして、次にやるべきことは、「絶対評価」で自社の条件に合わない先を除外していく作業です。

　例えば、自分たちの参入戦略が首都中心だった場合、地方部に強いディストリビューターは除外となります。あるいは、同じ消費財カテゴリーでも、自分たちの取扱商品が食品であった場合、非食品に強いディストリビューターは除外になります。

　例えば、自分たちが年間10億円売り上げたいとした場合、現状で売上が数億円しかないディストリビューターは対象とはならないので除外となります。

　ディストリビューターはキャッシュを回すビジネスですので、メーカーが10億円売りたいということは、10億円の商品をメーカーから買わなければなりません。その規模でキャッシュが回せないディストリビューターは対象外となるのです。

　これらいずれの条件も、自社が市場に参入する上で絶対的に必要な「スキルセット」（保有する能力）です。ロングリストは、絶対的な評価基準のもとに判断し、とにかくふさわしくないディストリビューターを除外していくことが重要なのです。

次に、ある程度の数に絞り込まれたディストリビューター、例えば、ここでは仮に10社とします。この10社は、スキルセットの観点からは最低限の条件を満たしています。

　今度は、これらを互いに比較し、より優れた、もしくは適したディストリビューターにさらに絞り込んでいかなければなりません。そのためには、この10社のさらに深い情報が必要となります。それぞれの会社の現社員、元社員、取引先、業界有識者などをヒアリングし、さらに深い情報を訪問調査で収集していくのです。

　実際にどのような情報を収集するかというと、例えば、仕入先（メーカー）との関係、販売先（小売店）との関係、年間仕入量、年間販売量、仕入掛け率、各社との施策の状況、物流、倉庫の状況、日系商品への考え、競合に関する情報、市場に関する情報、今後の展望などの情報です。これらの情報は、実際に会ってFace to Faceの会話の中から収集していきます。

　こうして10社の情報がさらに追加されていくと、10社をそれぞれ相対的に比較し選択することが可能になります。いくつかの比較軸を決めて点数化すると、10社のうち半分が除外され、5社程度のショートリストが完成します。

　いわば、自社のディストリビューター候補トップ5です。ここからさらに最終的な1社なのか、数社に依頼する場合は数社に絞り込むわけです。その話はこの後に詳しくお伝えしていきますが、まずはここまでの一連の流れが、本来やるべきディストリビューターの選定のプロセスであり、正しいディストリビューターの選定方法なのです。

　日本の消費財メーカーは、欧米の先進的な消費財メーカーと比較して、ディストリビューターの質で完全に負けています。繰り返しになりますが、どんなに良い商品も、チャネルが悪ければ売れません。日本の消費財メーカーは、今一度、自社のディストリビューターが本当に適切なのか。競合と比較してどうなのかを整理する時期にきていると思います。私にご相談にくる約8割の企業は自社のディストリビューターには何かしら問題があると認識しています。こうした企業は皆一様にディストリビューターの再選定を始めています。実際にディストリビューターの変更をして1年で、10倍以上の成果を出している日用品メーカーもあります。

4-5

日本とは異なるアジア新興国の
ディストリビューター

> 任せたら売る、が当たり前ではない

■「販売店」と「代理店」の違い

　本項では、アジア新興国のディストリビューターの特徴についてお話しいたします。

　まず最初に、ディストリビューターの定義を明確にしておきます。日本では、「販売店」と「代理店」を混同している人が非常に多いのですが、実は、「販売店」と「代理店」では業務内容が大きく異なります。

　簡単に言うと、メーカーから商品を仕入れ（購入し）、顧客である小売に販売するのが「販売店」です。従って、顧客との契約は販売店が行います。それに対して、メーカーと顧客を仲介してコミッションを得るのが「代理店」です。

　「販売店」は、商品を購入して売りますので、資金リスクを取ります。対して代理店は、メーカーから商品は購入せず、メーカーの代理として顧客との間を仲介するので資金リスクは取りません。顧客との契約は、メーカーが行います。従って、販売店契約と代理店契約では、その内容は大きく異なるのです。

　販売店は英語で、ディストリビューター（Distributor）、契約形態は、販売店契約（Distribution Agreement）となります。代理店は英語で、エージェント（Agent）、契約形態は、代理店契約（Agency Agreement）となります。このように販売店と代理店では、まったく機能が異なるので注意が必要です。本書の主たる対象である食品／飲料／菓子／日用品等の業界では、販売店が主流で、契約が販売店契約になりますので、引き続き「ディストリビューター」という言葉を活用していきます。

■ アジア新興国のディストリビューターの特徴

　それではアジア新興国の食品／飲料／菓子／日用品等のディストリビューターの特徴を見ていきましょう。まず、最初に言えるのは、アジア新興国のディストリビューターは、業界を問わず9割は華僑です。

食品／飲料／菓子／日用品の場合、一部の財閥系を除き、大半のディストリビューターは設立から30年程度の社歴です。先代が一代で事業を起こし、現在、二代目に承継済み、もしくは承継中という会社が多いです。完全なるファミリービジネスで、それなりの規模になると親戚一同が会社の重要ポジションに就いています。また、後継ぎが女性である場合も珍しくありません。

　そして、ファミリー企業ですから、非常に強いリーダーシップのもと、スピーディーな経営をしています。従って、日本企業に見られる決断の遅さや、段階を踏んでから的なビジネスの仕方にフラストレーションを持つ企業も少なくありません。

　一昔前のディストリビューターであれば、日本のメーカーの言うことはすべて聞き入れ、必死に日本のメーカーの要望に応えていたでしょう。パワーバランスは完全に日本のメーカーにあったと思います。しかし、現在は彼らもそれなりに力を付け、企業規模も大きくなったのと、これまで多くの決断力のない日本企業を見て接してきているので、是非とも取り扱わせてほしいとはなかなかなりません。

　欧米の先進的なグローバル消費財メーカーの商品を取り扱っているようなディストリビューターならなおさら、決断力のない日本企業に付き合っている暇はないというスタンスのディストビューターも少なくありません。

　「日本企業はよく来るけど、なんか色々と市場のことやら会社のことを聞きに来て、でも一向に話が進まないね。日本企業は、ＮＡＴＯだね」と皮肉るディストリビューターさえいます。ＮＡＴＯとは、アジア新興国の人が日本企業を皮肉って表現する言い回しで、「No Action, Talk Only：話ばかりで進展がない」の略称です。悲しい現実ですが、日本メーカーのプレゼンスは、いっときに比べかなり低下しています。

　では、実際にこれらのディストリビューターを活用したら思うように商品がバンバン売れていくのかというと、これもまた違います。

　彼らも口では偉そうなことを言いますが、市場のすべてを正しく理解し、任せておけばうまくいくのかというとそうではありません。ビジョンとミッションをしっかりと共有し、同じ戦略とKPIの下、オペレーションを実施し、常に管理育成しなければサスティナブルな成長は得られません。

　欧米の先進的な消費財メーカーはここが非常にしっかりしているので、

高いシェアをアジア新興国で持っているのです。今では、アジアのローカル系メーカーも、ディストリビューターの管理育成の重要性を理解し経営資源を投下しているのです。

■ディストリビューターの機能

次に、物理的な機能に関して見て行きましょう。アジア新興国では、ディストリビューターの機能＝役割が日本とは少し異なります。国によっては大きく異なることもあるので注意が必要です。

そもそもアジア新興国のディストリビューターの起源はデリバリーボーイの集まりでした。欧米の消費財メーカーが進出するとともに、デリバリーボーイの集まりをディストリビューターとして少しずつ育てていったのです。

従って、ディストリビューターの最初の機能は、セールス以上にデリバリー、つまりは配達だったのです。

ディストリビューターにセールスの教育をしていき、現在の事業内容、つまりはデリバリーとセールス機能を持てるようになっていったのです。それ以外の機能についてはまちまちです。

これらディストリビューターの機能を大きく分けると、下図のようにデリバリー、セールス、マーチャンダイジング、プロモーション、そして、インポート（輸入）の５つの機能になります。

プロモーションに関しては、仮に機能や部門を持っていたとしても、店頭プロモーションなどの限られたBTL（Below the Line）に限定されます

●ディストリビューターの５つの機能

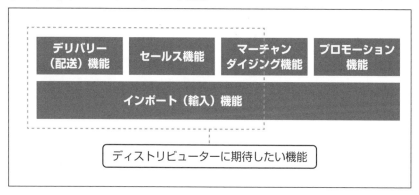

ので、マス広告のATL（Above the Line）だったり、デジタル・マーケティングの領域までとなると、レベルは低いので専門の会社を活用することをお勧めします。

その他、アジア新興国で色々なディストリビューターを回っていると、米P＆Gや、英蘭ユニリーバ、瑞ネスレなどの先進的なグローバル消費財メーカーに育てられたというディストリビューターに出会います。そういったディストリビューターは、大概しっかりしています。

特徴としては、米P＆Gが活用しているディストリビューターは、比較的中堅から大手で、セールス機能含めしっかりしています。英蘭ユニリーバと瑞ネスレが活用しているディストリビューターは、小規模で、セールス以上にデリバリー機能中心のところが大半です。

さて、ここで少しベトナムのお話をしたいと思います。ASEANの中でも、ベトナムだけはディストリビューターの機能が大きく異なるので注意が必要です。

先に少しお伝えしましたが、ベトナムでは、一部の大手ディストリビューターを除いてデリバリー機能しかなく、セールスはメーカーの役割なのです。従って、ディストリビューターとは、「モノを運ぶ」ことが主たる役割の会社であり、機能だけで言えば、日本でいうところのヤマト運輸や佐川急便になるわけです。

ベトナムは現在でも社会主義国家ですが、その昔、より社会主義色が濃かった時代、メーカーが商品を作ったら、それを買って商売をしたい人たち（今でいう卸問屋など）は、メーカーに商品を買いに行っていました。そしてその下のレイヤーの人たちも同じく買いに行っていました。

つまり、買いたい人が、商品を持っている人のところに買いに行くというのが常識だったのです。その商習慣が今でも残っているのがベトナムなのです。顧客のところへ売りに行くというセールスの概念は欧米系企業が持ち込んだのです。

4-6

オフィス・倉庫から見るディストリビューター

規模によって違うオフィスと仕事の内容

■ディストリビューターの規模は倉庫でわかる

　ここで規模別にディストリビューターの機能の違いを紹介いたします。

　まず、ディストリビューターが持つ代表的な機能、先に解説したような5つの機能（179ページ）の有無は、ディストリビューターの規模に直結します。規模が大きなディストリビューターは、強いセールス機能やデリバリー力に合わせ、マーチャンダイジング機能、プロモーション機能（BTL中心の場合が多い）を保有している傾向が強いです。

　中には、パッケージングの機能や、ボトリング、半製造業的な機能まで有しているところもあります。

　逆に、規模が小さければ、基本的にはセールスとデリバリー機能のみで、その対応エリアや対応小売も地域密着度が高く限定的になります。**ディストリビューターを見る際に最も重要となるのはやはり倉庫**です。

　オフィスは、日中に行ってもセールスや営業車、配送車などは出払っているので、広さや席数からなんとなくの規模はわかっても詳しい情報を取るのは難しいものです。

　しかし、倉庫を見れば大概のことはわかります。どのような商品を取り扱っているのか。何が売れているのか。主力商品はなんなのか。どのように管理しているのか。どれぐらいの量の商品があり、どれぐらいの規模のビジネスをしているのかなど、重要な指標はほぼ把握できます。

　大規模なディストリビューターは、オフィス棟が3階建などで見るからに規模が大きいのがわかります。そして、倉庫も大きく、置いてある物量でおおよその規模が想定できます。

　一方で、小規模なディストリビューターでは、事務所棟などはなく、小さな倉庫に仕切りをして事務所スペースになっているケースが大半です。

　大規模ディストリビューターの売上は、取り扱っているモノにもよりますが、おおよそ数十億円前半から数百億円前半です。ASEANなどの地域

では、特に米Ｐ＆Ｇが好んで活用しているクラスです。彼らはこれら大規模から中規模のディストリビューターを１カ国で８社程度活用する傾向があります。

　一方で、小規模のほうは売上数億円規模です。セールス機能は持ち合わせていません。基本的に周辺地域の既存店に配達するデリバリー機能のみです。これらは英蘭ユニリーバや瑞ネスレなどが好んで活用しています。彼らは、こうした小規模のディストリビューターをエリアごとに、１カ国150～200社程度活用しています。

■ 大規模ディストリビューターのオフィス

　次にオフィスの中を見てみましょう。

　大規模なディストリビューターで高いパフォーマンスを発揮している企業は、いくつかの特徴があります。まず１つは、プリンシパルである欧米系の先進グローバル消費財メーカーの担当者の部屋があったりします。メーカーの担当者は、基本、毎朝このディストリビューターに出勤し、相手先の担当マネージャーと共に日々の売上管理や週間目標の管理をしています。

　このように一緒に活動することでディストリビューターの管理と育成を行っているのです。場合によっては、セールス担当者にＧＰＳを持たせている企業もあります。もちろん、監視するという意味合いもありますが、高いパファーマンスを出す人は往々にして行動プロセスが効率的であるため、そのプロセスを分析して社内にシェアし、パフォーマンスが低いセールスの参考にするのです。

　次に、オフィスには担当者別の目標に対する進捗表が貼り出されています。セールススタッフは自身のスマートフォンにデータを打ち込んで仕事を進めます。

　先進的なディストリビューターは、セールスにエクセルをいじらせることはしません。すべてスマートフォンの専用アプリへの単純な入力です。セールスにセールス以外の仕事を極力させないことがポイントです。アジア新興国では、特にこのことは重要です。なぜなら、日本人のように様々なことへの対応力や忍耐力、手間や労力への対応力、さらにサービス残業的な概念があまりないからです。

■小規模ディストリビューターのオフィス

次に、小規模なディストリビューターを見ていきましょう。

小規模のディストリビューターは、夫婦で切り盛りしているケースが少なくありません。奥さんが経理や契約ごとなどの事務的な仕事をこなし、旦那さんがデリバリーをこなします。

一応、旦那さんが社長で奥さんが副社長ですが、実質的には奥さんが会社を回していることも少なくありません。アジアの女性は優秀で、特にベトナムやフィリピンは女性のほうがしっかりしていて、ディストリビューターにも女性社長が少なくないのです。

小規模ディストリビューターは、先にも説明した通り、主にデリバリーが業務です。小さな雑然とした倉庫に数種類の商品が積み上げられており配送だけを行っています。

これらの小規模なディストリビューターはあまり多くの種類の商品を取り扱っていません。メインの商品を数点です。オフィスには、数名の社員がおり、主に伝票などの管理業務をしています。

メーカーから決められたエリアの決められた伝統小売（TT）にしっかりデリバリーすることが彼らの業務です。このようなディストリビューターを伝統小売市場への販売チャネルとして、欧米の先進的なグローバル消費財メーカーは、100社も200社も活用して、市場の隅々まで商品を行き渡らせるのです。

4-7

最適なディストリビューターの選び方

> 最終的に三択を迫られるディストリビューター選び

■ディストリビューターの選択肢は毎年狭くなっている

これからアジア新興国に進出してディストリビューターを決める際には、多くのディストリビューターはすでに、先進グローバル消費財メーカーをはじめとする競合他社と契約済みであることを念頭に置かなければなりません。

自社が非食品メーカーで、伝統小売（TT）を含めて本気でマーケットシェアを取りたいならば、「ＰＧモデル」（102ページ）を参考に、規模が大から中のディストリビューターを選択していく必要があるでしょう。自社が食品メーカーで、伝統小売を含めてマーケットシェアを取りたいならば、「ネスレ／リーバモデル」（104ページ）を参考に小規模のディストリビューターを活用したディストリビューション・ネットワークを構築しなければなりません。

しかし、良いディストリビューターになればなるほど、すでに競合が活用している可能性が高いのです。優れたディストリビューターは、基本的にディストリビューター単体で自発的に優れた能力をつけていったのではありません。多くの場合、優れた欧米系の先進グローバル消費財メーカーに管理育成され、その能力を高めていったのです。従って、それら欧米の先進グローバル消費財メーカーに対するロイヤリティが高く、彼らの競合になるような商品の取り扱いは難しかったりします。

私はアジアを中心とした様々な国のディストリビューターの情報をリスト化し、毎年更新していますが、優れたディストリビューターほど欧米の先進グローバル消費財メーカーがすでに活用しています。日本の消費財メーカーにとって、ディストリビューターの選択肢は毎年狭まってきているのです。そんな背景の中で、ディストリビューターを選ばなければならず、なかなか一筋縄ではいかないのが昨今の状況なのです。

■選択肢は３つのグループに集約される

次ページ図は横軸が取扱商品の近さ、縦軸がディストリビューターの企

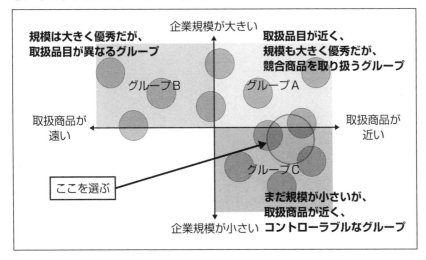

● ディストリビューターの3つのグループ

規模は大きく優秀だが、取扱品目が異なるグループ

企業規模が大きい

取扱品目が近く、規模も大きく優秀だが、競合商品を取り扱うグループ

グループB

グループA

取扱商品が遠い ← → 取扱商品が近い

グループC

ここを選ぶ

まだ規模が小さいが、取扱商品が近く、コントローラブルなグループ

企業規模が小さい

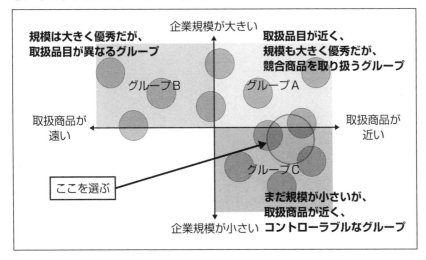

業規模を表しています。4－4（173ページ）で選定したディストリビューターをこの図にあてはめて考えてみてください。

　取扱商品の近さというのは、例えば自社が食品メーカーであれば、右は食品系に強いディストリビューター、左は非食品に強いディストリビューターになります。

　グループAは取扱商品が近く、規模も大きく最も優秀な会社です。グループBは取扱商品は違うものの、規模が大きい会社です。グループCは、まだ規模は小さいものの取扱商品が近い会社となります。左下は規模が小さくて取扱商品も遠いので、まずもって不適切となるわけです。

　従って、ディストリビューターとしての選択肢はこのグループA、B、Cの3つになるのです。では、グループAからCの中で、どのグループを選ぶのが最も適切なのか。そして、その理由はなぜなのかを1つひとつ見ていきましょう。

■ グループAは契約できない可能性が高い

　まずは、グループAからです。グループAは、企業規模も大きく、取扱品目も自社に合致した企業です。企業規模が大きいということは、経営資源が豊富にあるということです。セールス機能やデリバリー機能も充実しています。また、キャッシュを回す力も持っています。キャッシュを回す

ビジネスであるディストリビューターの機能の中で最も重要なのは潤沢な
キャッシュフローがどれだけあるかです。

例えば、当該国で年間100億円のビジネスをやりたかったら、年商10億
円のディストリビューターと付き合っても達成できません。理由は簡単で
す。年商10億円のディストリビューターに年間100億円の資金は回せない
からです。

従って、右上の端に行けば行くほど、規模が大きく、取扱品目が近い、
一見して良い企業に見えます。必ずしも規模の大きな企業が良いとは言い
ませんが、こと食品や飲料、菓子、日用品関連業界のディストリビュータ
ーは大きくても売上数百億円程度なので、一般的にはある程度大きいとこ
ろと組むほうが成功確率は上がります。

しかし、現実的にはそれらのディストリビューターとは組めないことや、
組むべきではないケースは少なくありません。その理由は、すでに他の競
合が活用しているディストリビューターだからです。

例えば、すでに競合他社の商品を取り扱っていたら、自社としても競合
が使うディストリビューターを活用するのに問題があるケースもあります。
一方で、自社としては競合商品を取り扱っていてもよくても、競合他社と
の長年の関係性から、逆に向こう（ディストリビューター）から断られる
可能性もあるのです。

もし仮に契約ができたとしても、数十年以上も前から関係があり、その
競合に育ててもらったと感謝している企業もあるでしょう。そして、現状
で市場シェアが20％以上あり、当該ディストリビューターの取扱品目の30
％程度のボリュームがあったりすれば、自社よりもその競合が第一優先に
なるのは明らかです。

従って、規模が大きく、取扱品目が同じディストリビューターとは、な
かなかすっきりと組めないのが現実なのです。

■ グループBは成果が上がらないことが多い

次に、グループBを見ていきましょう。グループBは、規模は大きいの
ですが、取扱品目が遠いディストリビューターです。これらのディストリ
ビューターをどう見るべきか。

一見すると、確かに取扱品目は遠いのだけど、企業規模は大きいので、

経営資源はしっかりと整っているし、やればできるんじゃないのと思いがちです。ですが、現実的にはこれらのディストリビューターと組んでもなかなかうまくいきません。

　例えば、自社が食品メーカーだとします。そしてディストリビューターは、日用品系で、シャンプーやスキンローションなど、ヘアケアとスキンケアに強く、食品に関しては、サプリメントや健康食品を若干取り扱うのみだとします。

　しかし、そのディストリビューターの規模は申し分なく、セールスチームやデリバリーチームの数と質、さらには、当該国の主要な近代小売（MT）のすべてに彼らが取り扱うヘアケアとスキンケア商品が配荷されているので、小売とも強固な関係があることが伺えます。

　確かに、取扱品目は遠いが、規模が大きいこのディストリビューターなら、グループAと同じことができるのではないかと思いがちです。特にグループAの選択肢が全滅している場合など、そのプラス思考な想像はさらに膨らんでいきます。

　では、実際にやらせてみると何が起こるのか。成果がなかなか上がりません。まず、ヘアケアやスキンケアなどの非食品系のディストリビューターが持つ経営資源は、ノウハウがヘアケアとスキンケアなので、そう簡単には食品分野で活かされません。

　例えば、セールスの質は、ヘアケアとスキンケアの分野だから担保されており、食品となるとまた別物です。一番大きいのが小売との関係です。取扱商品が違っても、当該小売へ商品を入れているのだから関係は強いと考えるわけですが、結局のところ、スーパーマーケットやハイパーマーケットなどは、商品レーンやカテゴリーごとにバイヤーが違い、ヘアケアやスキンケアのバイヤーとの関係が強いだけで、食品関連のバイヤーとはイチから人間関係を作っていかなければならないのです。

　また、もう1つの問題は、そもそもヘアケアとスキンケアのディストリビューターが食品を取り扱うことの本気度がどうかです。基本的には、ディストリビューターのオーナー社長が、将来を見据えた新たなカテゴリー拡大戦略の一環として、食品カテゴリーを強化していくという強い意志のもと食品カテゴリーの取り扱いに経営資源を投資するといったスタンスでなければ、なかなかうまくいきません。

ヘアケア、スキンケアのディストリビューターにとって、食品はポートフォリオ的にマイナーです。部課長レベルの決断で取り扱いを決めた程度であれば、当然、回ってくる人材はエース級ではなく、数もそれほど多くはなりません。大手と組んだつもりが、実態は小規模レベルだったというケースも多々あります。従って、このグループＢも、オーナー社長の強い意識の下という条件なくしては、現実的にはあまりワークしないケースが多いのです。

■ グループＣの規模はそこそこで取扱商品が近い会社が狙い目

　そして、最後がグループＣです。グループＣのディストリビューターは、取扱商品が近いのはいいものの、規模が小さいことがネックになります。しかし、小さいゆえのフットワークの軽さや、コントローラブルで、こちら側が管理育成しやすいというメリットがあることも忘れてはいけません。

　また、グループＣのディストリビューターによくあるのが、まだそれほど大手の企業の商品は扱っていないけれど、創業10年程度で活気にあふれ、オーナー社長はまだ30代か40代というケースです。特に海外のメーカーとの取引となれば、社長がすべてのミーティングに出てきてやる気満々という状況です。取り扱い品目が近ければ近いほどよく、できる限り企業規模も大きめなほうがよいので、グループＣの右上あたりが最適です。

　こうしたディストリビューターを、いずれグループＡに入れるような企業にまで育て上げ、一緒に成長するというのがお勧めの方法です。この方法は、後発の日本のメーカーにとって、グループＡから選ぶよりも、グループＢから選ぶよりも成功確率が高いのです。ただし、そのやり方には若干の戦略的工夫も必要です。

　では、どのような戦略的工夫が必要なのかを見ていきましょう。まず重要なのは、グループＣの中から選んだディストリビューターの実力値を正確に把握することです。具体的には、どこのエリアとどこの小売に強いのかです。そしてその強いところだけにフォーカスさせ、他のエリア、他の小売は、グループＣの別のディストリビューターを選んで任せるのです。

　つまりは、グループＣの中からエリア別、小売別に複数のディストリビューターを選定するのです。グループＣを選ぶということは、グループＡより、規模で劣っているわけです。その規模を補うためにディストリビュ

ーターの数が重要なのです。

　そして、その複数のディストリビューターをエリアと小売で分けることで、極力自社内競合の機会を低く抑えるのです。

　このような形で数年にわたり管理育成を進めていくと、ディストリビューターの中には大きな成長を見せ、商品の取扱比率が会社全体の３割、４割を超えてくるような企業が出てきます。

　その会社は売上の３割、４割が自社の商品なので、当然、自社が重要な取引先になります。すると、すべての活動がプラスのスパイラルに回っていきます。重要なのは、複数選んだディストリビューターから、こうした会社を何社生み出せるかです。

　ディストリビューターをしっかりと管理育成し、ともに育ち、彼らをグループＡにのし上げるように一緒に成長するのです。これができると、自社のチャネルは模倣困難性の高い非常に優れたディストリビューション・ネットワークになるわけです。

　今、アジア新興国で、強固なチャネルを持つ先進グローバル消費財メーカーも、20年、30年前から、これと同じことをやってきたのです。グループＡのディストリビューターは、先進グローバル消費財メーカーが作り上げたと言っても過言ではないでしょう。

　彼らに育てられたディストリビューターをそう簡単に日本企業色に染めることはできません。日本の消費財メーカーも、自身に合った形へとディストリビューターを管理育成していかなければならないのです。一見、大変な作業に見えますが、それが唯一の成功法であり、地道に構築する以外に方法はないのです。

　実際に、某菓子メーカーでは、このグループＣの中から非独占でエリア別に複数のディストリビューターを選定するという選択をしました。その結果、次年度で目標の1.6倍の伸びを達成し、３年目で目標の２倍以上の伸びを達成しています。

　その要因は、やはり規模は小さいながらもしっかりと各ディストリビューターが得意なエリアを把握し、それに合わせて複数のディストリビューターを活用したからです。

スキルセットよりも「マインドセット」

オーナー社長の考え方と信頼できる相手か否かが重要

■ まずはスキルセットで絞り込む

　ディストリビューターの選定は、まずは絶対評価です（174ページ）。数年後に売上数十億円にしたいのに、現在の売上が5億円のディストリビューターでは、その可能性は著しく低いと言えるでしょう。

　ディストリビューターは、相手の会社から商品を買って、在庫して、小売や2次店に売るのがビジネスモデルで、その中間流通マージンは果たす機能や量によって数％から数十％です。売上が5億円しかないディストリビューターが、数年内に数十億円を回せるとは考えにくいのです。

　もちろん、絶対評価はキャッシュフローだけではありません。自社がターゲットとしている小売との関係が強いのか否か、小売への提案力や交渉力はどうか。配荷エリアと、それらエリアでのマーチャンダイジング機能は十分であるか、などなど。

　私は、**絶対評価の基準を、「提案力」と、「配荷力」と、「資金力」の3つに集約し、絶対評価をする**ようにしています。

　1つ目の**「提案力」**とは、ディストリビューターの小売に対する提案力を指します。

　そもそも、自分たちがターゲットとしている小売との強い関係があるかどうかです。御用聞きレベルの関係なのか、それとも、小売バイヤーに一目置かれ、提案を真剣に聞いてもらえるだけの存在なのかなど、どのレベルの提案ができる関係なのかが重要です。

　具体的に、どれだけの実績があるのかを数字で把握することが大切です。多くのディストリビューターは、「私に任せておけ。私はその小売と長年強いリレーションがあるから安心しろ」と言います。しかし、人によってこの「強いリレーション」の定義はまちまちです。

　「そうですか。了解しました、任せます！」では、後に、商品を小売に入れられない、入れられても無駄に高い導入費がかかる、商品を入れたは

いいが、場所が悪いなどの問題が起きても、何の対策も打てずにただただフリーズするしかなくなります。そのためにも、**ディストリビューターの提案力を具体的に数字で把握する**ことが重要なのです。

　2つ目の「**配荷力**」とは、近代小売（MT）はもちろんのこと、伝統小売（TT）を含めたディストリビューターの配荷力（デリバリー能力）を指します。どの近代小売にどのような商品を配荷できるのか。伝統小売に関しては、どのエリアのどのレベルの伝統小売に何万店舗、何十万店舗配荷できるのか。サブ・ディストリビューター（2次店や3次店）の活用実態はどうなっているのか。セールスはどのレベルまでできるのか。デリバリーはどうなのか。マーチャンダイジングはどうなのかなど、**配荷に関わるあらゆることを具体的に数字で把握することが重要**です。

　そして、3つ目が先にもお話をしたディストリビューターの「**資金力**」、つまりはキャッシュフローです。ディストリビューターという商売は、メーカーから商品を購入し、一定期間在庫し、小売へ販売します。**海外メーカーとの取引は、100％前金で支払い、小売からは後金で受け取っていますので、商売を回すためには資金力が必要**になります。

　年間50億円売りたいメーカーが、年商10億円程度のディストリビューターを活用しても、そもそもそのディストリビューターに年間50億円もの商品を買ってもらうことは不可能でしょう。従って、資金力は大変重要になるのです。

■スキルが同じならマインドで決める

　これらディストリビューターの「スキルセット」は、言うなればディストリビューターのケイパビリティ（能力）の評価です。ある一定のケイパビリティを満たしていなければ、ディストリビューターとしてはふさわしくないので、そこまでは絶対評価をして絞り込みを行うわけです。ただ、ある程度絞り込まれたら、スキルセットは一長一短となり、どこを選んでも大差がないレベルになります。

　その後は、「マインドセット」での絞り込みとなります。そして、それは相対評価になるのです。

　スキルセットが、その企業のケイパビリティであるならば、マインドセ

ットは、その企業のパーソナリティです。そして、その**マインドセットを
判断する3つの要素**は、「企業理念」「社風」「社長の人柄」になります。
1つひとつ見ていきましょう。

　まず、1つ目は「**企業理念**」です。これは企業の存在意義そのものを決
める大変重要なことですので、その企業の目指すべき姿が何で、使命が何
なのか、そして何を共通の価値観としているのかは、しっかりと見極める
必要があります。

　理念のない会社にあるのは、営利だけです。企業にとって、営利は最も
重要ですが、理念のある営利と理念のない営利では、困難に直面した際の
結果に大きな差が出ます。自社がディストリビューターとして活用する上
では、最低限の共感ができる理念があるかどうかをしっかりと見極めまし
ょう。

　次は「**社風**」です。社風の合わない企業をディストリビューターとして
活用しても、やはり長期的にはうまくいかないことが多いと思います。

　社風は、企業理念、また、社長や役員など上層部の影響が大変大きく影
響します。社風の合わない企業とは、結局、親密な関係を築くのは難しく、
長期的な関係を考えると、うまくいっている企業が少ないのが現実です。
自分たちがよいと思える社風があるのか否かもしっかりと感じる必要があ
るのです。

　そして最後が、「**社長の人柄**」です。アジアのディストリビューターの
9割は華僑のオーナー企業です。食品、飲料、菓子、日用品等の分野です
と売上規模は大きくても数百億円程度ですから、必ずオーナー社長と会っ
て、その社長の人柄を理解してから契約を進めなければいけません。

　その人柄に共感できなければ、これも長期的に良い関係を築くことは難
しいでしょう。逆に、人柄に共感できるのであれば、そのオーナー社長を
しっかりと押さえるべきです。超ワンマン企業ですので、社長の決断がす
べてというケースは多々あります。オーナー社長をしっかり押さえて契約
し、その後もしっかり押さえ続けられるか否かで成功確率は大きく変わっ
てくるのです。

■最後はオーナー社長の本気度合いで決める

　結局のところ、ある一定のスキルセットをクリアできたら、その後の選

●スキルではなくマインドの良い会社を選ぶ

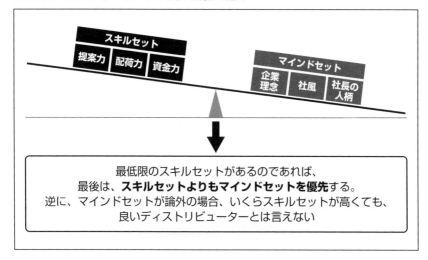

最低限のスキルセットがあるのであれば、
最後は、**スキルセットよりもマインドセットを優先**する。
逆に、マインドセットが論外の場合、いくらスキルセットが高くても、
良いディストリビューターとは言えない

定は、スキルセットよりも会社のマインドセットを優先するべきであることを、過去の経験から痛いほど感じています。もちろん、スキルセットのない相手とは何年やっても目標は達成できません。ディストリビューターの成長余力などは計算に入れるべきではありません。

しかし、ある一定のスキルセットをクリアしたら、後はオーナー社長のマインドセットです。わかりやすく言うと、能力が足りていても、やる気のない相手はダメだということです。重要なのは、最低限の能力があれば、あとはやる気です。そして、アジア新興国のディストリビューターは、完全トップダウンの企業が大多数なので、オーナー社長のやる気が本気か否かの見極めが大変重要です。

■相手のマインドセットを高める努力も大事

また、ディストリビューターとファーストコンタクトを取ってから契約まで半年あるとすれば、その中で、どれだけ相手のマインドを高められるかもメーカーの仕事です。

戦略についてディストリビューターと議論を重ね、契約までに細かなディテールを詰めていきます。その戦略にディストリビューターのオーナー社長が心を動かされてこそ、「この商品をこの市場で広めたい！」と、力を入れて取り組んでくれるのです。その結果、マーケットシェアが高まる

ことにつながるのです。

　FMCGメーカーで販売がうまくいっていない日本企業は、皆マインドセット以上にスキルセット（企業規模）で相手を決め、またマインドセットを高める努力もしてこなかった企業が非常に多いのです。
　逆に成功している企業は、ディストリビューターにある一定のスキルセットが備わっていれば、後は徹底してマインドセットでパートナーを決め、その後も引き続きマインドセットを高める努力をしてきています。
　それもただ気が合うということではなく、いかに自分たちの商品に興味を持ち、それを売るための具体策を考えてくれているのか。このポイントを重要視している企業は、皆一様に高い成果を上げています。
　某大手食品メーカーの例では、かつては確かに相手の企業規模でディストリビューターを選定してきたのですが、数年前から考え方を変え、ある一定のスキルセットがあれば、あとはとことん議論して決めるという基本ルールを制定し、それに従って選定をしていきました。
　結果、基本ルールの制定前と後では、売上が倍以上違うのです。このことにはこの食品メーカー自身が一番驚いています。

　最後に、忘れてはいけないのが、相手もこちらの本気度を見ているということです。皆さんがディストリビューターのスキルやマインドを見極めようとする時には、ディストリビューターのほうも皆さんのスキルやマインドを見ていることを忘れてはなりません。
　何より、こちらが本気で事業をしようとしているのか否かは、徹底的に見極められています。ディストリビューターとしても、相手が大した仮説も戦略も持たずにとりあえずやってみて、ダメなら引けばいいと思っているような企業なら構うだけ時間の無駄になるのです。

4-9

必ず「戦略」を作成し、語る

戦略なきメーカーは相手にされない

■ 日本での実績よりも「現地での戦略」を語れ

前項で、ディストリビューターは何より日本企業の「戦略」を見ていると述べました。これは小売店についても同じことです。

いくら日本で成功しているメーカーであっても、ディストリビューターや小売店からは、「日本企業が軽い気持ちで来て、ダメだったらすぐ撤退するんだろう」と、最初は冷ややかな目で見られていると思っておいたほうがいいでしょう。

多くの日本企業は、とにかく「自分たちの会社は日本ではとても大きい」「従業員が何千人いる」「100年近い歴史がある」「日本での売上は何千億円です」「弊社の商品は品質が高い」「日本ではシェアが高い」と、自分たちの会社概要と日本での実績を語ります。

最も重要な、何のために異国であるその国に来て、何を実現したいのか。それはどのような方法で実現しようとしており、ディストリビューターには何を担ってほしいのか。そして、将来的にその国でどのような世界観を描こうとしており、双方にどのようなメリットがあるのか、つまりはビジョンと戦略を語りません。

相手にとって、日本では大きな会社だとか、シェアが高いとか、品質が良いとか、そんなことはすでに知っているのです。

それよりも自社のビジョンと戦略を、「こんなことをあなたたちと一緒に実現したいんだ！」ということをディストリビューターや小売店に話すことが重要なのです。

■ 戦略があるだけで態度が変わる

ある大手化粧品メーカーでは、ディストリビューターを訪問する際に、事前に策定した販売戦略を持って訪問しました。

するとディストリビューターがその化粧品メーカーを見る目がまったく変わりました。一般的な日本企業のスタンスは、何を実現したいかはあり

●多くの日本企業が、現地の小売やディストリビューターに語ること

ますが、それをどう実現するのか、つまりは戦略を持たずに訪問するケースが大半です。そのため、その化粧品メーカーを見る目は、まるで欧米の先進グローバル企業を相手するような目に変わり、態度も真剣そのものになりました。

　こうして始まった関係は、その後も歯車がガッチリと合い、メーカーとディストリビューターとしての良い関係を維持し続けています。売上も対目標値で毎年110%以上の達成を実現しています。

4-10

契約締結に向けての正しいアクション

契約締結前から戦いは始まっている

■チャネル作りは「発掘選定」「契約交渉」「管理育成」

　4-3（170ページ）で、強固なチャネルを作る3原則に関して説明しました。この3原則が概念であるならば、ここでは各論である方法論について解説します。**強固なチャネル作りは、「発掘選定」と「契約交渉」と「管理育成」の3つで決まる**と言っても過言ではありません。それぞれを詳しく見ていきましょう。

　まず「発掘選定」とは、数ある選択肢からディストリビューターを発掘し選定することです。選定方法に関しては、173ページ（4-4）で解説しましたのでここでは改めて説明はしませんが、どんな相手を選んだかによって、その成果は天と地ほどの差が出ます。

　当たり前ですが、良い相手を選べば、当然成功確率は上がります。一方で、ダメな相手とは何年やってもダメです。それどころか、一度ダメな相手と組んでしまったら、3年は引きずられます。

　というのは、仮にディストリビューターとの契約が1年ごとの契約更新になっていても、4-4でも述べたように、「初年度は様子見だから」となり、次年度は、「去年よりは進歩したし、来年は絶対やれると言っているし」となり、結局3年くらいは引きずられます。なので、ディストリビューターの選定は、多少、時間とお金と労力がかかっても、成功の確率を上げるために、先に解説した「絶対評価」と「相対評価」の絞り込みでしっかりと選定する必要があるのです。

　次の「契約交渉」とは、契約締結後に、どのようなプロセスで、どのような売上を実現するのかを交渉し契約することです。これは、ディストリビューターとの契約内容はもちろんのこと、契約までにどれだけ共通の目標と、その達成に向けた方法論を可能な限り具体的に数値化して、互いがその達成をしっかりと認識した上で契約できるか、ということです。

　日本企業の場合、守備は万全なので、防御力の高い基本契約だけを非独

占で契約し、その後のことは契約後に少しずつ詰めていきましょう、で進むケースが少なくありません。従って、攻撃側、つまりはいくらの売上を目指すのか、どのように進めるのかが緩いまま走るのです。

　しかし、ある程度しっかり「発掘選定」したディストリビューターは、まったくダメではなく、それなりの成果は出してきます。だからかえって関係が切れずにズルズル不完全燃焼で続いていくのです。重要なのは、契約締結までに、完全に目標の目線を合わせて、その方法論をディストリビューター任せではなく、可能な限り一緒に具体的し、KPI（重要業績評価指標）を設定すること。その両社の約束事が契約書の攻めの部分に反映されることが重要で、防御部分の契約ならだれでもできるのです。

　しかし、実は、ここまでの「発掘選定」と「契約交渉」を最大限やっても、成功確率は60％から70％程度にしかなりません。最も重要なのは、その後の「管理育成」なのです。

　「管理育成」とは、ディストリビューターの管理育成を指しています。契約までに決めた目標数値や、方法論、なによりKPIがデイリー、ウィークリー、マンスリーでしっかりクリアされているかを管理しなければなりません。

　よくある失敗パターンとして、決めるだけ決めて契約し、その後の管理ができずに結局、通期でフタを開けたら決めたことがまったくできていなかったというケースです。これをなくすためには、とにかくKPIの管理です。そして、想定を下回った場合に、想定値が達成できない場合に、なぜ達成できないのか。どうしたら達成できるのかを一緒に考える。彼らが達成できるための英知を注ぐことこそがメーカーがやるべき育成なのです。この「管理育成」までの３点が一気通貫できてはじめて、60％から70％の確率が100％に近くなるのです。

　ある日用品メーカーは、かつては大手を中心としたディストリビューターを選んで後はお任せにしていたのですが、数年前から実際にこの「発掘選定」と「契約交渉」に力を入れてディストリビューターを決め、決めたあともしっかりと「管理育成」に努めた結果、ここ数年で海外売上が1.5倍になっています。

契約締結までのアクションで売上は決まる

契約を結ぶまでの過程も大事

■ 契約締結後のアクションをどこまで詰められるか

　最終的に絞り込んだディストリビューターと契約を締結するにあたり、本来のあるべきプロセスは、次ページ図のようになります。日本企業の場合、ディストリビューターの発掘選定が終わり、ある程度絞り込まれたら、目標を達成するための具体的戦略を決めずに契約をし、後はお任せにしてしまう傾向があります。

　しかし、「作るのは私たち、売るのはあなたたち」と売るための戦略をディストリビューター任せにしてしまうと、多くの場合うまくいきません。また、何か問題が発生した際に、問題の原因把握や、対策を講じることができなくなるため、何から何まで彼らの言いなりになってしまいます。

　しかし、ディストリビューターがすべてを把握しているとは限りません。問題の本質や対策をディストリビューター自身が把握しきれていないケース。また、ディストリビューターとメーカーにはそれぞれの利害があります。

　彼らは、1社の商品だけを扱っているのではありません。他にも商品をたくさん扱っています。場合によっては、他社の商品販売のほうがディストリビューターにとってより重要なケースもあります。そのような観点から、問題がなかなか改善されないケースは多々あるのです。

　そうならないためにもディストリビューターとの契約は、契約後の目標を達成するための具体的戦略、KPI、プロセスを互いに決め、それを含めて契約を締結することを心がけましょう。

　契約書には「守りの領域」と「攻めの領域」が存在しますが、多くの日本企業は、法務部が非常に優秀なため、守りの領域は完璧です。そして、その守りだけが固められた契約書でディストリビューターと契約をします。当然ながら防御が完璧ですから、何か大きな損失を被るということはありません。一方で、攻めの領域に手がつけられていないので、マイナスはないが、せっかく契約してもプラスもないといったことは少なくありません。

●ディストリビューターとの契約のプロセス

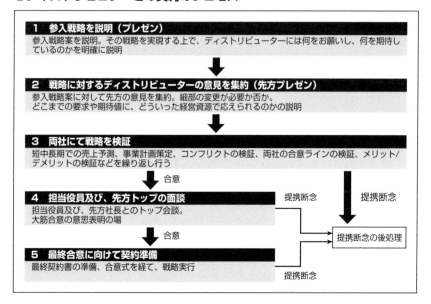

　重要なのは、どのような目標をどのように達成するのか、その具体的戦略、KPI、プロセスを契約前にディストリビューターとしっかりと議論し、確定させ、それを含めて契約を締結することです。では、上図のプロセスを見ていきましょう。

■ 最初にビジョンと戦略を語る

　まず、先に解説した発掘選定プロセスを経て、数社のディストリビューターに絞られます。ここまでの絞り込み選定プロセスは主にスキルセット中心で行われてきました。

　ここでは、例えば5社に絞り込まれたとして話を進めます。この5社とそれぞれさらに具体的な話を進めるわけですが、ここからは、さらに具体的なスキルセットと合わせてマインドセットをしっかり見て、数社、もしくは1社に決めて契約を締結するといった流れになります。具体的に話をする前には、この5社と秘密保持契約（NDA）を締結します。

　秘密保持契約を結んだ後、まず何をするのかというと、メーカー側からの戦略説明です。自分たちのビジョンと戦略を語ることが重要です。先で解説したような自社の会社概要を語るのではなく、自分たちのビジョンと

Column

●秘密保持契約（NDA）とは

　アジア新興国市場における秘密保持契約（NDA）についてお話しします。アジア新興国市場では、NDAが日本ほど、しっかりと守られないケースがあることを理解しなければなりません。基本的には、守秘義務契約の内容は、よっぽど厳密な内容で契約書を作らない限り、仮に守秘義務を破っても、大したペナルティは現実的に課せられません。

　まず、守秘義務を本当に破ったということを立証し、それを破られたことでどれぐらいの損害を被ったかを立証し、その上で、その損害補填を争うことになるわけですが、そんな面倒なことまでして守秘義務違反を訴えるメーカーも希ですし、ディストリビューターもそれは十分承知です。

　かといって、まだ何の取引もしていない相手に厳密な守秘義務契約を課すのも現実的ではありません。従って、NDAは締結するものの、アジア新興国では、伝えたことは、外に漏れる可能性があることを前提で話をするべきで、本当に秘密にしたいことは話さないことをお勧めします。それでも十分にディストリビューターとは契約交渉は可能です。

戦略を語ることが重要なのです。

　自分たちは、この国に何のために来て、どのようなことを実現したいのか。それを実現するための戦略は具体的にどのようなものなのか。日本企業の場合、モノの品質が良いのはわかっているので、それ以外の特にマーケティング戦略の話をすべきなのです。

　どのような消費者に対して商品を訴求したいのか。そのためには、どの地域の、どの小売へ配荷すべきなのか。棚取りの戦略はどのようなものなのか。消費者への認知向上、プロモーション戦略はどう考えているのかなどです。

　そして、その上で、相手の考えを具体的な戦略として提案させるのです。20年前ならまだしも、昨今、欧米のメーカーだけでなく、アジアのメーカ

ーの成長も著しいアジア新興国市場において、「私たちは高品質な日本の
メーカーです」だけでは、ディストリビューターは誰も相手にしてくれま
せん。

　このようにしっかりとしたビジョンと戦略を説明し、相手の考えを具体
的な戦略として提案させると、5社のうち、2社程度は去っていきます。
理由は、興味はあるがそこまで本気でなかったり、そもそも戦略を提言で
きるほどの能力はなかったなど様々です。

　いずれにせよ、さらにディスリビューターは絞られていきます。このさ
らに絞られたディストリビューターからは、こうすべきだ、ああすべきだ、
自分たちは、これはできるが、これはできない。自分たちはここはやるか
ら、ここはやってくれなど様々な議論が成されます。

　200ページ図の1から3を繰り返し行い、契約を締結した後にどの程度
の需要予測ができるかをより明確にするのです。この最終的に残ったディ
ストリビューターこそ自社が本当に組むべき相手なのです。

　私は1から3の議論をかなり重視していて、ここをしっかり行えばディ
ストリビューターの意識も高まってくるという手応えを感じています。

　最適だと考えられるディストリビューターを選んだとはいえ、実際にビ
ジネスを始めた後にどうなっていくかが一番肝心です。ここをしっかり行
わなければ、契約はしたが、そのあとの売上が希望的観測の域を出ず、売
上予測が非常に精度の低いものになってしまいます。

　しかし、逆にこのプロセスにしっかりと時間を割き、正しく進めれば、
締結前の仮説通りの売上を上げることができます。また不測の事態にも対
策を講じることができるのです。

　ここまでくれば、後のプロセスは形式通りの儀式的なものです。その後、
4の段階に進み、メーカー側の海外担当役員とディストリビューターの社
長とのトップ会談。そこで最後の確認を行って大筋合意に至り、契約締結
といった流れになるのです。

ディストリビューターのマネジメント

2つの指標をKPIで細かく管理する

■本当に重要なのはマネジメント

契約の締結式を終えると、その次の日からいよいよ、ストア・カバレッジを上げ、インストア・マーケットシェアを上げるという目標に向かって走り出します。契約を結んだ段階では、いわば水道パイプを設置したてのほやほやといったところで、実際に水を流すのはこの後のアクションになります。

パイプを通しても蛇口をひねらなければ水は絶対に流れないので、消費者に蛇口をひねらせること、そして、パイプ自体のメンテナンスを行い、常にスムーズに水が流れるように保つことが大切なのです。

「水の流れを保つ」＝「ディストリビューターを管理育成する」ということです。これを徹底しなければ、一度は店頭に自社商品が置かれたとしても、継続して売れ続けることはありません。

先進グローバル消費財メーカーはこの管理育成をルーチン化することに成功しています。継続的に流れるチャネルに仕上げるにはこれは避けて通れないのです。

日本企業は先に説明した通り、契約交渉のプロセスも非常に緩いですが、この契約後の管理育成は皆無と言ってもいいかもしれません。現地法人がなければ、年に数回日本から出張し、ディストリビューターが見せたい小売の現場を見せられ、それは多くの場合、うまくいっている小売の現場にかたよります。

そして、ディストリビューターの言うことをすべて鵜呑みにするしかないのです。何か意見を言えば、「現地のことは我々が一番わかっているので任せてくれ」と言われ、それ以上は言えなくなります。現地法人があっても、管理育成をしっかりと行っていなければ同じことです。

ディストリビューターはメーカーの販売子会社ではありません。他社の商品も扱いますし、時として、どこまで力を入れるか、どこまで投資をするかに関しては、メーカーとコンフリクトも起こります。問題が生じた際

に、瞬時にその問題のボトルネックを把握し、対策を打てる状態にするために管理育成するのです。

■ 具体的にはKPIの徹底で管理

では、具体的にどのようにマネジメント、つまりは管理育成をしていけばよいのかについて解説します。まず、何を管理育成しなければならないのかに関して明確したいと思います。

それは、契約交渉の際にディストリビューターと決めた目標とそれを実現するためのKPIです。繰り返しになりますが、KPIは常にストア・カバレッジとインストア・マーケットシェアでなければなりません。

先にも解説しましたが、食品、飲料、菓子、日用品等の消費財メーカーの売上は、どれだけたくさんの店に並んでいるかと、並んだ商品がどれだけ消費者に選ばれているかです。

この2つが土台としてあり、その他のことは枝葉です。常にこの2つのKPIのみをしっかり管理し、これが問題なく進捗していて売上が上がらない、シェアが伸びないなどということはないのです。逆に売上が上がらない、シェアが伸びないというのはこの2つに問題があるのです。

例えば、ストア・カバレッジが伸びない問題は、大きく小売側の問題とディストリビューター側の問題に分けられます。なぜ小売は扱いたがらないのか？　どんな理由があるのか？　なぜ、ディストリビューターの配荷が振るわないのか？　何が問題になっているのか？　これを解決すればよいのです。

ディストリビューターの管理とは、この非常にシンプルなKPIをマンスリー、ウィークリー、そしてデイリーで管理することです。

■ 問題に対する改善策を伝えて育成する

また、そのつど発生する様々な問題に対する改善策をディストリビューターに教え、彼らを育成していきます。

これをやらなければ、多くのケースで目標通りにことは進みません。誤解を恐れずに言えば、アジア新興国のディストリビューターは、日本のそれとは大きく異なるのです。

ディストリビューターを管理育成するということは、少なくとも、ディストリビューターと同等、もしくは以上にその市場のことを理解していな

●ディストリビューターの管理育成の肝

<table>
<tr><td>管理</td><td>・できる限りシンプルなKPIを設定する
対象は、「ストア・カバレッジ」と「インストア・マーケットシェア」

・KPIをマイクロマネジメントで徹底的に管理する
マンスリー、ウィークリー、デイリーでの管理が必要</td></tr>
<tr><td>育成</td><td>・発生する問題への改善策を教える
ストア・カバレッジとインストア・マーケットシェアを伸ばす上で想定される問題は何か。それらはどう解決されるのか。膨大に保有するデータをベースに育成していく</td></tr>
</table>

ければなりません。そうでないと彼らは言うことを聞きません。

　そういった意味でも、日本のメーカーは、市場のことを知らなさ過ぎると言わざるを得ません。市場のインプットを入れるための調査が不十分に感じます。市場環境、競争環境、自社のディストリビューション・ネットワークに至るまで、知らないことが多すぎます。もっともっと調査に力を入れるべきだと感じます。

　ここまでの話をまとめると、ディストリビューターの管理育成は上図のようになります。

　その後、セールスの人員が増えたら、この管理をGPSやアプリを活用し自動化していかなければなりません。現場からエクセルをなくし、現場セールスが管理されていることを忘れるぐらいの自動化が必要です。ディストリビューターの管理は、それほど複雑なものではないので、GPSとアプリがあれば即座に可能です。

■管理育成には現地の専属社員が必要

　最後にもう1つ、ディストリビューターの管理育成で重要なのは、それを実行する体制です。私の経験から言うと、ディストリビューターの管理育成ノウハウを持たない日本企業が、日本からリモートで管理するというのは、かなりハードルの高いことだと思います。

特に、まだ現地法人を持たずに輸出のステージにいる企業にとっては、ディストリビューターの管理育成は一苦労です。年に数回訪問した程度では、管理はおろか、育成など到底できません。現地に専属の人材が絶対に必要です。最初は１名からでも構いません。

　ディストリビューターの担当者とコミュニケーションを取り、彼らの活動を把握し、問題点を可視化し、そこへの対策が打てる人材が必須です。それを徐々に増やし、チームにしていくのです。人数が増えれば、それだけ広域で、高い売上やシェアに対する活動が打てます。

　ここで、採用する人材に対していくつかの注意点があるので、それについて少しお話ししたいと思います。

　まず重要なのは、必ず業界経験者を採用するということです。当たり前ですが、誰を採用するかでマネジメントの負荷と成果が大きく変わります。食品、飲料、菓子、日用品などの消費財であれば、その分野から採用をすることが重要です。

　自社の現地法人である程度まで育てていきましょう、という採用なら新卒でも新人でも構わないでしょう。しかし、ディストリビューターの管理育成となると、新卒や新人では務まりません。必ず経験者でなければなりません。

　そして、重要なのは、人材の「能力」（Capability）以上に、「性格」（Personality）を重視すべきという点です。もちろん、ある一定の能力は必要です。しかし、ディストリビューターの管理育成は、それほど高度な能力は求められません。むしろ、コミュニケーション力が高く、決まったことを、毎日、飽きずにきっちりこなせる力があれば、あとは性格の良さが重要になります。

　このディストリビューターの管理育成業務に、新卒や新人、未経験者など教育が必要な人材を採用するのも適切ではありませんが、著しく優秀な人材を採用するのも適切ではありません。あまり優秀すぎるとすぐに辞めてしまいます。重要なのは、最低限の能力と、誰もが良いと感じる性格なのです。

4-13

近代小売（MT）との有利な交渉の進め方

「売れる法則」を見つけることでコストとリスクを最小限にできる

■ 自社に適した近代小売の形態を選ぶ

　アジア新興国の近代小売（MT）に自社商品を並べるためには、日本とは異なり、リスティング・フィーをはじめとする初期導入コストが必要です。また、商品は一旦買い取りにはなるものの、ある一定の比率で返品になるケースが多いことも特徴の1つです。

　近代小売との交渉をうまく進めることができなければ、それだけ自社のコストがかさむということを意識しなければなりません。ですから、複数の大手近代小売を一気に攻めるのはNGです。一気にやればそれだけコストがかかり、返品リスクも膨らむからです。コストやリスクを最小限に抑えるために、近代小売を攻略する順番は、次のようなステップを踏むことをお勧めします。

　まずは自社商品に適した小売形態の攻略からスタートします。近代小売には大きく分けて、スーパーマーケット系、ドラッグストア系、コンビニエンスストア系がありますが、その中で自社の商品が最も適している小売形態の種別を選択します。日本ではどうなのか。他のアジア諸国ではどうなのか。現地競合はどうなのかなどを参考に、自社の商品に最も適した小売形態を選択します。

■ まずは「売れる法則」を見つけ出す

　次に、その種別の中で、自社の商品が最も適している、または最も自社に協力的な近代小売チェーン店1社を選択します。そのチェーン店がその国の中で10,000店舗を展開していたとしても、すべての店舗に商品を並べるのではなく、1,000店舗ほどに絞ります。

　最初の一定期間はその1,000店舗だけで販売を行い、「売れる法則」を見出すことが先決です。なぜ10,000店舗を一気に攻めないかといえば、それだけ初期導入コストがかさみ、店頭プロモーションなどもおろそかになってしまうからです。

店舗数を欲張れば、リスティング・フィーを払った上に、半年間商品が動かなければ即、棚から撤去され、返品の山という悲惨なことにならないとも限りません。大手近代小売は、リスティング・フィーさえ払えば、店頭に商品を並べることは簡単です。難しいのは売ることなのです。

　ただ置いただけではまず積極的には売れていきません。品質がどれだけ良かろうが、見たことも、食べたことも、もしくは使ったことのないものは、そう簡単には手に取られません。ましてや、日本企業の商品は、ローカルや他の外資系メーカーと比較して高いことが多いのです。知名度が低く、値段の高いものを「品質が良い、日本で売れている」だけでは消費者は選びません（62ページ）。

　この消費者に対して、最初に選んだ小売業態の1,000店舗で、売れる法則を導き出さなければならないのです。置く場所を変えたら売れるのか。値段を変えたら売れるのか。売り子を置いて説明させたら、テイスティングさせたら売れるのか。どうしたら売れるのか。その答えを明確に持たずにストア・カバレッジを強引に伸ばしても、結局は消費者が買わずに半年後には棚落ち返品となります。

　そして、一度売れずに棚落ちした商品の敗者復活戦はそれなりに苦労をしますし、あらゆる交渉事で優位に立つことは難しくなります。だからこその、最小限の規模で売れる法則を導き出すことが必要なのです。

　まずはこの1,000店舗でインストア・マーケットシェアを拡大することが大切です。1,000店舗で商品が売れれば、10,000店舗に拡大する時にリスティング・フィーを格安にするという交渉も可能になります。

■ 商品が売れれば有利な交渉が可能に

　この近代小売チェーン店全店舗に拡大した後に、全体で商品が売れているとなれば、他の小売店との商談が非常に楽になるというメリットがあります。コンビニエンスストアA社で売れているものは、B社も、C社も取り扱いたがります。コンビニで売れているモノは、コンビニ的商品棚を置くドラッグストアも扱いたがります。ここでも交渉力は優位に働きます。

　そして、コンビニエンスストアやドラッグストアで売れているモノは、スーパーマーケットでも、入り数や梱包形態を変えて売りたがります。ここでも小売との交渉力が優位に働きます。各種導入費用を割安で、もしくは無料で取り扱ってくれる、エンドコーナーや特設棚に置いてくれるなど、

●「売れる法則」を見つけ出せれば有利になる

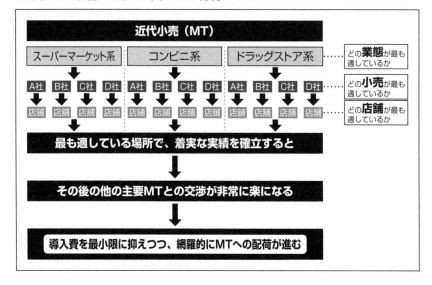

様々なメリットを得られるケースも少なくありません。

　某菓子メーカーは、この方法で最小のコストで最大の効果を出しています。結局、時間軸で見てもこの方法は展開スピードが速いのです。小さく始めることで初期コストを抑えて実績を出し、その実績をベースに次の初期コストも抑えて展開する。

　これをある程度スピーディーに繰り返すので、最初から全面展開して、失敗して敗者復活が厳しくなるリスクよりも断然に速いというわけです。この菓子メーカーでは、この成功体験をケーススタディとして、すべてのアジア新興国にて同様の方法で売上を伸ばしつつあります。ここ数年は毎年140%以上の成長をしています。

　このように、どう進めるかによってリスクはある程度コントローラブルになります。また、やり方次第で投資コストも全然変わってくるのです。だからこそ、特定の小売業態の特定の店舗で自社商品の価値を証明することが大変重要なのです。

　これを面倒くさがり、一旦店舗に並んだ商品が半年に後に撤去となった例をいくつも見てきています。重要なのは、売れる法則を導き出すことです。一旦、法則が掴めたら、一気に投資額を増やし、ストア・カバレッジとインストア・マーケットシェアを伸ばすことが可能なのですから。

4-14

伝統小売（TT）で売るための2つの必須条件

「近代小売で売れ筋になる」と「伝統小売に合った入り数に変える」

■ 近代小売で売れているものを伝統小売は売りたがる

　伝統小売（TT）で売るためには、2つの必須条件をクリアする必要があります。1つは、「近代小売（MT）で売れ筋になる」と、もう1つは、「伝統小売に合った入り数に変える」です。

　まず、1つ目の「近代小売で売れ筋になる」に関しては、すべての商品分類（カテゴリー）でマストと言っても過言ではないと思います。食品、飲料、菓子、日用品など、すべてのカテゴリーで、近代小売で売られていないものは、伝統小売のオーナーは取り扱ってくれません。

　近代小売で目立った存在、売れ筋になればなるほど、伝統小売のオーナーは積極的に取り扱いたがります。

　理由はいたってシンプルです。伝統小売は、店の面積が狭いのが特徴です。小さなものだと、横1.5メートル、奥行き2メートルの店に所狭しと様々な商品が置いてあります。限られたスペースに売れないものは置けません。従って、確実に売れるもの、つまりは近代小売で今売れているモノを積極的に売りたがるのです。

　参考までに、よくありがちな誤解は、近代小売で買う客層と伝統小売で買う客層は異なり、近代小売＝富裕層、伝統小売＝貧困層という認識です。従って、近代小売での売れ筋と伝統小売での売れ筋も違うという考えです。

　アジア新興国では、近代小売で買い物をする層も、伝統小売で買い物をします。近代小売と伝統小売の客層を、富裕層と貧困層という極端な分け方はできません。

　アジア新興国における伝統小売は、ある意味、私たちにとってのコンビニに近い存在であり、少々値段が高くても、近くて便利というのが価値なのです。従って、様々な層の消費者が両方の小売を活用しており、売っているものはある一定の比率で重なります。

■ 今使いたい分を買えるよう「小分け」にする

次に、2つ目の「伝統小売に合った入り数に変える」ですが、要は、近代小売で売っている入り数よりも少ない数で売るということです。同じモノであっても、一般的には、コンビニエンスストアで売っているモノは、スーパーよりも入り数は少ないです。

そして、伝統小売で売るものは、コンビニエンスストアよりもさらに数を少なくする必要があるのです。もっと言うと1個入りから売れるようにする必要があるのです。

例えば、10個入りの商品なら1個入りで販売。150グラムの商品なら50グラムで販売というようになります。これにより商品価格が下がります。もちろん、1個当たりの単価や、グラム当たりの単価で見ると割高になりますが、伝統小売ではそれでよいのです。

仮に、単価が上がったとしても、伝統小売が消費者に提供する最大の価値は、「今、使いたい分だけを買える」ことなのです。これは、アジア新興国市場の消費者にとって大変重要なことです。

彼らは、限られた所得を上手に使うためには、将来使うかもしれないものを先に買って、個人のキャッシュフローを悪くすることはできないのです。たとえ、単価当たりは割高になったとしても、今、欲しい分だけが買えることが重要なのです。

わかりやすい例で言うと、頭痛薬などはそれに当たると思います。日本だと頭痛薬は12錠入りや24錠入りが一般的かと思います。例えば、頭痛がしました。24錠入りの頭痛薬を購入し、今、2錠使いました。残りの22錠はいつ使うかわかりません。明日、頭が痛くなり使うかもしれないし、来月かもしれないし、来年かもしれない。もしくは、このまま使用期限切れまで使わないかもしれない。

使用期限が切れて使えなくなると、これはまったくのお金の無駄になります。アジア新興国の中間層消費者は、これを最も嫌がるのです。

実は、メーカーにとって、伝統小売は非常に旨みのある市場と言えます。確かに、近代小売は1店舗でたくさん売れるかもしれません。しかし、その店舗でしっかりと露出していくにはそれなりのコストがかかります。インストア・マーケットシェアが上がらなければ、投資対効果が悪くなります。

一方で、伝統小売は、確かに配荷するためのディストリビューション・ネットワークの構築や管理育成などの手間はかかりますが、１個当たりの商品は高く売ることができるのです。また、そもそも小売へ棚代や、リスティング・フィーなどを出しているなら、なおさら、伝統小売で売って、近代小売への投資を回収する必要があるのです。

　さらに、伝統小売でシェアの高い商品は、今度は逆に近代小売との各種プロモーションなどの交渉を優位にします。伝統小売で数十万店以上に配荷されている商品は、近代小売も重要視します。事実、ネスレやユニリーバ、Ｐ＆Ｇなどの先進グローバル消費財メーカーは、アジア新興国市場において小売との強い交渉力を持っています。

　細かなノウハウは色々とあるにせよ、基本的には顧客の商品を伝統小売で売る際にやることはこの２つが基本です。ここがしっかりしていないとどんなに優れた販売チャネルを構築し、そのチャネルを適切に管理育成しても商品は伝統小売で広がりません。

　逆にこの２つをしっかり行っている会社は伝統小売においても高い実績を発揮しています。重要なのは近代小売と伝統小売を両輪で考えるということなのです。

4-15

伝統小売攻略のためのKPI

「ストア・カバレッジ」と「インストア・マーケットシェア」がすべて

■本当に重要なのはストア・カバレッジ

　近代小売（MT）へ商品の導入が一通り完了し、それなりの地位を確立したら、今度はいよいよ伝統小売（TT）への参入になるわけですが、伝統小売でも、設定すべきKPIは、近代小売と同様に、「ストア・カバレッジ」と「インストア・マーケットシェア」の2つです。

　インストア・マーケットシェアに関しては、近代小売を中心に、マス広告（ATL）や店頭プロモーション（BTL）を段階的に行っていることが前提になります。従って、伝統小売では、ある程度売れて、インストア・マーケットシェアは上がるであろうことが前提で始まらなければなりません。なぜならば、伝統小売に商品が並ぶということは、近代小売である程度売れているということだからです。

　その前提がなければ、いくら店舗数が増えてストア・カバレッジが上がっても、インストア・マーケットシェアが上がらず、伝統小売のオーナーが取り扱いをやめて、せっかく上がったストア・カバレッジが下がってしまいます。ですので、ここでは、近代小売での地位の確立がある程度進み、インストア・マーケットシェアはある程度上がることを前提に進めます。

　このような理由から、伝統小売で本当に重要なのは、インストア・マーケットシェア以上に、いかにしてストア・カバレッジを上げるかになるのです。この活動は、非常にシンプルな活動ではありますが、戦略的に実施しなければなりません。まず、決めるべきは、「エリア」と「レイヤー」です。

■エリアを絞って活動を進める

　「エリア」とは、どの地域から伝統小売のストア・カバレッジを上げはじめるかということです。伝統小売は、国によって様々ですが、小さな店が何十万店舗、何百万店舗存在するので、やみくもに始めると非効率になり、場合によっては、活動にかかるあらゆる経営資源が途中で息切れをし

てしまいます。

　重要なのは、エリアを絞って活動を進め、徐々にそのエリアを拡大していくことです。例えば、ベトナムであれば、まずホーチミンから始めると設定したら、ホーチミンの中でもどの区から始めるかを設定します。場合によっては、通り（ストリート）や、住宅地レベルで絞り込み、エリアを限定して徐々に広げていきます。

　これは、インドネシアでも、フィリピンでも、タイでも、マレーシアでも同じです。中国やインドであっても、南米、アフリカであっても考え方はまったく同じです。

　いかに最短で数万店舗、数十万店舗にまでストア・カバレッジを上げていくかが重要になりますので、活動するエリアをフォーカスし、活動効率を最大化することがとても重要なのです。

■ どのレイヤーの小売まで狙うか

　次に、「レイヤー」（階層）ですが、レイヤーとは伝統小売のレイヤーのことです。

　2-8で解説したように、伝統小売はすべて同じではありません（99ページ）。大きいものから小さいものまで様々です。大きいものだと、地域の他の伝統小売の仕入れ機能や問屋機能を果たすものもあります。グロサリーとの差がほとんどないレベルです。

　また、店舗のサイズは小さくても、交通量の多い通り沿いに立地する店などは高い売上を誇ります。さらに、住宅地の中にあり、その住宅地に住んでいる人だけが顧客であるような地域密着型の伝統小売もあります。小さいものだと、無店舗型のリヤカー営業や、ゴザを引いて限られた商品を売るだけのものまであります。

　重要なのは、自分たちはどこのレイヤーの伝統小売を狙うのかです。これをしっかりと設定しなければなりません。どのエリアのどのレイヤーから活動を始め、どう伸ばしていくのか。この戦略をしっかりと組み立て、効率的にストア・カバレッジを上げなければなりません。

■ ディストリビューション・ネットワークが不可欠

　どれだけ「エリア」と「レイヤー」を絞っても、数万店、数十万店のストア・カバレッジを自社のセールスだけで獲得、配荷、維持していくのは

困難です。確かに、エリアとレイヤーを絞ることでだいぶ効率は上がりますが、ストア・カバレッジを上げるということは、まず、（1）置いてもらうためのセールス活動があり、（2）置いてもらえることになったら、定期的に注文を受け、配荷し、代金を回収するというデリバリー活動があり、（3）常に店内の決められた場所に、決められた通りに置かれているかのメンテナンス活動があります。

　ある程度インストア・マーケットシェアが上がっていくと、（3）のメンテナンス活動の負荷は必然的に少なくなりますが、少なくとも（1）のセールス機能と、（2）のデリバリー機能は果たさなければなりません。

　それをパートナーとして実施するのがディストリビューターなのです。先進的なグローバル消費財メーカーなどは、現地法人が近代小売への直販を担い、ディストリビューターが伝統小売を担当しています。ここでまさにチャネル戦略が試されるのです。

　では、伝統小売で高いストア・カバレッジを誇る先進グローバル消費財メーカーなどは、どのようなチャネルを構築しているのかについて、説明します。すでに触れた内容もありますが、改めて確認してください。

　まず、先進グローバル消費財メーカーは例外なく、近代小売は直販をし、自社のセールスにて対応しています。ディストリビューターを活用するのは、伝統小売と地方です。

　そして、必ずエリア担当制を敷き、エリア別に複数のディストリビューターを活用します。この際、彼らは、それぞれのディストリビューターにどこまでの業務を担当させるかを、各会社の機能特性から判断します。

　ディストリビューターは、規模や国、地域によって、保有する機能が異なります。日本の常識だとディストリビューターの機能は、セールス機能、デリバリー機能、マーチャンダイジング機能の3つが主たる機能ですが、アジア新興国では必ずしもそうとは限りません。セールス機能が弱かったり、なかったり、基本的にはデリバリー機能しか有していないディストリビューターも多々存在します。

　そのような背景の中、自分たちはどのような役割をディストリビューターに期待しているかを判断し、その役割から必要となる機能を持ったディストリビューターを選んでいくのです。

　また、自分たちが戦略的に配荷したいエリアや小売に強いディストリビ

ューターを選んでいきます。本書でも、ネスレ／リーバモデルやＰＧモデル（2−9、102ページ）として、特徴的なディストリビューション・チャネルを紹介しました。

こうしてディストリビューション・ネットワークを構築するからこそ高いストア・カバレッジが維持できるのです。

そして最後は、ディストリビューターの管理育成です。

すでに述べたように、先進的なグローバル消費財メーカーは、ディストリビューターに売ることを完全に任せたりはしません。彼らが毎日、毎週、毎月、決められたKPIを実行できているかを常にモニタリングし、問題が生じれば即対策を打ちます。

さらに、必要な育成支援を惜しみません。多くの場合、ディストリビューターの事務所内に専属の人員を常勤させます。この活動こそが、ディストリビューション・ネットワークを常に活きたネットワークにし、結果、ストア・カバレッジの維持に繋がるのです。

アジア新興国市場では、ディストリビューションも、ストア・カバレッジも放っておいたら劣化します。常に管理育成していくことが重要なのです。

第**5**章

中堅中小企業のための
グローバル戦略

5-1

中小企業には中小企業の「戦い方」がある

大企業とは違う中小企業の戦い方

■ 中小企業の定義

　本書では、主に先進グローバル企業の事例をベースにして、大企業のための戦略を中心に書いてきました。本章では、中小企業にフォーカスし、特に中小製造業のための戦略を中心に解説していきます。

　まず初めに、中堅企業、中小企業の定義をはっきりさせておきます。企業の定義は、人や、企業、機関によって様々です。そこで本書では、会社法や法人税法の規定ではなく、利益が出ていることを前提に、「売上が数十億円から数百億円を中小企業」「売上が数百億円か1千億円程度を中堅企業」とざっくり定義します。

　もちろん、産業や業種によって企業規模が大きく異なるので、多少のブレは出ますが、統計データを作ろうというのではありませんので、まずはざっくり分類します。

■ 進出のためのマインドセットを改める

　では、早速本題に入りたいと思います。まず、中堅中小企業が海外事業を行う際は、マインドセットを改めなければなりません。

　これは中堅中小企業のタイプ（性格）によっていくつかのパターンがあるのですが、うまくいかない企業の代表的なパターンをいくつか紹介します。

　まず1つ目は、「突進パターン」です。これは、あまりにも海外のことに関して無知で、どのようなリスクがそこにあるのかまったく想定ができておらず（当人は想定できていると思い込んでいる場合が多い）、もちろん戦略も持たずに、日本国内でそれなりにやってきた自負で海外も同じようにやろうとするパターンです。

　ひたすら突進し、赤字幅がある程度まで行くと撤退するという、一気に出て、一気に撤退するパターンです。中小企業になればなるほど会社の性格＝社長の性格なので、このような社長が旗を振って進める海外展開は非

●海外展開に失敗する中堅中小企業のパターン

①突進パターン	②他人事パターン	③性善説パターン
どのようなリスクが あるかすら 想定ができていない （会社としては できているつもり）	行政機関頼り。 中小企業は 支援をして もらって当たり前と 思い込んでいる	ロジックよりも、 出会いと感覚で パートナーを決め、 現地のことは相手に すべて委ねている

常に危険です。もちろん、突進力は海外事業を行う上では大変重要で、その突進力に戦略性が備わっていると強いのですが、そのようなケースはかなり稀です。

次は、「他人事パターン」です。これは、自社の海外展開にもかかわらず、どこか他人事で、自分たちは中堅中小企業で弱者なのだから、行政機関などがタダで手伝ってくれて当たり前だ、誰かが自分たちを助けてくれるべきだろう、というマインドの企業です。

例えば、「JETROやJICA、経産省、商工会議所は、無料でどんな支援してくれるんですか？　どの程度の補助金や助成金をもらえますか？」と考えている中堅中小企業は少なくありません。

JETROなどの行政機関から有益な情報を得るのは得策ですし、使える助成金があれば使うべきだとは思います。ただ、彼らは企業の海外での売上について手伝ってはくれません。海外事業を行うのは企業本人です。従って、行政機関の支援ありきの海外展開ならば、はなから海外展開はすべきではないでしょう。私の知る限り、行政機関頼みの企業で海外事業に成功した企業は１社もありません。そもそも海外展開に成功している企業は、行政機関は情報収集ツールの１つ、としか捉えていません。

厳しいことを言うようですが、自分で費用負担をして、リスクを取れないのであれば海外には出るべきではないでしょう。

3つ目は、「性善説パターン」です。海外で事業を行おうとすると、海外で色々な人に出会います。そしてその多くは海外で事業を行いたい中堅中小企業よりも現地に精通しています。知識もコネも何もかも。

　そんな人に現地で出会い、片言でも日本を話そうものなら、「これは運命の出会いだ！　この人をパートナーとして一緒に事業をやろう！」となることがあります。

　そして、自分たちは商品を作ることには自信があるが、現地で売るのはやはりパートナーの役割だからと、売ることのすべてを彼らに依存していきます。そして、次第に彼らへの依存度が増していき、言いなり状態になるのです。

　それで売れればよいのですが、必ずしもそうとは限りません。最悪の場合、「騙された！」となるわけです。

　なぜなら、そもそもそのパートナーは出会いで決めており、自分たちよりも現地に精通しているということで、完全に力関係でイニシアティブを握られてしまっているケースが大半だからです。

　小学生にとって、中学生は大人に見えます。しかし、大人になると、中学生は子供にしか見えません。これと同じです。海外のことを何も知らない企業にとって、現地で出会うすべての人は自分たちより圧倒的に優っていると感じます。だからパートナーとして組みたい、となります。

　しかし、物事が性善説で進むのは日本ぐらいで、残念ながら中国やASEANでは必ずしもそうはなりません。最初は良いと思っていたパートナーも、数年すると最悪のパートナーになるケースも少なくありません。

　「具体的にどう良いのか」「他社（他の選択肢や自分たちの競合のパートナー）と比較して何が優っているのか」そして、「自分たちは彼らをマネージメント（管理育成）できるのか」が明確でなければ、パートナーとの関係は大半が失敗してしまいます。

　このように、多くの中小企業には、「突進パターン」「他人事パターン」「性善説パターン」と、大きく分けて3つのパターンが存在します。まずは、このマインドセットを改めるところから始める必要があります。

Column

●「人脈がある」に騙されない

　「能ある鷹は爪を隠す」という言葉があります。私が海外と関わってきたこの30年間で思うのは、この言葉は万国共通だということです。中小企業が海外でビジネスを行おうとすると、現地で色々な人と出会います。中には、日本ではいささか考えにくい人的つながりがあるから任せておけといった類の話をする人がいます。

　例えば、「共産党に強いコネがある」「財閥グループに強いコネがある」などです。日本に置き換えると、「自民党に強いコネがある」「三井や住友に強いコネがある」となります。こんなことを日本で言われたら、聞こえないふりをして静かに退散しますよね。

　それはアジア新興国でも同じです。確かに、新興国のビジネスにおいては、人脈が日本以上に重要なケースはあります。発展途上の国では政府や財閥と近い関係になりやすいのも事実です。一昔前なら実際に多くの物事がそのような人的つながりで動くことはありました。

　しかし現在、人脈ですべてがうまくいくことなどありません。私は仕事でアフリカにもよく行きますが、アフリカの小国でさえ、コネがあるからといって現地政府が日本の一中小企業のためになんらかの経済的融通をするなどということはありません。

　アフリカですらないものが、今の中国やASEANでは起こりえないのです。従って、「共産党とのパイプ」や「財閥とのコネ」といった類のキーワードが出たら要注意です。

　ポイントは、「戦略」ではなく、「人脈」でなんとかしようとする相手とは組まない、ということです。理由はシンプルです。うまくいかなかった際に、何の対策も打てないからです。「人脈」という魔物に囚われると、すべてを相手に委ねることとなり、淡い期待が次第に強くなり、いつの間にか完全に相手に取り込まれることになります。

　戦略はコントローラブル（操縦可能）ですが、人脈はアンコントローラブル（操縦不可能）です。アンコントローラブルな要素が大半なビジネスほど、不安定なものはありません。人脈は重要です。ただし、それは戦略ありきで活きるものなのです。

■ 中小企業の戦い方の基本的概念

マインドセットを改めたら、次は戦い方＝つまりは戦略の基本的な概念、考え方を理解します。中堅中小企業は、大企業と同じ戦い方をしてはいけません。というより、同じ戦い方をする必要がないのです。

なぜなら、大企業と中堅企業と中小企業では求める事業規模が違うからです。つまり、収益です。大企業は海外で数百億円、数千億円の売上を求めます。

一方で中堅企業は、とりあえず10億円、将来的には100億円まで売り上げたい。中小企業は、まずは数億円程度から始まり、最終的に数十億円に成長すれば十分といったところでしょう。そうであるならば、大企業と同じ土俵で戦う必要はまったくないのです。

だからこそ、まず最初にすべきは、「何年で、いくら売り上げたいのか？」をはっきりさせることです。

それがはっきりすると、やるべきことが明確になり、戦略を作ることができるのです。また、注意点として、戦略の中身を細かくしすぎないことも重要です。100億円を目指すのと10億円とでは、難易度がまったく異なります。戦略の本筋だけを効率的に捉え組み立て、さっさと実行に移したほうが効果的です。

中小企業は、この戦略の本筋をしっかりと捉え組み立てて実行することができていないことが多いのです。そして、その多くは、自身の経験値からある程度勝てる算段があって、その考え方で行っているからです。これが非常に厄介なのです。

独特の市場を形成する日本とアジア新興国では勝手は大きく異なります。大企業が行うような細かい分析をベースにした戦略など必要はありません。しかし、ポイントはしっかりと押さえなければなりません。

「アジア新興国なんて昔の日本の市場みたいなものだろう」では、今の新興国市場は攻略できません。大枠でよいので、戦略の本筋だけはしっかりと捉える努力をしてください。これが捉えられているか否かで、結果が大きく異なってきます。

5-2

「出ない戦略」を徹底する

中小企業は海外に出ることなく「輸出」で戦う

■中小企業は海外法人設立などはしない

　では具体的に中小企業が戦略を策定する上でどのような点に気をつければよいのかについて、お話をしていきます。

　まず、海外展開には大きく分けて2つの方法が存在します。1つは、現地に工場や営業法人等を設立せずに、日本から輸出をしてビジネスをする方法です。そしてもう1つは、現地に工場なり営業法人なりを設立して進出する方法です。

　結論から先に言うと、中堅中小企業の海外展開は、可能な限り「出ない戦略」を徹底することが重要です。つまりは、輸出でビジネスをするということです。特に規模が小さくなればなるほど、安易に海外に法人を設立してはなりません。

　理由はシンプルです。海外に法人を設立するということは、設立した瞬間から毎月必ず固定費がかかります。売上が立っていなくても固定費は容赦なくかかってきます。

　中堅中小企業が投じられる資本金の額は限られており、現地でしっかり利益を出せるまでの時間を考えると、大概の場合は資金ショートに陥るのです。多くの中堅中小企業は、進出前は多少の時間はかかっても事業は軌道に乗ってなんとかなるだろうと考えます。しかし現実は、当初の予想以上に固定費がかさみ、予想以上に利益が出るのに時間がかかります。そして厄介なのは、一度進出してしまうと、「撤退」という判断をするのに時間がかかることです。

　撤退を決めるのは、進出を決める以上に難しい決断なのです。「あと少し頑張ればきっと先が見えるはずだ」と、初めて撤退が頭をよぎった時から実際に撤退するまで数年かかることはざらです。結果、撤退した時には取り返しのつかない痛手を負っているケースも少なくないのです。

■ リスクではなく知識の不足でうまくいかない

　事業は時としてゲインを得るためにリスクを取らなければなりません。しかし、多くの中堅中小企業の場合、果敢にリスクを取りに行って失敗したというより、リスクが見えておらず、もしくはリスクをリスクと捉えることができずに失敗したと言うほうが正しいかもしれません。

　そのレベルの失敗であれば、出る前から知ることができたし、備えることもできたものがほとんどです。リスクに備えるためには、アジア新興国であれば、その市場における知識や経験値が必要になります。それらがないのであれば、最低限必要な基礎調査や分析をしなければなりません。

　しかし、調査すらしっかり行わず、「出ればなんとかなるでしょ」で出ていくわけです。事業なので、リスクを取ることは重要です。しかし、リスクが見えないまま進むこと、リスクに対して何の備えもせずに立ち向かうことは、単に無謀なだけなのです。

■「輸出」で十分に戦える

　では、進出をしないもう1つの海外展開の方法である「輸出」についてお話をしたいと思います。まず、最初にお伝えしたいのは、なぜ、中堅中小企業には、現地進出ではなく日本からの輸出を推奨しているのかです。

　その理由は、中堅中小企業がアジア新興国市場で求める売上規模が小さいからです。

　中堅クラスになれば、業種にもよりますがそこそこの規模の売上を比較的短期に出したいと考える企業もあるかもしれません。そういった企業は、しっかり備えて現地進出をしたらよいと思います。しかし、もちろん業種にもよりますが、多くの中小企業は、まずは売上数億円を目標にしており、将来的にも数十億円いけば十分というのが実際ではないでしょうか。

　であるならば、現地に工場や営業法人を設立するリスクは取るべきではありません。なぜなら、ROI（Return on Investment）が合わないからです。つまり、投資対効果が悪いのです。売上数億円から数十億円を目指すのであれば、現地法人設立などというリスクを取らなくとも、輸出で十分達成できるのです。

　輸出でビジネスをする最大のメリットは、現地法人を設立した直後から発生する固定費が一切かからないということです。これはアジア新興国市場でのビジネスに慣れていない中堅中小企業にとってはとても大きなこと

●**現地に進出するとリスクが高まる**

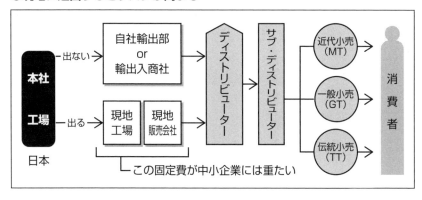

です。この費用があるかないかで事業の成功確率はまったく変わってきます。利益がないのに、固定費がかかるということは、勝手のわからないアジア新興国で出血しながら彷徨（さまよ）っているようなものです。大企業であれば、多少の出血ではびくともしませんが、中小企業になればなるほど痛手です。

輸出で海外に売るということは、注文自体は基本的に「Cash on Delivery」、つまりは先払いなので、売買リスクもありません。

現地法人設立はいつでもできます。まずは輸出でやってみて、少しでも売上を上げ、売れる感覚を掴み、ある程度の知識と経験値を積んでから、次の成長のために現地法人を設立しても遅くはないのです。

中小製造業のC社は、この「出ない戦略」で大きな成果を上げています。取り組みを開始して2年で売上数億円規模にまで到達しました。驚くのはこの中小企業の製品単価は数十円だということです。

それだけ単価が安い製品を数億円販売しようと思うとそれなりの数のコンテナ数を輸出することになりますので、それなりの大きな需要がないと達成できません。それにもかかわらず、新規に取り組みを始めた国で、2年で売上数億円にしたのですから、「出ない戦略」の効果は絶大です。

ちなみに、このC社はそれまでは駐在員事務所を出したり、現地法人を設立したりしていたのですが、その時は、いくら売っても固定費が重く、まったく利益が出ませんでした。実際に現地法人を閉じても、ディストリビューション・チャネルだけしっかり整備しておけば、売上は下がるどころか伸びているのです。C社は今日に至るまで毎年120%以上の成長をし続けています。

5-3

進出する場所で成功確率が変わる

> その国や都市を選んだ「理由」がないと成功しない

■「なぜその国を選んだのか？」

　中小企業にとって現地法人を設立しての海外展開は、リスクが高いと述べました。本項では、では、どうやって輸出で海外事業を立ち上げるのかについてお話しいたします。

　結論から先に申し上げると、展開する国によって成功確率は大きく異なります。例えば、海外ビジネスの経験が少ない中小企業がいきなりミャンマーに進出し、現地市場に向けて商品を販売をするという選択肢は、戦略的にはあり得ないことです。

　ここにはミャンマーを選んだ明確な理由がなければなりません。なぜ、数ある国の中からミャンマーを選んだのか？　ASEANの中だけでもいくつもの国がある中で、なぜミャンマーが先に来たのか？　なぜ、タイよりもミャンマーが先だったのか？　なぜ、ベトナムよりもミャンマーが先だったのか？　なぜ、中国ではなくミャンマーだったのか？　そこに明確な理由がないのであれば、それはまったく戦略的ではなく、その事業の成功はアンコントローラブルなものになってしまいます。

　基本的には現在のミャンマーは、「市場（マーケット）」としての魅力以上に、「生産拠点」としての魅力が大きい国です。タイやベトナム、中国などの近隣諸国より安価な労働力を活用し、安く生産できる拠点としての魅力のほうが、マーケットとしてモノを売る市場よりも大きいのです。

　このような市場は、少なからず過去数十年にわたり中国やASEANの市場で実績を出しているような企業が、先駆者メリットを狙って早期に進出する市場なのです。

　例えば、食品、飲料、菓子、日用品等のB2Cメーカーにとってミャンマーとは、ベトナム以上に攻略が難しい国です。なぜなら、近代小売（MT）が圧倒的に少ないからです。コンビニエンスストアを含めてもまだ1,000程度しかありません。そうなると、伝統小売（TT）に商品を置けなければ絶対に儲からない市場ということになります。

　そして、ベトナムよりモノが安価なミャンマーでは、日本からの輸入で商品を伝統小売に置くことはできません。輸入なら、少なくとも中国かタイ、ベトナムなどで生産した安価な商品である必要があります。最終的には現地生産が必須です。このような市場において、ベトナムやタイの市場すらまだ手をつけていない中小企業がいきなりミャンマーの伝統小売に商品を置くのは、あまりにも難しいのです。

　これはB2Bの製造業にとっても同じです。ミャンマーは消費者となる国民の１人当たりGDPが低い国です。ということは、それを狙っている企業の数や規模も少なく小さいことを意味します。それだけターゲットが小さいのです。

　先に述べた通り、ミャンマーは、今、まさに生産拠点としてその地位を確立しつつある国です。まだまだ電力も足りていません。１〜２日に１回程度は停電します。夜は中心部でも電力が足りず薄暗い市場です。このような市場は、今、インフラ関連事業者が出て行っているタイミングであり、そうした企業しかまだ収益化できる市場ではないのです。今後は自動車メーカー、家電メーカー、そしてやっと大手の消費財メーカーが出て、中堅中小企業が入っていくといった流れになります。

　このような市場に、中小企業が他のどの市場よりも先に出るには、単に「先駆者メリットを得る」といった単純な理由だけでなく、それ相応の理由と、それを裏付ける戦略がなければならないのです。

■ 発展途上国が新興国へと変わっていく仕組み

　ではここで、アジア新興国の中で攻めやすい国、また攻めにくい国をグループ化して解説していきましょう。

　その前に、インダストリー（業種、業界）によって展開すべきタイミングは異なりますので、まずは、アジア新興国が消費市場に変わるまでの大まかな流れを解説します。その前提を理解した上で、攻めやすい国、攻めにくい国を見ていくことにいたします。

　アジアだけでなく、新興国は元々は発展途上国です。発展途上国とは、その名の通り経済発展や開発の水準が低く、経済成長の途上にある国です。それらの国が急速な発展を遂げる新興国に生まれ変わるには、いくつかのステップが存在します。最初にあるのが先進国政府の支援です。

　日本だと、JICAなどのODA（政府開発援助）がそれにあたります。こ

●発展途上国から新興国への発展段階

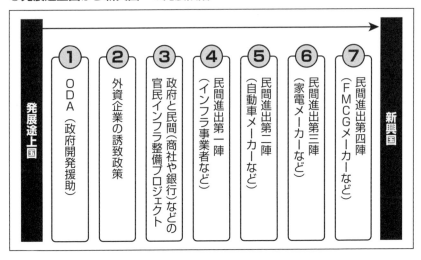

のODAが始まりしばらくすると、現地政府の外資製造業の進出優遇政策などが始まり、ODAだけでなく民間の投資も始まります。

　日本の大手商社や銀行、デベロッパー、建設会社などの官民によるインフラ整備関連のプロジェクトが増えていきます。ここまで来ると、民間企業が進出を検討しはじめます。最初に進出する業態はインフラ事業者です。工業区を整備したり、工業区から港までの道路を整備したり、電力を供給したり、ITシステムを整備したり、工場やビルの建屋を建てたりと様々なインフラ事業者が進出します。

　これが済むと実際に製造業が進出できるようになりますので、製造業の進出が始まるのですが、最初に進出するのは自動車産業です。完成品メーカーとそれに付随するパーツ、ティア1、ティア2などと呼ばれる部品メーカーが進出をしていくのです。

　自動車産業が一通り出揃うと、次はこれら自動車関連メーカーを顧客とするB2Bの製造業が進出をしていきます。これだけ多くの製造業が進出すると、その国では多くの雇用が生まれ、また輸出額が増加し人々が豊かになります。そうすると、消費市場が大きく成長しますので、いよいよ家電産業を中心としたB2Cの製造業が進出するのです。

　その後、食品や菓子などその他のB2C製造業も進出するようになります。こうして発展途上国は消費市場として成長していくのです。

5-4

どの地域を狙うべきなのか

先駆者が成功している国でフォロワー戦略を

■ 成功しやすい国と、失敗しやすい国

前項のような発展の経過がある中で、海外事業で成功しやすい国と、失敗しやすい国を解説していきます。

まず前提として、B2Bの場合は、産業集積地を攻める必要があったり、また開発段階でのスペックイン（採用）をするために開発拠点を攻める必要があったりしますので必ずしもこれに当てはまらず、インダストリーに左右されます。しかし、B2Cの製造業にとって最も成功確率が高いのは、先進アジアの香港、台湾、シンガポール、韓国です。

韓国に関しては、昨今の日韓関係の悪化も徐々に薄れていくと思います。これらの国々の経済規模や、1人当たりGDPは、アジアの中でも日本に近く、国民も日本製に対する理解が深いのです。また、小売流通の近代化も進んでおり、ディストリビューターなどの中間流通もしっかりしています。私はこれらを「グループA」と分類しています。

次が、「グループB」で、中国本土になります。中国は、最重要市場として捉えなければなりません。もちろん、中国は色々な懸案事項がありますが、それらの問題を加味しても断トツで重要な市場です。グローバル市場に展開する上で、中国を加えないという選択肢はありません。

私はこのグループBを、その他のいかなるグループよりも重要視しています。そして、グループBの中国を都市別にグループB-1、B-2、B-3というようにさらに細分化しています。

特に、上海、北京、広州、天津、深圳、武漢、成都、重慶などは重点都市です。また、中国を華北、華東、華南の3つのエリアに分類し、エリア別、都市別でターゲティングしています。一気に攻めるのももちろん手ですが、中小企業の場合は、都市別、少なくともエリア別で攻めたほうがよいでしょう。

そして、次が「グループC」としてASEANになります。このグループCのASEANもグループC-1、C-2、C-2と3つに分類します。

先進ASEANのSMT（シンガポール・マレーシア・タイ）と、新興ASEANのVIP（ベトナム・インドネシア・フィリピン）、そして、途上国ASEANのCLM（カンボジア・ラオス・ミャンマー）です。

　この３地域は難易度がまったく異なります。まず、SMTのSであるシンガポールはグループAに属しますので、残るMとTのマレーシアとタイが対象になります。

　マレーシアとタイの２カ国は、シンガポールに次いで経済規模や１人当たりGDPが高く、またクアラルンプールやバンコクなど首都の経済発展が著しい国です。消費者の日本製に対する受容度も高く、輸出で十分稼げる市場です。

　一方で、VIPは、まだまだ近代小売（MT）の数が少なく、比率でいうと２割程度です。残る８割は伝統小売（TT）なため、国によりそれぞれ数十万店から数百万店ある伝統小売を攻略しないと収益を上げることはできません。そして、これら伝統小売の攻略は日本からの輸出では、コスト的に配荷が難しく現実的ではありません。従って、現地生産が必要です。少なくともASEANか中国で生産したものでなければ価格的に難しいです。VIPでこの通りなので、CLMへの輸出など到底無理であるということはおわかりいただけると思います。CLMで勝負できるのは、現在ASEANの伝統小売市場において大きな実績を出せている先進的な企業だけです。

　そして、「グループD」がインドです。このインドも中国同様に大変重要な戦略的市場です。特にここ近年のニューデリー、ムンバイ、コルカタの経済成長は著しく、今後、中国と同様に重要な市場になってきます。しかし、現在は、一部の都市はグループBの中国の都市と同等ですが、全体的にはグループC-2、C-3と同じレベルで中小企業にはハードルの高い国です。まずは、他のグループで実績をつけることをお勧めします。そして、アジアではありませんが、アフリカの一部地域をグループEとして分類し、アフリカも将来の重要拠点として捉えています。

　このように、国によって難易度は大きく異なります。海外実績のない中小企業がいきなりハードルの高い国に行くことがいかに成功を遠ざけているかがご理解いただけたと思います。中小企業は、求めている売上がそれほど大きくなく、市場の１％や0.5％が取れればよいわけです。であれば、日本に近い先進的な国を選択し、すでに展開している先陣を見据えたフォロワー戦略（成功している先駆者を参考に最低限の利益の獲得を目指す）

●アジア進出難易度で分けた４グループ

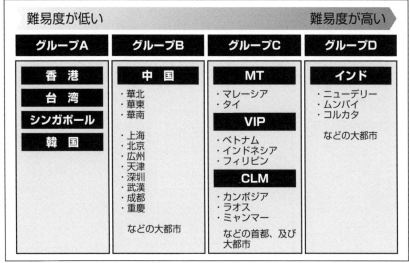

難易度が低い　　　　　　　　　　　　　　難易度が高い

グループA	グループB	グループC	グループD
香　港 **台　湾** **シンガポール** **韓　国**	**中　国** ・華北 ・華東 ・華南 ・上海 ・北京 ・広州 ・天津 ・深圳 ・武漢 ・成都 ・重慶 などの大都市	**MT** ・マレーシア ・タイ **VIP** ・ベトナム ・インドネシア ・フィリピン **CLM** ・カンボジア ・ラオス ・ミャンマー などの首都、及び 大都市	**インド** ・ニューデリー ・ムンバイ ・コルカタ などの大都市

※グループB、Cの細分化は省略。

を徹底すべきです。革新的なことは一切考えずに貪欲に売りを狙う。それが中小企業の海外展開では最も重要です。

■ 国ではなく「首都」を攻める

　最後に、「国ではなく、首都を攻める」ことについて解説いたします。これは、中小企業が、特に輸出で海外展開をする際に、国全体をターゲットとするのではなく、**その国で最も近代化が進み、人口が多く、１人当たりGDPが高い都市（多くの場合それは首都になる）を攻めることが戦略上、優れている**という話です。

　先に説明したグループAの香港や台湾、シンガポール、韓国などは、例えばシンガポールなどは、淡路島ほどの国土しかないので、どこを攻めても同じシンガポールです。香港も同様です。台湾と韓国も、首都の台北やソウルとそれ以外の都市では所得に差はあれ、十分に日本からの輸出品を買えるレベルであるため首都か否かを気にする必要はありません。

　グループBの中国も首都北京以外にも大都市が存在しますので、それら大都市ではビジネスは成立します。しかし、グループBの中国の田舎の中小規模の都市や、グループCの先進ASEANの首都以外は、ターゲットに設定しても所得格差が大きすぎ、攻略できないとは言いませんが、攻略に

かかるROI（Return on Investment）、つまりは投資対効果が悪いと言わざるを得ません。

中小企業が求めている売上は大企業ほど大きくありません。であるならば、最も効率よく収益化できる大都市に集中するべきなのです。苦労をしてシェアを伸ばすことや、さらに売上を上積みするのは、もっと後のステージであるべきです。

■ 難易度の低い国、地域を狙う

最初から苦労をしすぎると、ブレークスルーする前に息絶えてしまいます。実はちょっとした大企業でも、FMCGの製造業などは、「弊社はタイに進出しています。マレーシアに進出しています」といっても実際は、タイならバンコクでしかビジネスを行っていなかったり、マレーシアといっても、シンガポールの延長線上でジョホールバルと首都のクアラルンプールだけといったケースは少なくありません。

首都や大都市圏は人口も多く、1人当たりのGDPも所得も高く、マーケットとして大きいのはわかりますが、一方で競合も多いので、それを加味すると競合の少ない地方都市から攻めたほうがよいのではないかと感じる方もいると思います。

しかし、私の約20年の経験の中でお話をすると、所得の少ない人に、値段と品質が高い日本の商品を売り込むことほど時間と労力のかかることはありません。決して、不可能ではありません。しかし、それをやるのであれば、競合と戦いながら所得の多い都市部の消費者をターゲットとしたほうが圧倒的に事業の立ち上がりが速いのです。

これは可能か不可能かの問題ではなく、どちらが速いのかという時間軸の問題と、どちらのほうがかかる労力が少ないのかという投資軸の問題です。中小企業は、安くて早く済む首都の攻略がお勧めなのです。

これらのことを理解したある企業は、今までなんとなく取り組みの対象となっていた国が難易度の高い国であることに気がつき、難易度の低い国をターゲットとし、さらに首都を狙う戦略に変更した途端、今までなかなか進まなかった事業が少しずつ動き出しています。

狙う国や都市によってこれほど成果が異なるのかと皆一様に驚きます。重要なのは、何かしらのツテがある国を狙うのではなく、難易度の低い国を狙うことなのです。

5-5

ターゲットを可能な限り具体的にする

> 「誰に売るのか」が明確になると戦略も明確になる

■ 富裕層と日系企業・外資系企業を狙う

　これらの国に進出する時、「誰に売るのか」を明確にすることは、戦略を作る上で最も重要であると言っても過言ではありません。なぜなら、誰に売るかで戦略は大きく変わってくるからです。

　例えば、B2Cの単純な例として、女性をターゲットにするのか、男性をターゲットにするのか、またどの年齢層、どの所得層、どの地域の人たちをターゲットにするのかで戦略が変わるのと同じです。B2Bでも、どのインダストリー（業種・業界）の顧客をターゲットにするのか、どの地域の顧客をターゲットにするのかでも戦略は大きく変わります。

　このターゲットが曖昧だと、戦略もぼんやりします。これは大企業でも中堅中小企業でも同じことです。

　本書では、アジア新興国の最大の魅力は30億人に拡大していく中間層だと述べました。そして、特に単価の安い食品や飲料、菓子、日用品等を売るFMCG（食品、飲料、菓子、日用品等の消費財）などのメーカーは、このボリュームゾーンである中間層を狙わなくては、そもそもアジア新興国市場に出る意味がないと申し上げてきました。

　しかし、これは大きな企業の話であり、中小企業は異なります。なぜなら、大企業は求めている売上やシェアが大きいので、パイの大きな中間層を狙わないと売上やシェアを達成することはできません。

　中小企業の場合、そもそも求めている売上やシェアがそれほど大きくないので、あえて、チャネル作りやマーケティングの難易度が高い中間層を狙うメリットが少ないのです。

　中間層よりも獲得難度が低い富裕層だけで、十分に中小企業が求める売上やシェアは達成できるのです。従って、B2Cの中小企業にとってのターゲットは、徹底して富裕層であるべきなのです。

　アジア新興国の富裕層は、先進国の中間層以上の所得があり、海外への渡航歴や滞在歴もある方が多く、海外の商品にも慣れ親しんでいるケース

が多々あります。そして、これら富裕層は、首都や大都市に集中していま
す。そうなると先に説明した首都や大都市に集中して進出するということ
とも合ってくるのです（231ページ）。

　また、B2B企業の場合は、パイの多いローカル企業よりも、パイは少な
くとも企業規模が大きく、また予算も豊富で、求めているレベルが高い日
系や外資系だけを狙うほうが投資対効果が高いのです。ローカル企業に値
段が高いオーバースペック（過剰品質）な製品を売るよりも、値段は高く
ても高品質な製品を求めている日系や外資系をターゲットにしたほうが事
業の立ち上げは早くできます。

　製品の仕様変更をせずに、今、販売しているものをそのまま売れるわけ
ですから中小企業にとっては大変ありがたい話です。予算が少なく、仕様
変更を求められる可能性が高いローカル企業への販売を考えるのは、その
日系や外資系に行ってからでも遅くないのです。

■ さらにターゲットを明確にする

　ここまでで、中小企業の海外展開のターゲットがいかに大企業とは異な
るかがご理解いただけたと思います。

　B2Cであれば、本来、アジア新興国市場でターゲットとすべきボリュー
ムゾーンの中間層ではなく、富裕層にフォーカスすべき。そしてB2Bで
あれば、同じくボリュームゾーンのローカル企業ではなく、日系や外資系
をターゲットにすべきだ、という話をしました。しかし、ここまでの話は
概念にすぎません。本当に重要なのはここからです。

　ここからどれだけターゲットを具体的にできるかで、成功するか否かが
大きく変わります。失敗する企業の多くは、このターゲットを具体化せず
になんとなく展開しているのです。ターゲットがぼんやりしているので、
当然ながらそのターゲットを攻略するための戦略もぼんやりしてきます。
これでは成功するはずがありません。

■ B2Cでは富裕層がどこで買うかを特定する

　まず個人向けのB2Cから見ていきましょう。食品、飲料、菓子、日用
品等の消費財（FMCG）の製造業の場合、どのような消費者をターゲット
にしているのかは重要ですが、まずはざっくり富裕層で構いません。

　そもそも求めている売上やシェアが小さいので、明確にするために労力

●狙うべきターゲットを明確にする（誰に売るのか？）

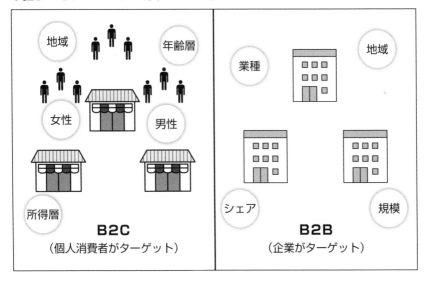

や費用をかけ過ぎると本末転倒になってしまいます。従って、ターゲットは、「首都もしくは大都市圏に住んでいる富裕層」程度の絞り込みでよいのです。

重要なのは、「これら富裕層がどの小売で買い物をしているか」の特定です。

彼らは商品をオフラインの小売か、オンラインのネットで購入します。そこに置かれていなければ存在しないのと同じです。ですので、ターゲットとしての消費者に関しては、所得が高い富裕層との接点となる小売はどこなのかを探ることに労力を使ったほうが得策です。

大事なのは、消費者の属性をこねくり回すことより、自分たちの商品を置くべき小売を特定することです。この作業は海外展開前にできますし、やれば自分たちの商品は最大で何店舗に置くことができるのかが計算できます。

すると、仮に配荷率が100％だった場合、自分たちの商品の日販や週販の数は、各社おおよそ想定がつくと思いますので、出ていく前からかなり確度の高い想定売上が算出できるわけです。

それによってどこまで予算を割くべきかも見えてきます。この作業を行うと、229ページで説明した展開すべき国に関して、グループＡから攻め

ることの重要性が理解できると思います。グループ C の下位分類以下は、想定売上が低くなり、展開する意味がないことが数字でわかります。

■ B2Bでは狙うべき業種と企業を特定する

次に、会社が取引相手の B2B である製造業を見ていきましょう。B2B の製造業の場合、「インダストリー」（業種・業界）と「企業規模」で分類し、その企業をバイネーム（会社名単位）でリストアップしていくことが重要です。

B2B は、複数のインダストリーで自分たちの製品が使われるケースがあるので、その中で最も市場規模が大きい、つまりは多くのターゲットが存在するインダストリーを選択し、そこから攻めていくことが得策です。

そのインダストリーに存在する企業をバイネームでリストアップし、企業規模の大きい順に攻めていくのです。この作業も海外展開前にできる作業です。

この作業を進めていくと、自分たちのターゲットは一体何社あるのか？ 1 社当たりどれぐらいの予算が取れそうなのか？ 日本での導入率をベースに、どれぐらいの確率で導入されそうなのか、が算出できますので、最大でどれぐらいの売上やシェアが得られそうなのかが明確になります。これを事前に行うことで、展開してから「こんなはずではなかった」ということがなくなり、課題や、やるべきことが明確になります。

まとめると、中小企業の海外展開で必要なターゲティングは、B2C では、ターゲットとしている富裕層が買い物をする小売、つまりは自分たちの商品を置くべき小売りはどこなのかを明確にすること。B2B では、自分たちの製品を売るべき最も大きなインダストリーはどこで、そのインダストリーに属する規模の大きな企業をバイネームで明確にすることです。

狙うべきターゲットが明確になると、今度はその狙うべきターゲットにリーチする方法を具体的に考えるようになります。

こうなると、遅かれ早かれその方法論を編み出し、具体的に動き出すことができます。そして、少しずつ実績が上がってきます。ある B2B の中小企業でも、ターゲットとそこへのリーチ方法が明確になった途端に、持ち前の営業力が最大限に発揮され、ずっと横ばいだった売上が上向きはじめ、取り組み開始から 1 年で目標売上を達成したのです。その後も毎年最低でも120％以上の成長を維持しています。

5-6

重要なディストリビューターの選定

> 選定を間違えると苦労はあっても成果は出ない

■ディストリビューター選びで成否の７割が決まる

　中堅中小企業の場合は「出ない戦略」、つまり、すぐに現地法人などを設立せずに、まずは輸出で行うべきだと述べました。工場設備や大型装置などを製造する一部のメーカーは、完全に直販のケースもありますが、多くの企業はディストリビューターを活用することになります。

　特にB2Cの食品、飲料、菓子、日用品等のFMCG製造業は、小売店に商品を置かなければならず、自分たちの商品を販売してくれる販売パートナーであるディストリビューターは非常に重要な役割を担うのは言うまでもありません。

　そんなディストリビューターは、どこを選ぶかによって、その国での展開が成功するか否かの７割が決まると言っても過言ではありません。どんなに良い商品でもディストリビューター選びを間違えたら売れません。売れないどころか、気づいたら逆に類似品が出回っている、などのトラブルに見舞われ、無駄な時間を費やすケースも少なくありません。

　ディストリビューターとは、いわば自分たちの商品を販売してくれる営業部のような存在です。特に輸出でビジネスをする場合、現地で商品を輸入し販売してくれるため、大変貴重です。彼らの販売力で現地での売上が大きく変わってきます。販売力のあるディストリビューターと組めば当然売上は伸びますし、その逆もしかりです。

　また、自分たちが売りたい先、例えばFMCGなら小売店、B2Bならユーザーとなりますが、選んだディストリビューターがそれら売りたい先と取引口座がない場合、イチからその取引口座を開くのには当然ながら時間がかかります。時間をかけても取引口座は開かないかもしれません。そういったことを加味すると、取引口座がある状態で付き合うのと、ない状態で付き合うのとでは大きな差が出てくるのです。

　さらに、選んだディストリビューターが、競合よりも販売力が弱ければ、

当然、競合との売上やシェアの差は日に日に大きくなっていきます。それだけディストリビューターとは重要な存在なのです。

しかしながら、中小企業の多くはこのディストリビューターをご縁で決めています。ご縁の多くは、展示会で知り合ったとか、会社に問い合わせがあった、また知人の紹介で出会ったなどです。もちろん良いご縁もあると思います。しかし、確率論的に言うと、それはとても低く、相手の販売能力を明確に理解しないまま依頼するのはあまり賢いやりかたとは言えないでしょう。

「現地に出ない」ということは、ディストリビューターが現地での手足となるわけです。そんなに重要な役割を持つ相手をご縁だけで決めてはならないのです。重要なのは、ご縁ではなく、相手の販売力をしっかり理解した上で現地での販売を任せることなのです。

■「良い」ディストリビューターの選び方

では、良いディストリビューターの選び方について解説いたします。まず「良いディストリビューター」とはどのようなディストリビューターなのでしょうか。

様々な「良い」定義がありますが、やはり最も重要なのは、中小企業側が目標としている売上を達成してくれるか否かです。そのためには、先に解説した通り、中小企業側がターゲットを明確にする必要があります。そしてそれらのターゲットだけで、掲げた目標が達成できるのか否かをしっかりと見極めます。

達成可能なのであれば、やることは非常にシンプルです。選ぼうとしているディストリビューターが、そのターゲットに対して取引ができているのか否かを見ていけばよいのです。あまりできていなければ、さらにターゲットの層を増やし、そのディストリビューターがそれらのターゲットにリーチできているのかを見ていきます。

これらはスキルセットであり、第4章で詳しく解説しています（190ページ）。ただし、中小企業の場合、それほどスキルセットを細かくチェックする必要はありません。重要なことは、中小企業側がターゲットを明確にできるかということと、選ぼうとしているディストリビューターがそのターゲットにリーチしているか、これだけです。

そして、スキルセット以上に重要なマインドセットに関してですが、こ

れも第4章と同じ要領で判断してください。ただ、中小企業の場合は、中小企業の社長本人が、選ぼうとしているディストリビューターのオーナー社長と直接会い、長く一緒にやっていける相手かどうかを見てください。これに関しては、大企業の担当者より、よほど中小企業の社長のほうが人を見る目があると思います。

そして、これらディストリビューターのリストアップや、実際にターゲットにリーチできているのか否かを調べることを、現地の事情がほとんどわからない日本の中小企業が行うのは不可能に近いです。

大企業ですら自前ではすべてできませんので、それを中小企業が自前で行うのは経営資源的に不可能です。トライするだけ時間の無駄ですので、外注することが望ましいでしょう。むしろ、選んだ後の工程に時間と労力を割くべきだと思います。

ご縁などで決めず、ディストリビューターの選定に時間と予算をかけた企業は、結局は売上拡大までのスピードが速く、またそれが持続しているのです。

■ ディストリビューターを活かすも殺すも自社次第

せっかく良いディストリビューターを選べても、彼らを活かすも殺すも自社次第です。多くの日本企業は、ディストリビューターとの契約を締結し、実際に現地で販売活動が始まると、年に数回、現地を訪問し、色々聞いて、なるほどとうなずくだけで終わります。

基本、自分たちは作る人で、現地のことはよくわからないから、ディストリビューターに完全お任せ状態になります。それを定期訪問で聞きにいき、なんとなくわかった感覚になり、また、訪問した回数だけ人間関係が深くなったと思うわけです。

しかし、それでは売上は上がりません。なぜなら、売ることのすべてをお任せ状態なので、何をすればもっと売上が上がるのかを理解していなければ、売上が不調な時に原因を探ることも、その原因への対策を打つこともできないからです。要は、ディストリビューターが唯一の頼りの綱になってしまうのです。

この問題に関しては、大企業も同じような問題を抱えていることを解説

しました（1－4、25ページ）。全体的に日本企業は売ることをあまりにもディストリビューター任せにしすぎているのです。ディストリビューターは決して万能ではありません。現地人が運営する現地の会社なので、日本企業からすれば自分たちより何でも知っている頼りになる存在に見えると思います。

しかし、実際にはそんなことはありません。私たち日本人でも同じことで、日本人なら日本のことを何でも知っているとは限りません。

例えば、B2C業界の企業であれば、日本の小売のことに関しても、消費者のことに関しても、すべてを理解していて正しいとは限りません。B2Bでも同様です。だからこそ、中小企業側も自分たちで現場に出向き、目で見て、会話をし、学ばなければなりません。

先入観でディストリビューターのほうが現地を知っていると思っていたら、いつまで経ってもディストリビューターと同等以上に市場を理解することはできません。

日本国内で、メーカーよりもディストリビューターのほうが市場を知っているなんてことはないはずです。メーカーも十分市場を理解した上で、ディストリビューターに一部の業務をお願いしているのです。これはアジア新興国市場でも同じであるはずです。

メーカー側が主体的に売りに関わるのか、それとも完全にお任せになるのかで、ディストリビューターのモチベーションも変われば、彼らとのパワーバランスも変わります。

市場環境や競争環境を熟知した上でディストリビューターに任せるのと、まったく理解せずに任せるのでは得られる成果が異なります。前者はディストリビューターと一緒になって市場を伸ばせていける非常に良い関係を長期にわたって維持できますが、後者はディストリビューターのやる気次第になってしまいます。

また、問題が起きてもメーカーが市場を理解していないので対策が打てないのは言うまでもありません。ディストリビューターを活かすも殺すもメーカー次第なのです。

5-7

ディストリビューターの管理育成は
シンプルに

現地について学び、任せるふりをして管理する

■ディストリビューター以上に現地について学ぶ

これまでの解説で、売ることのすべてをディストリビューターに任せるのではなく、売るための戦略そのものはメーカー側がしっかりと組み立て、その実行をディストリビューターに任せるべきなのだということがご理解いただけたと思います。

本来、メーカーは、ディストリビューターを管理育成しなければならない存在なのです。もちろん、管理育成の度合いはメーカーの経験値によって様々ですが、少なくとも積極的にマーケティング活動に参加しなければなりません。しかし、現地の市場をまったく知らなければ、マーケティング活動に積極的に関わるといってもなかなか役に立たないですし、結局、ディストリビューターの言いなりになってしまいます。

この問題の怖さは2つ存在します。

まず1つ目は、最初はなんとなくいい感じで始まったディストリビューターとの関係が、数年経つと、結局、メーカーはマーケティング活動にはなんの協力もしてくれないという閉塞感に陥り、売上が伸び悩む、もしくは減少していくパターンです。

そして2つ目は、メーカーはどうせマーケティング活動に参加しないのだから、ディストリビューターの利益だけを考えて、やりたいようにやるようになるパターンです。

つまり、メーカーとしてはどんどん売上を伸ばしていきたいが、時としてディストリビューターは、最小限の労力で売れる範囲に売上を留めておくほうが、自分たちの利益率や利益額が良くなるケースがあるのです。従って、それ以上売上を伸ばすための投資をしなくなります。または、日本企業の商品を取り扱っているということだけでブランドになるので、適当に取り扱いをし、実利は自分たちの別の商品で得るなどというパターンも少なくありません。

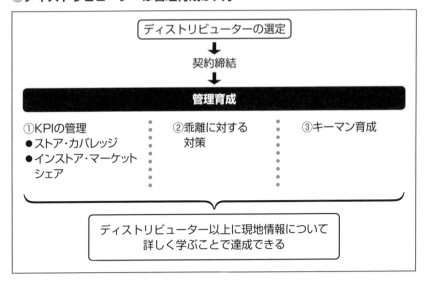

このような状況に陥ると、いざメーカー側が色々と施策を行って売上を伸ばそうと協力を呼びかけても、「現地のことは我々がよくわかっているから、わかっていない日本側が口を出すな」とか、どんなロジカルな施策の説明をしても、「それはもう試した。それをやっても意味はない」などと、ああ言えばこう言うで、まったくもって動かない状態になります。

そして、メーカーが本来、最も必要とする顧客の情報が上がってこない状況になり、パワーバランスが完全に崩れ、何を言っても動かない状態に陥ります。こうなると、ディストリビューターを再起動するには時間がかかります。だからこそ、最初からマーケティング活動に参加する必要があるのです。

そしてそのマーケティング活動に参加するためには、現地のことを知らなければなりません。現地の市場環境や競争環境を知らなければ積極的にマーケティング活動に参加することはできないのです。従って、中小企業こそ現地に精通した専門会社を活用し、瞬時にノウハウを手に入れ、ディストリビューターの管理育成を実施していくべきなのです。

■ 管理指標は可能な限りシンプルに

管理指標に関して話をしたいと思います。何度も例に出しているFMCG

メーカーの場合、売上を構成しているのは、「ストア・カバレッジ」と「インストア・マーケットシェア」です。中小企業がいくつもの管理指標をエクセルでまとめ、ディストリビューターにこれを毎月埋めなさいと言っても嫌がられるだけです。埋めさせた管理指標を分析し、しっかりフィードバックできるのであればまだしも、多くの場合、ただ埋めさせて、それを見てうなずくだけです。

であれば最初から、ターゲットに設定した小売に配荷したのか否か？どのくらいのSKU（最小管理単位）で、どの棚に陳列したのか？　これだけをストア・カバレッジとして追い、また置かれた商品がどれぐらい売れているのかをインストア・マーケットシェアとして追う。

これだけで十分です。

重要なのは、順調にストア・カバレッジやインストア・マーケットシェアが伸びなかった時に、どのような対策を講じられるかです。ディストリビューターのプロセスのどこに問題があるのか、またメーカーとしてどのような協力ができるのか。特に、インストア・マーケットシェアはメーカーの最低限の仕事です。プロモーションもせずに売ってくださいというのは酷な話です。

棚に置くことはディストリビューターの責任ですが、消費者が棚から選ぶことはメーカーの責任です。ストア・カバレッジとインストア・マーケットシェアの２軸の数値の変化と、それが伸び悩んだ際の対策だけが管理手法としてあれば十分です。

■ 達成インセンティブは露骨なくらいに

最後に、達成インセンティブ（報奨金）についてです。アジア新興国のディストリビューターを動かす際に、達成インセンティブの制度は非常に有効に働きます。

どのようなインセンティブをつけるかは、ディストリビューターとの基本契約の内容とのバランスにもよりますが、大きく２つのレイヤーの人たちにインセンティブを出すのが有効です。

１つは、会社に、つまりはオーナー社長に対するインセンティブです。そして、もう１つは、現場のセールスチームに対するインセンティブです。

前者のオーナー社長へのインセンティブは、ディストリビューターの利益に直接的に影響するマージンです。例えば、次年度の前半・後半それぞ

れ最初の発注に関して通常以上の割引を「商品で」するなどです。そうすると、次年度の前半後半それぞれで確実に相当量の注文を確保できる上に、割引は商品で行うので、メーカーの実際の持ち出しはそれほど大きくはならないのです。こういった手法を巧みに組み合わせ、他社商品よりも自社の商品に力を入れたくなる気持ちを引き出すことが重要です。

後者のセールスチームへのインセンティブは、社員旅行、もしくは高級ディナーに招待するのが一番効果的です。日本だと、社員旅行は流行らないし、上司とのディナーも嫌がられるご時世なのかもしれませんが、アジア新興国、とりわけディストリビューターという業種ではまだまだ社員のモチベーションやロイヤリティ維持のためには有効です。

社員旅行であれば日本に工場見学がてら来るのでもよいし、他のアジアに行くのでもよいし、費用との兼ね合いでなんでもよいと思います。この招待旅行には、必ず日本企業のメンバーも参加し、旅行の間に様々な自主イベント（一緒に行うアクティビティ）を入れ、普段、日本にいてはなかなか本音で語らない、また通わない気持ちをしっかりと通わせることのできる大変に有効な機会なのです。

高級ディナーに招待して表彰するのであれば、その国で実施します。日本企業のメンバーの参加がかなわなければ、彼ら彼女らだけで開催してもよいです。そして、その様子を写した写真や動画を今回は表彰されなかった他の社員も含め、後日、ニュースレターとして共有することが重要です。表彰されなかった社員も、来年こそはとモチベーションを上げてくれます。

目標を達成したからこそインセンティブが出るわけで、そのインセンティブにちょっとした工夫をするだけで、その効果は劇的に上がり、日本にいながらディストリビューターとの距離もどんどん縮まるというわけです。

こうした管理育成をしっかり行っている企業は、売上が単発で終わらず持続して成長しています。こうした取り組みを開始して６年が経過しているある中小企業は、管理育成が深まれば深まるほど、数字として成果に結びついており、６期連続で目標達成をしています。

逆に管理育成を軽視していた企業は、売上が単発、もしくは数発で終わり収束していってしまった例が少なくありません。中小企業の場合、９割は、こうした理由でうまくいっていないのです。

日本で負けて、世界で勝つ

中小企業も大企業も海外ではスタートラインは同じ

■日本市場で負けても世界で勝てば勝ち

　現在、私の支援先の8割は大企業になりますが、残り2割の中堅中小企業に関しては、大企業以上に早く海外で成果が出ています。

　海外展開においては、スタートラインが企業の規模に関係なく同じです。多少、大企業のほうが早く海外に出ていたとしても、大企業ならではの人事異動等も相まって、なかなかノウハウが蓄積されていきません。また、多くの大企業は動きも遅く、今のアジア新興国のビジネスのスピード感には追いついていないのが現実です。

　国内では、大企業と中堅中小企業では圧倒的な差があり、戦っても勝てないことがわかっています。しかし、勝手のわからない海外市場では大企業でも身動きがとれないのです。そういった意味でスタートラインは同じなのです。

　だからこそ、中小企業が大企業よりも早く動けば勝てる可能性は十分にあります。国内で負けても、グローバルで勝てれば、トータルで勝ちです。そんなロマンがあるのも海外市場の魅力だと思います。

■実は中堅中小企業のほうが海外向き

　皆さんは、海外展開における中堅中小企業の最大の強みはなんだとお考えでしょうか？　私は、「スピードの速さ」だと思います。

　逆に弱点についてはどうでしょうか？　私は、「ノウハウのなさ」だと思います。

　多くの中堅中小企業は、組織としての強さで言えば大企業には到底かないません。しかし、トップが進出をすると決めるまでのスピードや、決めてからのスピードは大企業にも勝ります。やると決めたら即やる、そして誰がなんと言おうが、トップがやめると言うまで続けられる強さが中堅中小企業にはあります。決断力と言えるかもしれません。

　こんなことは大企業ではまず無理です。組織が大きすぎて、トップがや

●中小企業は海外事業に向いている

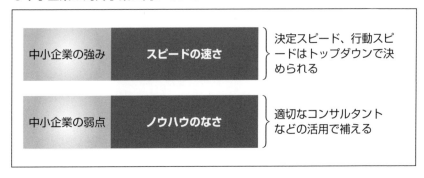

ると決めるにも時間がかかるし、決めてから動き出すまでにも時間がかかります。

　一方で弱点は、中堅中小企業は、そのトップの速い決断の実行フェーズに対して組織としてのノウハウが足りず、なかなか効果的に進まないことです。

　この中堅中小企業の強みは、アジア新興国に出るとさらに効果を発揮します。なぜなら、アジア新興国のディストリビューターの９割はオーナー一族経営の華僑だからです。ビジネスをその場で即決即断する感覚が非常に似ています。

　この「決める力」は、ことアジア新興国ビジネスでは大変重要で、どう決めるかももちろん重要ですが、速く決めるということも同じぐらい重要です。それができる中堅中小企業が仮に先ほど弱点としてあげたノウハウを持てれば、大企業以上にアジア新興国では成功すると信じています。

　だからこそ、グローバル・マーケティングの領域で適切なコンサルタントを積極的に活用するべきなのです。中堅中小企業でそうした人材を育てるのには時間がかかりすぎます。

　コンサルタントを使い、そのノウハウを取り込みながら海外展開をするべきなのです。ないものを、また作れるかどうかわからないものを、時間をかけて自社内で作るより、あるものを外部から持ってきて使うほうが、よっぽど効果的であり、費用面でも安価なのです。

5-9

「今は海外に出ない」も立派な経営判断

武器を持たずに戦うぐらいなら、戦わないほうがまし

■中小企業の5つの戦い方

　中堅中小企業が海外に出るための方法を、おさらいの意味もこめて簡単にまとめておきましょう。中堅中小企業の戦い方は、そのノウハウを集約すると5つに分類されます。

　1つ目が、「出ない戦略を徹底する」。まずは固定費のかかる現地法人を出すかたちでの現地展開ではなく輸出から始め、ある程度実績が出たところで現地に進出することを徹底する。

　2つ目は、中堅中小企業にとって入りやすい国と入りにくい国があり、「攻めやすい国から順に攻略していく」のが重要。また、国ではなく、首都や大都市をまず狙う。

　そして、3つ目は、「狙うべきターゲットをできる限り明確にする」。B2Cであれば小売ベースで、B2Bであれば企業名ベースで。これらが具体的になっていれば、売上予測や戦略の具体性は格段に向上します。

　そして4つ目は、「ディストリビューターの選定には時間と労力をかける」。どのようなディストリビューターを選ぶかで、成功確率が大きく変わってくるので、「出会い」で決めるのではなく、「スキルセットとマインドセット」で決めます。

　最後の5つ目が、「ディストリビューターの管理育成」が成功をもたらす。売ることのすべてを任せるのではなく、自分たちもディストリビューター以上に現地市場の理解を高め、積極的に売ることに介在していかなければならないということです。

　これら5つを実行するだけで、中堅中小企業の海外展開は大きく変わり、高い成果を得られることでしょう。

■海外事業をする意義を今一度考える

　海外事業は、国内事業よりも確実に多くの経営資源を必要とします。「人」「モノ」「金」「情報」が、すでにでき上がった国内での展開とは比較にな

●中小企業のグローバルでの戦い方

国内事業のほうが圧倒的に簡単。
それでも海外に出る理由、意義とは一体なんなのか？
そのことを、今一度、考える

① 出ない戦略の徹底

② 攻めやすい国 / 都市を選ぶ

③ 狙うべきターゲットを明確にする

④ ディストリビューターの選定に労力をかける

⑤ ディストリビューターの管理育成に力を入れる

らないほどかかります。

　国内の事業はすでにでき上がった土台の上で行っているビジネスであり、海外事業とは、土台作りから始めなければならない事業です。そこには多くの想定外や、多くの困難が待ち受けています。だからこそ、今一度、冷静に自分たちが海外事業をする意義とは一体なんなのかを見つめ直すことは大変重要なのです。

　自分たちはなぜ海外市場が必要なのか？　その意義をできる限り具体化できると、戦略が具体化してきます。意義が明確でない企業の戦略は、同じようにぼんやりしたものになります。しかし、海外事業の意義が明確な企業の戦略は具体的です。

　どれぐらいの期間で、どれぐらいの目標を、どう達成するのかが具体的に作られます。そうなれば海外事業の成功は大きく近づきます。ぜひ今一度、海外展開をする意義を見つめ直してみてください。

■「今は出ない」は負けじゃない

　海外展開は目的ではなく手段です。そして、海外市場は慣れ親しんだ国内市場とは異なり、多くの武器を持たなければ勝つことはおろか、生き抜くこともできません。

　海外市場はトップの能力だけでなんとかなるような市場ではないのです。

　今、進出するための武器を用意することが難しいのであれば、武器を持たないまま戦うのではなく、最低限の武器が整ってから戦うことを選ぶべきです。「今は出ない」は決して負けではありません。

　今後、グローバル化はますます進み、経済活動から国境はどんどん消えていきます。

　そして、我々が外に出なくとも、これからは海外の企業がこちらに入ってくるようになるでしょう。ということは、いずれは海外に出なければならないことに変わりはありません。

　そのために、今日からリサーチを始め、1つひとつ武器を増やしていってください。私も今後の人生において微力ながら大企業だけでなく、中堅中小企業のグローバル化の支援もさらに推進していく所存です。

第6章

ケーススタディQ&A

さて、いよいよ最終章です。本章では、より実践的なケーススタディとして実際に私のセミナーやPodcast、YouTube番組などを通していただいた多くのご質問の中でも頻繁に質問されることをQ&A方式で回答していきます。今、まさに現地でビジネスをする人たちが現場で困っている実践的な内容です。

ケース1

新たな国へ展開する際に、何から始めたらよいのかわからない

消費財メーカーです。現状、数カ国への海外展開を行っていますが、今後、新たな国へ自社の商品を販売していくことを検討しています。今までは、戦略構築ということを意識しないまま海外展開をしてきており、新たな国へ参入する際の戦略と言われても、正直何をどうしていいのかわかりません。参入戦略を立てるためには、具体的に何から始めたらいいでしょうか？

　この質問に答える前に、このような企業が注意するべきポイントについて先にお話をさせてください。海外展開は、単に展開する国を増やせばよいということではありません。国数を増やせば見込める売上は上がりますが、その分リスクも増えます。従って、常に現状をしっかりと理解しながら展開国数を増やすことが重要なのです。

　新たな国に参入するということは、それだけ「ヒト」「モノ」「カネ」「情報」といった経営資源が必要になります。それに耐えうる経営状況であれば、新しい国に販路を広げても問題はないでしょう。しかし、もし現状で展開している数カ国が中途半端な状態ならば、新たに他の国を目指すよりも、すでに展開している国の状況を改善することが先決です。

　場合によっては、進出する国の優先順位を見直し、現在展開している国を撤退して、別の国に切り替えることも検討すべきです。展開する国を増やせば増やすほど、当然、経営資源も多く必要になるわけで、中途半端な状態のまま放っておくと、進出先の経済が下向きになった際に一気にそのツケが襲ってきます。

　海外事業は経営資源をある程度集中させたほうが事業として成功する確率が高まるものです。むやみに新たな国に展開するよりも、まずは現状を見直してみることが大切です。

それでは本題に回答します。前提として、この会社がすでに展開している数カ国において、ある程度のシェアを獲得している、つまりは、ある程度の成功を収めているという状況下で、さらに、新たなＡ国へ販路を拡大するには何から始めたらいいのかについてお話をします。

まずは次に目指すＡ国を想定して、マーケティングの基本プロセスをしっかり実践することが第一です。つまり、本書でも解説した「Ｒ－ＳＴＰ－ＭＭ」（37ページ）のＲ（Research）である、マクロ環境分析、ミクロ環境分析、ＳＷＯＴ分析を実施して、その国がどんな市場（どれぐらい儲かる市場で）で、どんな敵がいて（どれだけの脅威が存在し）、展開した場合には何が起こりそうなのか（稼げるのか、稼げないのか）を徹底的に探ります（43ページ）。

その後、ＳＴＰであるセグメンテーション、ターゲティング、ポジショニングを実施します。特に、ターゲティングをできる限り具体的に定量的にあげてください（54ページ）。そこから販売単価を掛け算すれば、販売できる最小値から最大値まで様々なシミュレーションが可能になります。

そして、最後にＭＭ（マーケティング・ミックス）＝４Ｐであるプロダクト、プライス、プレイス、プロモーションを突き詰めていきます（59ページ）。消費財メーカーのアジア新興国市場における４Ｐで重要なのは、ターゲットとなる中間層のための商品を、中間層が賄える価格で、買いやすい売り場に並べ、選びたくなるような仕掛けをすることです。これを高いレベルで実現しなければなりません。

さらに、「チャネル構築までの８つのステップ」のステップ１から５を実施して（125ページ）、もっと深い部分まで分析することが必要です。ステップ１の「市場環境の可視化」では、今、参入を考えている国の市場がどういう成長ステージにいるのかを、対象の人口や所得層、今後の成長予想や、かかわる法規制などをもとに判断し、どの程度の利益が見込めるのかを見ていきます。

ステップ２の「競争環境の可視化」では、どのような競合他社がいて、その脅威はどれくらいなのかを明らかにする必要があります。ステップ３の「流通環境の可視化」では、日本とは異なるその国ごとの流通環境の中で、中間流通、小売流通がどのような形態なのか、またそれにかかわる商習慣はどのようなものなのかを見ていきます。そして、ステップ４の「消

費者の可視化」では、その国の消費者が何を求めていて、どんなところに不満を持っているのか、普段の生活や買いものの習慣などを調査します。ステップ5の「ディストリビューターの可視化」では、その国にはどのようなディストリビューターがいて、何を得意とするのか、スキルセットとマインドセットを可視化します。新しい国で商品を販売するために必要な機能を持ち、自分たちと合う適切なディストリビューターを選定し、ディストリビューション・ネットワークを構築していきます。このステップ1から5を見ていくことで、自ずと参入戦略が見えてくるのです。

こうした一連のプロセスの中でも特に重要なのが、3Cと4P（131ページ）を深掘りすることです。3Cは、参入しようとしているのはどういう市場で、競合他社はどのような相手なのか、そして自社の得意不得意を客観的に見るためのツールです。4Pは、競合他社と比較することも重要です。自分たちが売りたい商品を、売りたい価格で、売りやすい流通で、できればプロモーション投資は少なくという従来の日本的な4Pではなく、現地の中間層が求めているモノを、買いやすい価格と買いやすい場所で、手に取りたくなる仕掛けを考えていきます。

この3Cと4Pを徹底的に深掘りしていくことが、新たな国への戦略で最も重要なプロセスだと言えます。

ケース2

伸び悩む海外売上を改善させたい

菓子メーカーです。早い国だと30年ほど前から、国内の商社や問屋を活用し、また一部の国では現地のディストリビューターと直接取引をし、海外販売を行っています。ただ、ここ10年の傾向を見ると、一応は伸びてはいますが、成長が伸び悩んでいるように感じます。この伸び悩みを改善し、海外売上を拡大したいのですが、どうすればよいでしょうか？

結論から先に申し上げると、輸出ビジネスからチャネルビジネスへの転換ができていないからです。輸出ビジネスとは、港から港のビジネスです。自分たちの商品が輸出されたらそこで終わりです。自分たちの商品が、どのような中間流通を通じ、どのような小売に、どのように並べられ、どのような消費者がそれを手に取り買って、リピート購入しているのかをほと

んど感知しない、もしくは感知できないビジネスを指します。

一方で、チャネルビジネスとは、自分たちの商品が、どのような中間流通を通じ、どのような小売に、どのように並べられ、どのような消費者がそれを手に取り買って、リピート購入しているのかどうかをしっかりと把握し、問題が生じれば即座に対策を打てるビジネスを指します。

日本国内の市場では、当然後者の取り組みを行っていますが、こと海外となると、前者になりがちです。

まず、国内の商社や問屋を使っていたのでは、中国やASEANの主要な小売の主要な棚にしっかりと商品が置かれるようになることは難しいでしょう。基本的には日系の小売か、日系の匂いのする小売などが限界です。現地の主要な小売に置かれても、メインの棚には置かれず、輸入品棚にしか置かれません。これでは、買いに来る消費者は日本人の駐在員か外国人、もしくは一部の日本フリークの人たちに限られます。

なぜこのような状態になるのかというと、日本の問屋も単に輸出ビジネスをしているだけだからです。彼らは引き合いのある海外のインポーター（輸入業者）に販売しているだけで、相手国の港に自社の商品が到着した後、それがどのディストリビューターを通じ、どの小売に販売されているかなどは明確に把握していません。

また、少し販売のステージが進んでいる国では、自社で探した現地のディストリビューターと直接取引をしているが伸びない、といったものだと思うのですが、これも根本は同じです。単に輸出しているだけだからです。

自社が商社や問屋に変わって輸出はするが、その後のことは基本的にディストリビューターにお任せになっているのです。自社の商品がどのような中間流通を通じて、どのような小売に、どのように陳列されているかを理解していないのは、問題が何かがわからないということですので、その状態で売上やシェアが伸びるわけがありません。メーカーの年に数回の現地出張では、ディストリビューターが見せたい小売だけを見せられ、問題のある小売に連れて行かれることはないので、本当のボトルネックは表面化しにくいのです。

リスティング・フィーだ、プロモーションだと、詳細が不明な費用だけを要求されるケースも少なくありません。何か意見を言えば、「現地のことは我々が最も理解をしているので任せておけ」の一点張りなケースもあります。最後は、売上が伸び悩む理由は、円高と景気のせいだと言い訳を

する。長年、輸出ビジネスだけをしてきたメーカーの場合、市場の実態を
あまり理解していないので、どうすることもできずにただ頭を悩ますだけ
の状態が長く続きます。こうなったらディストリビューターを変えるにも
変えられず、非常に無駄な時間が流れます。

　初めはどの企業も「輸出」から始まります。「輸出」というビジネスモ
デルを否定しているのではありません。ただ、重要なのは輸出型輸出ビジ
ネスではなく、輸出型チャネルビジネスに移行していくことなのです。

ケース3

伝統小売への導入がなかなか進まない

消費財メーカーです。近代小売（MT）への導入率は比較的よいのですが、
伝統小売（TT）へはなかなか導入が進みません。伝統小売における導入率
を上げるにはどうしたらよいでしょうか？

　ある程度、近代小売への導入が進んでいるのに伝統小売への導入が進ま
ない要因は大きく分けて2つ考えられます。1つは、商品そのものが伝統
小売向きでないこと。そして、もう1つはディストリビューション・ネッ
トワークの問題です。

　まず、商品そのものが伝統小売向きでない件から説明します。これは、
商品が超高級化粧品なんですと言われると、そもそも何をどうやっても伝
統小売で売るべき商品ではないので、そういった類のことではなく、商品
の入り数や容量、パッケージが伝統小売向きか否かの話です。

　例えば、近代小売で5個入りで売っているものは、1個入りから売る必
要がありますし、1袋150グラムで売っているものは、50グラムで売る必
要があります。伝統小売で重要なのは、「今、欲しい分だけ」をいかにし
て消費者に提供できるかです。

　仮に、1個当たりの単価が高くなっても、グラム当たりの金額が高くな
っても、消費者が支払う総額が安いことのほうが優先されるのです。この
ように商品の伝統小売適合化がしっかり行われていないと、伝統小売への
導入は決して進みません。

　2つ目は、ディストリビューション・ネットワークです。商品の伝統小
売適合化は比較的容易に改善できるのに対して、この問題は、少々時間が

かかります。まず、大前提として、伝統小売の攻略には伝統小売を得意と
しているディストリビューターが必要です。近代小売に商品を導入できる
ディストリビューターが、伝統小売へも商品を導入できるとは限りません。
むしろ、近代小売が得意なディストリビューターは、伝統小売は不得意だ
ったりします。

　まずやるべきは、活用しているディストリビューターが本当に伝統小売
向きなのか否かを精査することです。方法は簡単です。現状、どの製品を
何万店、何十万店の伝統小売に配荷しているのかを確認すればよいのです。

　次に、ディストリビューション・ネットワークのデザインです。基本的
に、2次店をどれだけ使おうが、伝統小売へ商品を導入、配荷させる上で、
1カ国1ディストリビューターはあり得ません。

　都市部から地方部に至るまで、数十万店、数百万店存在する伝統小売に
対して1社のディストリビューターで十分な国などありません。必ず複数
のディストリビューターが必要になります。

　エリア別にディストリビューターを活用する必要があります。少なくと
も、主要都市に1社のレベルで必要になります。また、忘れてはいけない
のは、自社のセールスの存在です。ディストリビューター任せでは、うま
く導入されません。自社のセールスを活用し、ディストリビューション・
ネットワークを管理育成していくことが必要です。管理育成があってはじ
めて、ディストリビューション・ネットワークは活きてきます（203ページ）。
この2つが改善されれば、伝統小売への導入は進みます。

ケース4

現在のディストリビューターでこれ以上シェアを上げられるか悩んでいる

　20年以上お付き合いをしているディストリビューターですが、最近、本当
にそのディストリビューターでこれから、さらにシェアを上げていけるのか
が不安です。こういった課題に直面している場合、どうすることが適切なの
でしょうか？

　この不安を取り除くには、現在のディストリビューターのケイパビリテ
ィ（能力）を可視化することです。そして、競合のディストリビューター
と比較して優れているのか、劣っているのか、それはどの程度の差異なの

かを明確にすることです。

　日本企業の多くは、自社のディストリビューターのケイパビリティを明確に理解していません。特に、数十年前から当たり前のようにそのディストリビューターを活用している企業などは、その能力が競合と比べてどうなのかを明確に診断、可視化したことがないのです。

　ある程度のことはなんとなく理解していても、定量でケイパビリティの差異を理解していません。自社のディストリビューターと競合他社のディストリビューターを比較した結果、その実力の比率が70対100なら、新たなディストリビューターを探すより現在のディストリビューターに、あと30の力をつける方法を探すほうが賢い選択だといえるでしょう。

　しかし、実力の差が30対100のように開き過ぎている場合には、現在のディストリビューターに70の力をつけさせるより、せめて、70〜80程度の力を持ったディストリビューターを新しく選定したほうが賢明です。このようにケイパビリティを比較することで、今のまま使い続けるのか、新しい会社に変更すべきかの判断ができるわけです。

　この問題は、そもそも、数十年前にディストリビューターを選定する際に、網羅的にディストリビューターを発掘し、選定してこなかったことが要因として挙げられます。

　当時は、アジア新興国の市場など、日本企業にとっては大きな市場ではなかったため、かなりざっくり決めてきた背景があるのです。また、この数十年で、アジア新興国のディストリビューターの順位は大きく入れ替わっています。昔の上位ディストリビューターが必ずしも今の上位とは限りません。なので、多くの日本の消費財メーカーが、今、この問題に直面しており、ディストリビューション・チャネルの再構築を行なっている最中なのです。

ケース5

伝統小売が近代化するまで待ってから参入するのはダメか

　消費財メーカーです。そもそも弊社は苦労をしてまで伝統小売（TT）を攻めるべきかを悩んでいます。結局、ASEANも全体的に近代化するのであれば、市場が成熟し、現在の伝統小売が近代化してから参入したほうがよいのではないでしょうか？

　結論から申し上げると、この質問への答えはＮＯです。理由は、小売の近代化はそれほど早く進まないからです。ASEANでは、確かに小売の近代化は進んでいます。この傾向は今後もさらに進んでいくでしょう。しかし、向こう10年、20年ですべての伝統小売が近代小売（MT）に変わるといったことは起こりにくいと私は考えています。

　なぜなら、小売は、小売単体では近代化できないからです。小売が近代化するには、いくつかの条件が整わなければなりません。その大きな条件の1つがインフラです。小売が近代化するためには、あらゆるインフラが平均的に近代化する必要があります。

　例えば、道路、物流、システム、電気、ガス、水道といったインフラです。さらに、コールドチェーンも整備されなければなりません。渋滞も解消できなければなりません。渋滞は小売の近代化のスピードを緩めます。現在、ASEANの主要都市は日本では考えられないほどの渋滞が毎日当たり前のように起こっていますが、これらの渋滞は今に始まったものではなく、今後も少なくとも10年以内に解消されるようなものではないことがわかっています。

　日本の小売の近代化は、世界的にも例を見ない速さで実現されました。これは決して小売だけが単体で近代化していったのではなく、その他のあらゆるインフラが近代化したことで小売の近代化も実現できたのです。日本を縦断する形で高速道路が整備され、鉄道が敷かれ、電気、ガス、水道といったライフラインは、日本中で整備されました。その結果、小売も近代化できたのです。また、もう1つ、日本人とコンビニエンスストアの相性が非常に良かったことも大きく影響したと言えるでしょう。

　我々日本人にとっては、小売の近代化などごくごく当たり前で、日本同様に一気に進むのではと思いがちですが、日本のケースは大変特殊なのです。日本と同じことはASEANでは起こりません。

　そう考えると、この先の20年程度は、伝統小売は一定の影響力を持ち、近代小売が伝統小売にとって変わるといったことはないと言ってよいでしょう。そうなると、今後減少していったとしても、ある一定のシェアを持つ伝統小売を無視するというのは賢い戦略とは言えません。

　また、別の発想として、仮に、30年後にすべての伝統小売が近代小売に変わったとして、その時点で参入するのでは、消費者も、小売も、流通もなかなか簡単には受け入れてくれないと思います。

その時には、市場におけるプレイヤーは完全に固まってしまい、入る隙間がない状態になるのではないでしょうか。また何より、そんなに長い期間、この成長著しいASEANの市場に手をつけなかったら、すでにグローバル競争で負けが確定していることになると思われます。

　いずれにせよ小売が近代化してから市場に参入するというのは、どのような観点から見ても賢い戦略とは言えないでしょう。

　仮にASEANの伝統小売の獲得で苦労しても、そのノウハウは、メコン経済圏で活かせますし、その後は、伝統小売比率98％以上のインド、そしてアフリカで活かすことができるのです。決して無駄にはならないと思います。

自社だけでの戦略作りに限界を感じているが、コンサル活用も不安

　大手消費財メーカーです。すでに多くの国々に進出していますが、十分な成果が得られていません。その要因は戦略の甘さにあると考えています。しかしながら、自社のリソースだけでの戦略策定には限界を感じています。一方で、コンサルにお願いすることにも慣れておらず、不安を感じています。どうすべきでしょうか？

　結論から申し上げると、「外部の力を借りる」、つまりは一度コンサルティング・ファームなどの専門家に依頼するのが最も有効な手段だと思います。なぜなら、自社だけでの戦略作りに限界を感じているわけで、これは自社の経営資源の問題ですから、今すぐにそれが解決されないのであれば、外部の専門家の力を借りる以外に方法はありません。

　ただ、重要なのは、どのような専門家を、どう使うかです。

　日本企業は、経営戦略に関わる一部の部門以外、例えば、事業部門などが、外部の専門家やコンサルティング・ファームなどの知見やノウハウを借りて戦略を立てていくことをあまりしません。

　一方で、先進的なグローバル企業の多くは、自社にノウハウがないようなことに関しては、躊躇なく外部の専門家を活用します。理由は簡単です。わからないことを、わからない人たちだけで考えても何もアウトプットで

きないからです。

　これほど時間が無駄なことはありません。しかし、日本企業の多くは、わからないことでも、外部の専門家に頼むのではなく、まずは自分たちだけで頑張って考えようという商習慣があります。このやり方だと、勝手がある程度わかっている国内ビジネスではまだよいですが、グローバル競争では通用しません。

　専門家やコンサルタントが日々インプットしている情報の量は圧倒的で、専門ではない人と比べると格段の差があります。そして、彼らの長年蓄積してきた経験は、仮説検証の数が凄まじく、経験していない人とは雲泥の差です。このナレッジとノウハウを活用しない手はありません。

　では、なぜこれだけの優位性がわかっているのに、専門家やコンサルタントを活用することに躊躇するのか。その理由は、専門家やコンサルタントに支払う費用に対する概念です。日本ではコンサルタントに支払う費用は「コスト」にカウントされますが、欧米のグローバル企業では「投資」と捉えます。今では、中国やASEANの先進グローバル企業も同様です。

　仮にコストと捉えても、自社にないナレッジとノウハウを短期間で手に入れて、事業の成長にレバレッジをかけられるわけですから、必須のコストと捉える企業が多いのです。日本企業も、ことグローバル戦略に関しては、より積極的に専門家やコンサルタントを活用し、一緒に戦略を作っていくべきだと思います。

　次に、これらコンサルティング・ファームをどう選ぶかに関してお話しすると、やはり重要なのは、そのファームがフォーカスしている専門です。ご質問のように、例えば消費財メーカーで、「ASEANの販売チャネル構築」に課題を抱えているのであれば、それを専門としたファームに依頼するのが最も適した選び方です。自分たちが、B2Bメーカーで、中国の販売チャネル構築」に課題を感じているなら、それを専門としているファームに依頼するのが最も適しています。

　大手だからとか、有名だからとか、海外案件も行っているから、などでざっくり決めるのは危険です。海外案件といっても、様々な種類の海外案件があります。重要なのは、自分が依頼しようとしていることを専門としているファームなのか否かということです。

また、コンサルタントの費用に関して注意すべきは、安い費用には要注意です。コンサルタントは、自身の過去の投資で得たナレッジとノウハウを、限られた時間の中で、限られた人たちに提供する商売です。そのため、値段を下げるということはほとんどありません。従って、値段を下げられるということは専門性が低い可能性があります。

　最後に、選んだコンサルタントをどう使うか、について少しお話をします。まず、コンサルタントを活用する際、絶対にやってはいけないのはコンサルタントに任せっきりにすることです。

　コンサルタントは、皆さんの事業の結果に責任を負ってくれません。責任を取るのは皆さんです。だからこそ、コンサルタントに頼りきりも任せきりもダメで、活用するのです。

　自社のために惜しみなくそのナレッジとノウハウを提供してくれるパートナーとして活用する。あくまで進む方向をリードするのは自社でなければなりません。そのことに気をつけて活用してみてください。

ケース7

良いディストリビューターを選ぶポイントとは？

　消費財メーカーです。ディストリビューターはどのように選定すべきでしょうか？　いいディストリビューターを選ぶポイントを教えてください。

　ディストリビューターを選ぶ際にまず必要なのは、ディストリビューターにどこまでの機能を求めるのかを明らかにすることです。輸入機能は必要か。配送さえできればいいのか。セールスやマーチャンダイジングまで必要なのか。はたまた、プロモーションまで担ってほしいのか、などです。大前提として、こちらが求める機能を持たない会社と契約しても意味がありません。

　次に、自社のターゲットとする小売やエリアを得意としているかどうかについても考える必要があります。近代小売（MT）と伝統小売（TT）のどちらに強いほうがいいのか。それとも、その両方を求めるのか。近代小売であれば、具体的にどのタイプの小売と強い取引ができるのか。伝統小売であれば、都市部、地方部、どのエリアに強いのかなど、自社がター

ゲットとする小売やエリアを得意としているかを基準に選びます。

　また、もう１つ重要なのは、常に競合他社のディストリビューターと比較してどうなのかという観点です。自分たちがその国に進出するということは、競合との戦いを始めるということです。相手よりも販売チャネルが弱ければ、その差はどんどん開いてしまいます。すでに現地に根付いている競合のチャネルの能力が100だとしたら、自分たちもそれに近い能力を持たなければ勝負にはなりません。だからこそ、販売チャネルの大きな要素を占めるディストリビューターが競合と比べてどうなのかを見極めることは大変重要なのです。

　このように、「ディストリビューターに求める機能」「ディストリビューターの得意なターゲット」、そして「競合のディストリビューターとの比較」という３点の基準を明確にしてから、ディストリビューターを探すプロセスに移ることが大切です。これを明確にしないまま、「他の日系大手企業が使っているから」とか、「日本語が堪能で社長の人柄も良さそうだから」「取引のある金融機関に紹介されたから」などといった理由でディストリビューターを選んでいては、強いチャネルはなかなか作れません。この３点の基準が明確になってはじめて、ディストリビューターの選定プロセスを始めることができるのです。

　では、次に、ディストリビューターの選定プロセスについてお話をします。これは、４－４（173ページ）でお話ししたように、対象としている国の、対象としている産業のすべてのディストリビューターを網羅的にリストアップしていくということです。そして、すべてのディストリビューターを絶対評価で絞り込んでいきます。

　このようにして残った数社について、今度は「どちらがいいか」という相対比較で選んでいきます。ここでは規模が大きくて、自分たちの取り扱っている商品に強いディストリビューターがいいと考えがちですが、４－８（190ページ）で述べたように、「スキルセット」と「マインドセット」を整理し、比較することが有効です。

　特に、スキルセット以上にマインドセットが重要であることはすでに述べました。完全なるワンマン企業がほとんどである新興国のディストリビューターは、社長が右と言ったら右に進むのが当然という世界で、社長の

気持ちが自分たちの商品に向いていなければ、どんなに優秀なスキルセットを持っていても、ビジネスは前に進みません。

　ディストリビューターの選定は、まずは自分たちが必要としている機能を明確にする。その上で、ディストリビューターを網羅的にリストアップし、絶対評価と相対評価で絞り込んでいく。その際、最低限のスキルセットを満たしているのなら、最後は、マインドセットを重視して選定するのが最も正しいディストリビューターの選定方法です。

ケース8

ディストリビューターとの上手な付き合い方とは？

　消費財メーカーです。売上を拡大するためにディストリビューターに色々と施策の提案をしていますが、なかなかそれをやろうという流れになりません。基本、任せて口を出すなというスタンスのようです。しかし、それでは現状から大きく売上を拡大させることができないと考えています。どうすればディストリビューターは、動いてくれるのでしょうか。

　これはメーカーと、ディストリビューターの関係が逆転しているパターンですね。日本の消費財メーカーとアジア新興国のディストリビューターの間では、ありがちな関係です。おそらく、過去、長きにわたりすべてをディストリビューターに任せっきりにしてきたのではないでしょうか？そして、近年、急に、ああだこうだと口を出すようになったのではないでしょうか？

　急にあれこれ言っても、ディストリビューターは聞き入れてくれません。仮に、そこそこの金額を売ってもらっているのだとすると、なおさらです。ディストリビューターとの力関係の構築は、最初が重要なのです。もっと言うと、契約交渉の段階から始まっています。その時点から、互いの戦略をしっかりと擦り合わせ、常にコミュニケーションを取っていかないと、ディストリビューターはなかなか言うことを聞きません。

　ただ、このケースでは、すでにその状態になってしまっているので、こういった場合は、時間をかけて少しずつ変えていくしかありません。

　現状で、売上が大した数字でないのであれば、躊躇せずに新たなディス

トリビューターに変えるのも１つの選択肢かもしれません。しかし、多くの場合、そこそこ数字があるので、変えるにもリスクだし、言ったとおりに動いてくれないし、と悩まれているケースが大半だと思います。

まず、理解しなければならないのは、ディストリビューターにとってのスイートスポットの存在です。

これは要するに、ディストリビューターの利益が最も安定し、利益率が高い状態を指します。その状態にいるディストリビューターは、そこからさらに経営資源を投下し、売上を上げ、利益を上げるという次のステージに動こうとしません。これは考えてみれば、ディストリビューターの立場としては当たり前です。

また別の例としては、現状のエリアは他のメーカーの商品を同様に配荷しており、それ以外のエリアへ販路を広げると、広げた後は売上も利益も上がることはわかっていても、広げるまでにある程度の時間と投資が必要なのでなかなか腰が上がらないといったケースです。

このように、メーカーとディストリビューターでは、時として利益やメリットにコンフリクトが起こります。従って、そのコンフリクトを克服すべく、相手の状況を理解し、それを改善するような提案をしていかなければなりません。そうした提案と実績の積み重ねが、メーカーとディストリビューターのパワーバランスを変えていくのです。

ケース9

近代小売への効率的な導入方法は？

消費財メーカーです。新規に参入する場合の近代小売（MT）への効率的な導入方法を教えてください。一気にやるべきなのか、それとも少しずつやるべきなのかで悩んでいます。

結論から先に申し上げると、段階的な参入をお勧めします。理由は、いまだかつて、一気にやって成功した日系メーカーを見たことがないからです。欧米の先進的なグローバル消費財メーカーは一気に入りますが、日系メーカーの場合、一気に進出するための戦略ができてないケースが多く、途中で息切れしてしまうのです。

参入方法としては、まず最初に、自社の商品が最も適している小売形態

を決めることです。大きく分けて、スーパーマーケット系なのか、ドラッグストア系なのか、コンビニエンスストア系なのかです。

一気にメジャーな近代小売すべてに配荷を進めていくという方法もありますが、当然、導入のための費用がかかってきます。導入費さえ支払えば、基本的には近代小売の棚に並べることは物理的に可能です。しかし、売れなかった場合には数カ月で容赦なく棚から撤去され返品の山となります。

過去にそんな状態に陥った日系企業を何社か見ました。もちろん、導入費は返ってこないので、これは賭けに近いようなリスクの高いやり方です。さらに、一度売れずに棚落ちした商品やメーカーが、再び棚に戻るのは相当な苦労がかかります。小売側も売れない商品を棚に置いておくことほど無駄なことはありませんので、敗者復活戦は相当に大変です。従って、基本的には、自分たちの商品が最も適している小売形態から始めるのが手堅い方法です。

例えばコンビニ系を選んだ時には、上位3社のA社、B社、C社とあるとしたら、まず、A社ならA社を選び、ある一定期間そこに独占的に商品を流通させるというのが一番いい方法です。この方法では配荷先がA社に限定されますが、その分、導入費をはじめとする初期にかかるコストが下がり、またA社側にも独占販売ができるというメリットがあるため取り扱いが積極的になります。そして「A社で売れた」という実績を作ることができれば、B社やC社との導入費交渉が非常に楽になるというメリットがあるのです。

また、例えば、A社のコンビニが国内に1万店舗あるとすれば、その中で、商品が最も売れそうな限られたエリアの数百、数千の店舗から始めて、そこで完全に軌道に乗ってから徐々に配荷する店舗数を増やしていき、1万店舗へ攻め上がるというステップを踏むのです。

こうすることで、数百、数千店舗の段階で問題点をあぶり出し、それらを調整しながら進められるので、リスクを最小限に抑えた展開が可能です。実績ができれば、先ほどお話ししたようにB社、C社との交渉が楽になるし、コンビニエンスストア上位3社へ配荷して実績を上げれば、今度は、ドラッグストアやスーパーマーケットとの交渉もしやすくなります。結果として利益率が上がり、優れた投資対効果が得られるというわけです。

ケース10

新興国で成功するために最も重要なこととは？

日本の消費財メーカーが新興国で成功するために最も重要なことは、なんなのでしょうか？

「中間層が求める商品を、中間層が賄える価格で、中間層が買いやすい売り場に並べ、中間層が選びたくなる仕掛けをする」ことです（138ページ）。これにつきます。消費財メーカーにとって、ターゲットは中間層です。日本国内の市場でターゲットが中間層でないのであれば話は別ですが、そうであるのであれば、新興国でも同じです。

「中間層が求める商品を」…必ずしも高品質とは限りません。必ずしも日本で売れているものとは限りません。一部の訪日客と、新興国の中間層が求めるものは異なります。日本人にとっての良いモノを押し付けてはいけません。

「中間層が賄える価格で」…買える価格ではダメです。誰でも一度や二度は買えます。重要なのは、賄える＝つまりは、彼らの生活の中に取り込める価格です。新興国の人たちは、先進国に比べて各家庭の貯えが少ない。つまりは家庭のキャッシュフローが少ないのです。それを加味して賄える価格設定をどう実現できるのか、商品の材料はもちろんのこと、グラム数、入り数、パッケージから考えなければなりません。

「中間層が買いやすい売り場に並べ」…近代小売（MT）はもちろんのこと、伝統小売（TT）を含めて商品を配荷する必要があります。多くの新興国市場では、まだまだ伝統小売が主流です。この伝統小売の攻略なしに新興国の攻略はありません。

「中間層が選びたくなる仕掛けをする」…並べることは物理的な話なので、ある一定の条件を満たせば実現可能です。しかし、一旦、小売に並んだら、それは競合の隣りに並ぶということ。そのような状況下で消費者に選んでもらえるかは、PRやプロモーションという仕掛けが必要なのです。

これができれば、新興国で必ず成功できます。余計なことをせず、これだけをひたすら突き詰めていけばよいと言っても過言ではありません。

おわりに

　本書を最後までお読みいただき、誠にありがとうございます。

　日本企業のグローバル競争は、まだまだ始まったばかりです。

　ASEAN6（シンガポール、マレーシア、タイ、ベトナム、インドネシア、フィリピン）の次は、メコン経済圏、インド、南米、アフリカと広がっています。

　今、アジア攻略のために苦労したとしても、その経験は必ずや自社のノウハウとなり、今後のグローバル戦略の力になっていくはずです。近い将来、日本のメーカーが、また再び世界で高いプレゼンスを発揮することを信じて、本書を執筆いたしました。

　本書の最後に、執筆する上で、私に多大なる影響を与えて下さった方々にこの場を借りて感謝申し上げます。まずは、長年、弊社とお取引をいただいている顧客の皆様に心よりお礼申し上げます。

　皆様とともにグローバル市場において数々の難題に挑み続けていることは、弊社従業員すべての誇りであり、本書を執筆する上でも大きな力となっております。本当にありがとうございます。

　これからも変わらぬご愛顧を賜りますよう、なにとぞ宜しくお願い申し上げます。

　次に、グローバル・マーケティングの第一人者である明治大学経営学部教授大石芳裕先生に感謝申し上げます。いつも私を気にかけていただき本当にありがとうございます。大石先生の教えがなければ私がグローバル・マーケティングを語ることはできなかったと思います。大石先生との出会いは私の人生にとって本当にかけがえのないものでした。

　これからも大石先生の研究から多くを学ばせていただきたく、ご指導のほど、なにとぞ宜しくお願い申し上げます。

　次に、一橋大学名誉教授、法政大学教授の米倉誠一郎先生に心より感謝申し上げます。米倉先生は、中国やASEAN、インドが専門だった私にアフリカという新たな専門をプラスしてくださいました。

また、新興国におけるソーシャル・ビジネスや、グローバル市場におけるイノベーションについても多くを学ばせていただきました。法政大学大学院MBAにおける特任講師としての役割や、米倉先生が設立したソーシャル・イノベーション・スクール（一般社団法人Creative Response）に理事として参画させていただき、ソーシャル・イノベーションを推進する人材育成に関わらせていただいていることは私の生涯の誇りです。今後ともご指導賜りますよう、なにとぞ宜しくお願いいたします。

　そして、日々、社長としての私を支えてくれている弊社役員、社員の皆にこの場を借りて感謝します。皆の支えなくして私の存在はなく、また本書を執筆する上でも皆の果敢な挑戦が大いに役に立っています。本当にありがとう。これからも弊社のビジョン、ミッション、コアバリューを胸に、ともに歩んで行きましょう。

　最後に、いつも私の仕事を静かに見守ってくれている妻と、もうすぐ2歳になる息子に心より感謝します。

スパイダー・イニシアティブ株式会社
代表取締役社長兼CEO
森辺一樹

森辺一樹（もりべ　かずき）

1974年生まれ。幼少期をシンガポールで過ごす。帰国後、法政大学経営学部を卒業し、大手医療機器メーカーに入社。2002年、中国・香港にて、新興国に特化した市場調査会社を創業し代表取締役社長に就任。2013年、市場調査会社を売却し、日本企業の海外販売を支援するスパイダー・イニシアティブ株式会社を設立し代表取締役社長に就任。専門はグローバル・マーケティング。海外販路構築を強みとし、市場参入戦略や販売チャネル構築の支援を得意とする。専門地域はグローバルサウスを中心とした新興国市場。大手を中心に20年で1,000社以上の新興国展開の支援実績を持つ。法政大学経営大学院イノベーション・マネジメント研究科特任講師。

グローバル・マーケティングの基本

2021年1月1日　初版発行
2023年11月20日　第3刷発行

著　者　森辺一樹　©K.Moribe 2021
発行者　杉本淳一

発行所　株式会社　日本実業出版社　東京都新宿区市谷本村町3-29 〒162-0845

　　　　編集部　☎03-3268-5651
　　　　営業部　☎03-3268-5161　　振　替　00170-1-25349
　　　　　　　　　　　　　　　　　　　https://www.njg.co.jp/

印刷／理想社　　製本／共栄社

ISBN 978-4-534-05823-2　Printed in JAPAN